河北省社会科学基金项目："河北非物质文化遗产传承人口述史研
（项目批准号：HB21YS003）

U0588234

河北非物质文化遗产
传承人口述史

周　俊　赵玉荣　张子尧◎著

燕山大学出版社

·秦皇岛·

图书在版编目（CIP）数据

河北非物质文化遗产传承人口述史 / 周俊，赵玉荣，
张子尧著. —秦皇岛：燕山大学出版社，2023.6
　　ISBN 978-7-5761-0515-5

　　I.①河… II.①周… ②赵… ③张… III.①非物质
文化遗产－介绍－河北 IV.① G127.22

　　中国国家版本馆 CIP 数据核字（2023）第 075662 号

河北非物质文化遗产传承人口述史
HEBEI FEIWUZHI WENHUA YICHAN CHUANCHENGREN KOUSHUSHI

周　俊　赵玉荣　张子尧 著

出 版 人：陈　玉	
责任编辑：刘馨泽	策划编辑：方志强
责任印制：吴　波	装帧设计：方志强
出版发行：燕山大学出版社 YANSHAN UNIVERSITY PRESS	地　　址：河北省秦皇岛市河北大街西段 438 号
邮政编码：066004	电　　话：0335-8387555
印　　刷：涿州市般润文化传播有限公司	经　　销：全国新华书店

开　　本：710mm×1000mm 1/16	印　　张：23.75
版　　次：2023 年 6 月第 1 版	印　　次：2023 年 6 月第 1 次印刷
书　　号：ISBN 978-7-5761-0515-5	字　　数：320 千字
定　　价：86.00 元	

自序

　　本书为河北省社会科学基金项目"河北非物质文化遗产传承人口述史研究"（项目批准号：HB21YS003）的最终成果，是一部以传承人访谈为主的口述史专著。

　　非物质文化遗产是人类历史发展进程中保留下来的生存智慧与经验，人类之所以区别于其他自然物种，其伟大之处便是在于创造"文化"以及对于"文化"的思考。然而，随着我国步入现代化进程的快车道，工业化、城市化等对内部传统文化与社会的侵蚀破坏也日益加剧，造成了众多文化遗产的毁损和失传。因此，我们必须充分认识到非物质文化遗产的重要性：非物质文化遗产并非仅仅是保存于博物馆或书籍中"死"的"文物"，而是存续于人类生活中的"活态"传统。作为非物质文化遗产的传承人，更是承载与传承文化遗产的主体。他们手握接力棒，在保持非物质文化遗产传统韵味的同时守正创新，紧跟时代需求与变化，让非遗得以世代传承，也让我们对自身文化有强烈的自信与认同。基于此，人类古老的知识和智慧也得以保存。

　　口述史是一种生动、直观的方法，一种细致、新颖的理念，也是挖掘民族文化、实现民族文化传承的重要路径之一。著名学者冯骥才提出："非物质文化遗产是无形的、动态的、活动的，是不确定的，它保存在传承人的记忆和行为中，想要把非遗以确定的形式保存下来，口述史是最好的方式。"①口述史记录着历史事件、人物轶事、民俗风情和生活细节，有助于保护和传承民族文化的独特性和多样性。在当今社会，发展口述史学科，对于维护和传承人类历史文化的全貌和真实性有着非常重要的作用。口述史需要我们"真听真看真感受"，倾听来自非物质文化遗产传承人朴实无华的述说。此外，"信任"也是联结非物质文化遗产传承人与社会之间的纽带，是传承人讲述的前提和基础。对非物质文化遗产传承人进行访谈、录音、录像，形成传承人口述史，重拾、记录传承人的乡土记忆，力求全面、系统、准确、深入地寻绎非遗传承人的成长经历和活动史料，进而深刻揭示某一项非物质文化遗产的生存状况和现实困境，对其实施保护和抢救，具有十分重要的意义。

河北省作为华夏文明的重要发源地之一，历史悠久，文化璀璨，旅游资源丰富，拥有万里长城、承德避暑山庄及周围寺庙、清代皇家陵寝、中国大运河 4 项世界文化遗产，蔚县剪纸、唐山皮影等 8 个项目被列入联合国人类非物质文化遗产代表作名录②。据河北省人民政府公布的非物质文化遗产名录，目前河北全省共拥有国家级非物质文化遗产 162 项，省级非物质文化遗产项目 975 项③，涉及面广、价值高、影响大。

传承人是非物质文化遗产传承发展的"活态"载体，因此，我们决定编撰此书，一本关于非遗传承人的专著，运用口述史的基本理论与方法，从传承人视角去探视河北省非物质文化遗产的保护、传承与发展，并进行理论探索，以期更好地记录和梳理河北的非物质文化遗产，弘扬传统文化之树，促进非遗保护工作新路径。在对河北省非物质文化遗产传承人的访谈中，我们收获到的不仅是乡土人生，也是历史人生，同时更加深刻地理

---

① 参见中国新闻网，冯骥才：《"传承人口述史"是非遗工作的"灵丹妙药"》，https://www.chinanews.com/cul/2015/06-17/7350338.shtml，2023 年 5 月 20 日访问。

② 参见河北省文化和旅游厅网：《美丽河北欢迎您！2023 年河北迎来首个港澳旅游业界考察团》，https://whly.hebei.gov.cn/c/2023-04-20/571571.html，2023 年 5 月 20 日访问。

③ 参见河北省人民政府网：《关于公布国家级、省级非物质文化遗产名录项目的通知》，http://www.hebei.gov.cn，2023 年 5 月 20 日访问。

解了文化传承和民族振兴之间的关系。河北省非物质文化遗产传承人口述史不仅仅是个体的表达，同时也是社会群体的表达，是民族融合下的"集体记忆"。我们有幸能够亲身接触到河北省诸多非遗传承人，感受其在文化中的思想、理念以及对自然的认知。

本书以非物质文化遗产名录十大门类为分类依据，将河北省非物质文化遗产分为民间文学，传统音乐，传统舞蹈，传统戏剧，曲艺，传统体育、游艺与杂技，传统美术，传统医药，民俗等十个类别，书写成十个章节，重点考察并记述了传承人的生长环境、传承人的从艺之路、传承人对非物质文化遗产的记忆与表达、传承人对非物质文化遗产传承的阐释，旨在将"活"在传承人记忆中的历史资料、文化记忆以文字和图像的形式保存下来。在写作风格上，兼顾文学的审美性、历史的厚重性与理论的深刻性。在章节安排上，遵循一定的体例，每一章节均包括传承人口述史访谈、非遗名录知识链接两个部分。既注重生动的文风，突出故事性、知识性，有"讲"的现场感，可读性强；又兼具理论性分析，突出叙事性、谱系性、认同性，让人在倾听传承人丰富的人生情感经历的同时感受到优秀的非物质文化遗产的独特魅力及中华优秀传统文化的价值和意义。同时，每一章节也插入相关的图像资料，使全书体例丰富且多元。

回首波澜壮阔的历史征程，大自然的风沙雨雪和人类自身的战火已经抹去了数以万计的物质文化遗产，时光的洪流也淹没了无数宝贵的非物质文化遗产。逝去的文化与文明令人叹惜，现存非物质文化遗产的保护和传承迫在眉睫。在保护非物质文化遗产这场漫长的战役中，传承人是当之无愧的中心角色，只有深入探究非遗传承活动，记录非遗传承谱系，才能更好地延续和发展非物质文化遗产。因此，必须加强对非遗传承人的保护工作：一方面，对合乎要求的传承人进行选拔，提高其社会地位及待遇，完善非遗传承传习活动的条件；另一方面，通过文旅融合、非遗项目进高校、研学等方式宣扬传承人的技艺与情操，提高人民对于民族文化、地区文化的自觉自信。"河北非物质文化遗产传承人口述史研究"项目成果的意义就在于：首先，通过对传承人的访谈，更好地掌握河北省非遗文化及其背后的历史故事，建立非遗数据库；其次，借助叙事理论、记忆理论等，为进一步的非遗保护与传承工作奠定理论基础；最后，完善"口述史"，留下人类记忆与生态智慧。

保护、传承、发展非物质文化遗产是全社会的浩大工程和必胜战役，本书的编撰离不开一众非遗工作者与传承人的支持，同时也得到了河北省相关政府机构及工作人员的大力帮助。研究生王一凡、王佳美、冯佳璇，本科生李淑楠、周轩、梁子润、李一凡、唐曼璐、侯璐、霍佳思、于静文、武旭蕾、王欣蕊等，参与了资料搜集、整理与调研工作，在此一并致谢。我们相信，随着时间的推移，这些宝贵的非物质文化遗产将会被更好地传承和发扬，这也是我们写作这本书的初衷。最后，期望本书能够提供更多关于河北省非物质文化遗产与口述史理论和实践方面的信息，让读者更好地了解河北省的传统文化。

限于资料和我们的水平有限，书中难免有错误和疏漏之处，敬请各位专家和读者批评指正！

是为序！

目录

第一章　民间文学传承人口述史

舞转千回忆巡海　文化交流渡中行
——秦始皇东渡求仙传说传承人王再林访谈

河北省秦皇岛市北依燕山，南临渤海，凭借其独特优越的地理位置，自古以来便为帝王将相和英雄豪俊所青睐，并成为我国唯一一座以帝王名称命名的城市。如今其作为有着独特自然风光和浓厚历史底蕴的文化港城，更是吸引着众多国内外游客前来游历。坐落于海港区东南部的秦皇求仙入海处便是秦皇岛的一张亮眼名片，那里包孕着"秦皇东巡、徐福求仙"的历史传说："公元前 215 年，秦始皇东巡至碣石，并在此拜海，先后派卢生、侯公、韩终等两批方士携童男童女入海求仙，寻求长生不老药。"

1993 年，秦皇岛市政府对秦皇求仙入海处这一景区完成了复建。2015 年，秦始皇东渡求仙传说入选秦皇岛市第四批市级非物质文化遗产名录；2017 年，其入选河北省第六批省级非物质文化遗产名录。本着保护珍贵非遗文化和追溯秦皇岛历史的初心与诉求，团队于 2023 年 3 月份与秦始皇东渡求仙传说的主要传承人王再林先生取得联系并进行了访谈，详细了解该历史传说在当下的发展现状。本篇文章将依托访谈内容，向读者展示该非遗项目的前世与今生，以此追溯秦皇岛的历史渊源，助力河北省非遗文化的宣传、保护和发展。

一、缘此起，筹祈福大典

王再林，男，汉族，1961 年出生于河北省唐山市，现居河北省秦皇岛市海港区，河北省省级非物质文化遗产秦始皇东渡求仙传说传承人。1979 年毕业于河北省艺术学校舞蹈专业，毕业后进入秦皇岛市文工团歌舞团，并多次指导《梨花颂》《喜庆秧歌》等舞蹈的民间演出。"秦始皇求仙大典"展演主要负责人，曾任海港区文化馆副馆长。

成化十三年（1477 年），明宪宗下令立下一座刻有"秦皇求仙入海处"的石碑，但该石碑在"文革""破四旧"中不幸被扔入了海里，不知所终。其间，秦始皇东渡求仙传说一直是以口述、小戏等形式在民间流传，直到 20 世纪 80 年代，石碑被谢玉和李政端老先生从海里打捞上来。1992 年，受到秦皇岛籍台胞孙瑞明先生捐款资助，秦皇岛市政府依旧制将石碑再次立于原址。1993 年，秦皇岛市政府对求仙入海处进行复建，并组织成立了文化小组开展系列宣传活动，有着丰富演出经验的王再林被任命为祈福大典的总导演，负责大典的编排和演出。而后的半年时间里，王再林便主动找到谢玉和李政端两位老先生，向他们请教秦始皇东渡求仙传说中的系列故事内容。除此之外，他又陆陆续续地找到熟悉这段民间传说的老人们，向他们虚心询问。他还每天去秦皇岛市图书馆搜查、阅读相关史料和传说故事，以期全面地了解这段历史传说的完整面貌。说到这段经历的时候，王再林笑着说："那个时候才知道什么叫作'书到用时方恨少'。那时候是冬天，每天都吹着凛冽的寒风去图书馆，一学就是一天，看完了一摞又一摞书。"他停顿了一下又笑着说："那时候和市图书馆馆长都熟悉了，馆长经常问我：'都看啦？'我说：'都看了，都看了。'"最后王再林点了点头说："那段时光，很难忘。"

二、视艺术，展组舞风韵

第一次祈福大典演出结束后，文化小组受到了秦皇岛市政府相关部门的表扬，并多次被媒体采访报道。

王再林在这场演出中付出了大量心力，他在历史的基础上，不断挖掘传说的历史意义和现实价值，反复探索故事世俗化的呈现方式。最终，王再林将祈福大典展演编排为五个部分：第一场是武士舞，主要再现秦始皇统一六国时的辉煌场面。这场舞蹈相当于整场演出的一个"序"，以此引出接下来秦始皇东巡的历史故事。王再林表示，武士舞除了起到铺垫故事背景的作用外，也融入了民众实现祖国统一的美好祈愿。第二场的展演为巫舞，身着兽皮裙和坎肩的演员们戴着手铃、脚铃和腰铃鱼贯而出，在台上展开表演。这场精妙绝伦的巫舞演出是王再林根据文字记载和祭祀动作创作的，以求再现当时统治者祈愿上天、保佑万民的美好心愿。第三场的表演为长袖束腰舞。扮演方士的演员站上殿阶并宣告"大典开始"，声音落下，扮演宫女的演员们先后从两侧登台，表演一场尽善尽美的长袖束腰舞。第四场是采药舞，主要是再现童男童女向仙人求取仙药的场景。第五场则是"祭天"情境的演绎，祈福大典就此落下帷幕。

王再林表示，长袖束腰舞是祈福大典展演中最有意义的一场演出，其中蕴含着民族团结和祖国统一的深刻寓意。长袖束腰舞的历史背景是秦朝建立后的盛世，在这短暂而又繁荣的盛

世里，秦朝在原来长城的基础上，扩大了长城的规模。一个民族的强大离不开团结一心、抵御外敌的精神，秦长城的修建正是这一精神的体现。长袖束腰舞则通过舞姿的辗转雀跃与挥袖的磅礴气势来庆贺长城的修建，诠释中华民族伟大的团结精神，使人们在观赏舞蹈的同时，感受到其中的文化底蕴。

三、寻与练，显艺导之功

祈福大典的演出队伍里有 50 人左右，他们大多是退休的老年人。每年的端午节和 7、8 月的旅游旺季，祈福大典都会在求仙入海处景区的园子里进行展演，吸引着当地和外来游客们的目光。精彩的演出离不开每一位演员将近一个月不中断的辛苦排练，更离不开王再林倾入的精力与心血。

如何选择适合的演员并为其安排对应的角色，这对王再林来说是个"细活儿"。他招募的演员大多为秦皇岛本地人，因曾担任海港区文化馆副馆长，他对演员们的身体状况、性格都有一定的了解。在此基础上，王再林会根据演员们的具体情况进行挑选和安排，最终组成祈福大典的演出队伍。

排练正式开始前，王再林会向演员们讲述秦始皇东渡求仙的传说故事，并介绍祈福大典的表演流程和内容。这个环节是必不可少的，一方面是保证接下来的排练和演出顺利进行的必要准备；另一方面，王再林也希望通过这样的方式，让演员们明白祈福大典的现实意义和价值，体悟到传说故事所蕴含的悠久历史和优秀传统文化。

演员的排练需要场地，所以王再林在每年演出的前两个月就开始寻找合适的排练地点。新冠疫情后的第一年，王再林带领团队到海港区文化艺术中心的排练室进行排练。在为期一个月的排练中，除了要熟悉流程、排练舞蹈动作外，训练演员的精气神儿则成为王再林的重要任务，他认为这将直接影响到祈福大典的最终演出效果。"有气才有神儿，要想观众看得聚精会神，首先咱们表演者就得拿出精气神儿来！"王再林表示，身为舞者，最重要的就是在站姿上体现出精气神儿。在五年的舞蹈学习生涯中，他几乎每天都在练习站姿。只有把腰板挺直，才能谈得上精气神儿。王再林的身上洋溢着的是对舞蹈的热爱和始终如一的认真，彰显的是非遗传承人对优秀传统文化的坚守和付出。

四、守与承，壮华夏族魂

秦始皇东渡求仙传说根植于中华民族悠久的历史，且受其民间性的影响，该传说内容一直得到丰富和拓宽，现主流版本主要是由秦始皇赶山鞭、秦皇巡海、徐福东渡等系列传说组合而成的。徐福东渡是其中重要的故事构成，徐福东渡的传说故事在《史记》等史书中有着不同版本的记载和印证，但不同版本基本上都认为：当时徐福东渡所抵达的地点就是今天的日本和韩国。

王再林敏锐地察觉并关注到了这一点，并不断挖掘此传说故事的现实意义和价值，最终他在祈福大典的表演中加入了对此故事的情境表演。此内容的精彩演绎不仅吸引了大批国内的游客前来观赏和了解，也促进了秦皇岛市和日本、韩国的"徐福会"的友好往来。1993—2006 年，每年的端午节日本和韩国的"徐福会"都会派代表前来观看秦皇岛求仙入海处的祈福大典，年年不落。此外，日本和韩国的"徐福会"也会定期邀请王再林团队前往日本和韩国，进行"秦始皇东渡求仙传说"表演。祈福大典对民间传说的独特演绎，不仅加深了国内民众与华夏历史的血脉联结，同时也是对历史上中日、中韩人民友好往来和文化交流的民间追溯。

当提到秦始皇东渡求仙传说本身的可信度时，王再林表示，秦皇岛的老人大多知道秦始皇东渡求仙传说，而且这个故事在史书上也有记载，秦皇岛市北戴河区也曾挖掘出了秦砖、秦瓦等文物，它们都是这段传说的现实佐证。对传说故事的演绎是对秦皇岛历史源流的追溯，是保存独特民间文化的现代途径，是对我国优秀传统文化的弘扬；与此同时，这也促进了我国与其他国家的文化交流。他会一直坚守这段民间传说的故事内容和文化内涵，结合时代发展要求，不断修改完善祈福大典的演出内容，将其延续下去并发扬光大。

王再林不仅是这样说的，事实上，他也是如此做的。他不仅作为编导为祈福大典的顺利演出铺砖加瓦，还披甲上阵加入演出队伍，成为其中的一员。王再林表示，他不会把自己局限在导演的固定位置上，他也会从演员、观众的角色中去发现演出中存在的问题。当他发现观众对组舞的演出内容感到困惑时，便在每场舞蹈开始前加入专门的解说，目的是让大家更清楚地了解舞蹈的内容和演出的历史背景。每一次祈福大典演出结束后，王再林都会认真复盘大典的准备过程和演出效果，找到存在的问题并不断修改完善，把这项工作看作他毕生的使命和责任。2019年年底新冠疫情暴发，大典的演出陷入冰点，这个20世纪60年代出生的人便开始玩起了新媒体，尝试着打破数字鸿沟。他戴上老花镜"鼓捣"起了"抖音""快手"等社交媒体，并尝试制作、发布祈福大典的照片和视频，以此更大范围地宣传秦始皇东渡求仙传说。

五、温旧路，传文化薪火

如今，无论是政府，还是老百姓，对非遗文化都非常的重视。但排练场地的不固定、资金来源的不稳定仍是王再林团队当前面临的主要问题。他呼吁政府、社会团体能从人力、资金等方面给非遗文化提供更多的支持，助力非遗文化走得更好、更长远。

王再林表示，尽管仍有许多困难和未知，但他会抓住时代提供的优渥机遇，做好秦始皇东渡求仙传说师承第一代的接力棒，将中华优秀传统文化传承下去并发扬光大。从陕西咸阳出发，在全国范围内进行祈福大典巡演，"重走求仙路"便是他接下来的计划。他希望通过此途径让更多人熟悉这段传说故事，让更多人感受华夏民族的历史底蕴和文化精神，也让这段传说故事更加"活色生香"！

【知识链接】秦始皇东渡求仙传说

秦始皇东渡求仙传说的故事内容在《史记·秦始皇本纪》《三国志》《蓬莱观碑》和《四明宝庆志》等史书中都有所记载。主流版本的故事内容为：历史上，秦始皇一共进行过两次大规模的东渡求仙。第一次是在公元前219年，秦始皇东巡到琅，方士徐福上书，要求入渤海中求仙，于是秦始皇派徐福入海。徐福率领方士和三千童男童女乘载船只，并带着五谷种子和百工，派善射弓弩的精良武装保护，从海上航行到日本，在那里定居下来，繁衍生息。第二次求仙是在碣石。秦始皇先后派两起方士入海。第一起派的是方士卢生入海，他不久自回，带来"亡秦者胡也"的警言；第二起派的是韩终、石生和侯公，率领一支船队入海，但最终并未归来。

秦皇岛的名称和市内旅游景点"求仙入海处"与此传说有着密切的关联。1993年，秦皇岛市政府对求仙入海处进行了复建，并组织成立了文化小组开展系列宣传活动。时任总导演的王再林编排了"秦始皇祈福大典"，通过舞蹈情境类节目展演来庆祝求仙入海处的复建。此后，祈福大典成为秦始皇东渡求仙传说的当代宣传路径，并定于每年的端午节和7、8月的旅游旺季在求仙入海处的园子里进行定期展演。

2015年，秦始皇东渡求仙传说入选秦皇岛市第四批市级非物质文化遗产名录；2017年，其入选河北省第六批省级非物质文化遗产名录。祈福大典的演出带动了当地旅游业的发展，不仅是对秦皇岛历史的追溯，更是当下对秦始皇东渡求仙传说保护路径的新探索，极大地挖掘了传说的历史意义和现实价值，弘扬了中华优秀传统文化，带来了经济价值。

钻坚研微证古址　熟读深思话人文

——玄鸟生商的历史传说传承人孟凡栋访谈

"天命玄鸟，降而生商，宅殷土茫茫。"这是《诗经》玄鸟篇中对商朝起源的记载和追溯，后发展演变为玄鸟生商这样一则美丽的传说故事。但因历史中的商王朝屡次迁都，玄鸟生商的具体发源地也暂无定准，仍待考证。其中一个故事版本将其发源地定位在了今天的河北省秦皇岛市卢龙县，生活在卢龙县的本地人也把玄鸟生商看作家乡的历史根系和世世代代的文化慰藉。2009 年，玄鸟生商的历史传说入选河北省第三批省级非物质文化遗产名录。

为深入了解玄鸟生商历史传说与卢龙县的牵绊，团队于 2023 年 3 月来到了秦皇岛市卢龙县文化艺术中心，与玄鸟生商的历史传说传承人孟凡栋先生进行了访谈交流，孟先生详细梳理了玄鸟生商的不同故事版本和卢龙县的申报依据，并介绍了这一民间传说故事在卢龙县当地的保护和发展路径。团队将此分章节撰写并记录，保存珍贵非遗文化的同时，也希望提高卢龙县玄鸟生商传说的知名度，让更多的人在传说故事中感受远古先民的智慧和文化底蕴，增强民

族文化自信心。

一、缘起孤竹，夙夜不懈

孟凡栋，男，汉族，1978年生，现居住于河北省秦皇岛市卢龙县，中共党员，中国大众文学学会理事，中国孤竹文化研究中心理事，河北省作家协会会员，秦皇岛作家协会理事，卢龙县作家协会副主席兼秘书长。1999年6月毕业于燕山大学人文社会科学系经济法专业（专科）；2015年6月，河北省委党校函授学院法律本科毕业；现就职于卢龙县发展和改革局。主要文史作品有《孤竹古国面面观》《刻在甲骨上的孤竹文明》《千年古都今安在　玄水河畔有一村》等。

20世纪70年代末，孟凡栋出生在河北省卢龙县木井镇的邸柏各庄村，自此，他便开启了与卢龙县牵绊交织的一生。幼年时期，他常常听长辈们讲一些卢龙当地的传说故事，小小的孟凡栋每次都听得格外入迷，文学故事的种子深深地埋进了他的心底。中学时期，孟凡栋的父亲给他买了一本关于文学写作的图书，50余万字，孟凡栋读起来如痴如醉。等上了大学，他的涉猎更加广泛，写文章、读史书成了生活里不可缺少的一部分。2006年，正值卢龙县创办《卢龙导报》，招揽编辑人员，热爱写作、倾心地方文化的孟凡栋入选。此后，孟凡栋成为一名记者，开始走访卢龙的各大村落，一心参与到了卢龙县党报党刊的编辑工作之中。也是在这个阶段，孟凡栋与当时分管宣传的卢龙县委副书记薛顺平结识。薛顺平关注到了卢龙县的深厚文化底蕴并对此尤为重视，强调要把挖掘卢龙县的历史文化、弘扬中华优秀传统文化作为宣传文化的一个重要抓手。随后，卢龙县成立了中国孤竹文化研究中心，这也掀起了全县孤竹文化的研究热潮。出于工作需要和自身爱好，孟凡栋将全部精力投入到了对孤竹文化的研究当中。在那段时间里，孟凡栋关注到了已蒙尘灰的玄鸟生商的历史传说，他细细擦拭，一步步揭开了卢龙地区玄鸟生商这一故事的谜底和印证。

二、古址漫寻，终定卢龙

在孟凡栋初听到玄鸟生商的传说后，他敏锐地察觉到了该传说故事对于秦皇岛历史源头追溯的意义以及对中国传说文化考究的价值，踏上了对此传说故事的全面溯源和佐证的道路。

通过翻阅《中国古代国家起源与形成研究》等书籍，孟凡栋了解到玄鸟生商的传说故事存在河北说、河南说和山东说三个主流的版本。其中，河南说是基于商祖契所封之商在商丘的论述；山东说则源自成汤所居在汉山阳君；河北说基于简狄生商的故事，但并没有具体所指。那么，面对不同地区的众多故事版本，如何证明玄鸟生商传说的发源地是在河北秦皇岛的卢龙县呢？孟凡栋开始了漫长而严谨的考证。

孟凡栋发现，玄鸟生商三个故事版本的内容大体一致，但在山东说和河南说的两个版本中，其传说故事都避开了"玄丘水"这一标志性地点，从而对简狄吞卵的地方做了模糊化叙述。于是，孟凡栋首先对玄鸟生商历史传说的其他版本作了辩驳。他表示，寻找玄鸟生商的发源地，应该佐证的是简狄生契的最初地点，而并非契成年后的所封或居住地点。《诗经·商颂·玄鸟》记载："天命玄鸟，降而生商，宅殷土芒芒。"后《商颂·长发》讲道："有娀方将，帝立子生商。"《楚辞·天问》里又言："简狄在台，喾何宜？玄鸟致贻，女何喜？"《史记·殷本纪》："殷契，母曰简狄，有娀氏之女，为帝喾次妃。三人行浴，见玄鸟堕其卵，简狄取吞之，因孕生契。"《史记·三代世表》褚少孙补说："契母与姊妹浴于玄丘水。"这些都是古籍里对玄鸟生商传说的记载，那么简狄吞玄鸟卵的"玄丘水"到底在哪里？

孟凡栋在明清时期的《永平府志》和民国时期的《卢龙县志》中找到了答案。其中，《畿辅志》讲："漆河，即古玄水也。"《水经注》记载：

"玄水出肥如东北玄溪，西南流，右合卢水。肥如故城在卢龙北界桃林关。"孟凡栋指出，"玄溪"即旧志所说的"鹿尾山诸水"。卢水即青龙、白洋二河。桑钦所谓的"卢水二渠，大沮、小沮合而入玄者也"，"青龙河与白洋河会，南入卢龙界，下至虎头石，入于滦，乃卢水之小沮也"。在此基础上，孟凡栋进一步佐证了"玄水"即今天卢龙境内的"青龙河水"，玄鸟生商的传说应该就发生在卢龙县。后来，孟凡栋又陆陆续续通过翻阅书籍，搜集孤竹国的自然环境、气候等信息记载，不断佐证和捍卫着玄鸟生商传说的发源地是河北卢龙。

孟凡栋对玄鸟生商历史传说的精彩讲述和流畅论证离不开他那段"啃古籍、证传说"的难忘经历。在他身上，我们真真切切地感受到了非遗传承人骨子里的热爱和求索精神。

三、编辑创作，责誉共存

在逐步挖掘玄鸟生商传说故事的同时，孟凡栋也始终走在记录和宣传的第一线。凭借自己多年的文学创作经验，他尝试通过小说的形式让更多的人了解玄鸟生商的传说。2008 年，孟凡栋创作了历史章回体小说《孤竹演义》，全景展现了玄鸟生商的传说和孤竹国的前世今生。2013 年，孟凡栋参与编撰孤竹文化学术论文集《中国孤竹文化》，其中由他撰写的《孤竹古国面面观》一文深入阐释了玄鸟生商历史传说和孤竹国的因缘际会，并通过对竹简甲骨的辨析，逐步印证了宗祖商朝与孤竹方国的历史。孟凡栋的工作不仅丰富

了玄鸟生商传说的内涵、拓展了它的外延，也让更多的人渐渐了解和走近了孤竹文明，从而进一步弘扬了中华优秀传统文化。

除了使用文字记录的方式外，孟凡栋也在新媒体的宣传模式中不断探索。2010 年，孟凡栋参与了大型历史舞台剧《孤竹浩歌》的编排工作，向编剧人员阐述了玄鸟生商传说的文化内涵。2011 年，孟凡栋参与《千年古县——卢龙》节目的录制，在镜头前详细讲述了玄鸟生商的传说故事。2019 年 10 月，孟凡栋响应秦皇岛市旅游和文化广电局号召，接受了艺次元文化传媒（北京）有限公司团队的采访，以短视频直播的方式介绍了卢龙县玄鸟生商的历史传说。

十余年来，孟凡栋一直在玄鸟生商和孤竹文化研究的漫漫征途中上下求索，付出自己的心血。2014 年，他被推荐为玄鸟生商传说的省级非物质文化遗产项目传承人。对此，孟凡栋表示，从热爱文学到研究孤竹文化，从接触玄鸟生商到呕心佐证，他的一生离不开卢龙的土地，也离不开卢龙的历史与文明。这一路走来并不容易，当拿到传承人的证书时，他的心情也是极为矛盾和复杂的，一方面是收获嘉奖与肯定时的欣喜和激动，另一方面他也更加清楚和明白这份荣誉背后的责任与使命。

四、守护非遗，重现文光

孟凡栋表示，玄鸟生商乃至孤竹文化研究取得的阶段性成果离不开政府相关部门的支持，正因为相关部门的号召和支持，他才能一步步走到今天。但在玄鸟生商传说的研究和传承中，仍有许多难题需要面对。一是传说的真实性仍有待考证：虽然古籍的参考和校注在一定程度上可以帮助证明玄鸟生商的传说发源于卢龙县，但由于传说本身口传性很强，加上历史久远导致的可供研究的材料不足，这些都使得对此传说的论述还有待进一步研究。孟凡栋表示，希望之后可以发现更多相关的文物，以便更好地研究和保存这个美丽的传说故事。另外，孟凡栋也指出，当前对玄鸟生商传说的宣传形式局限于报纸刊登、专著收录、图片拍摄等传统路径，还需要更加深入地挖掘可以展现传说本身文化内涵的形式，如民俗演绎等。

玄鸟生商的传说故事反映了古时族群的生育观念，这是对卢龙地区历史脉络的延续，是对秦皇岛源头的追溯，也是对中华民族古老文明的挖掘和展现。非物质文化遗产是中华优秀传统文化的重要组成部分，为此，孟凡栋希望相关部门能提供政策扶持和资金补助，助力非遗文化的研究和发展。他也呼吁卢龙县的相关部门能更加重视当地的历史文化宣传，更多更全面地挖掘有效的宣传路径，以大众喜闻乐见的形式进行传播和普及；同时，搭建文化产品研发平台，实现创造性转化和创新性发展，做到传承人队伍建设与文化产品衍化、研发齐发展，在丰富玄鸟生商文化内涵的同时，促进卢龙地区的经济发展。

孟凡栋表示，他会持之以恒地研究和宣传，将玄鸟生商这一珍贵传说继续传承和弘扬下去，为卢龙县的非遗文化添砖加瓦，为中华优秀传统文化的保护和发展贡献一份力量。他期待着也坚信着，玄鸟生商这段诞生于4 000余年前的文明将会在新时代焕发出更加蓬勃的生命力！

【知识链接】玄鸟生商的历史传说

玄鸟生商是河北省秦皇岛市卢龙县家喻户晓的历史传说。主流版本的故事内容为：帝喾的二皇妃简狄和本氏族的两个姊妹一起出行，到玄丘水中沐浴。沐浴时，有一只玄鸟飞来，生下一颗鸟卵，简狄误取鸟卵吞食，结果怀孕生下了商朝的始祖契。契长大后，因帮大禹治水有功，被舜帝任为司徒，掌管教化，封于商地，赐姓子氏。

有研究者指出，玄鸟生商的传说故事其实是华夏先民生产方式和生活观念的反映。生育对上古先民来说是极为重要的一件大事，关系到整个氏族部落的繁衍和发展。春分时节，燕子北回，哺育后代，上古统治者也会在此时举行求子祭祀，与上天感应。玄鸟生商中的"简狄外出"其实并不是为了沐浴，而是在举行"祈求生育"的相关祭祀仪式。可以说，该传说形象地展现了商族祖先"生殖崇拜"和"王权神授"的观念。

2007年，河北省秦皇岛市卢龙县申报的玄鸟生商的历史传说入选卢龙县第一批非物质文化遗产名录；2009年，该历史传说入选河北省第三批省级非物质文化遗产名录。

精诚所至往昔处　文化金石始为开

——李广射虎的历史传说传承人冯庆茹访谈

"精诚所至，金石为开"是衍生于中国文学历史的经典传说李广射虎的经典成语。李广射虎的传说从汉代开始，历经唐宋诗词的丰富改编、明清时期文学的加工以及民国时期至今的现代化传播，又通过民间的口述流传至今，已有2 000多年的历史。2009年，河北省秦皇岛市卢龙县申报的李广射虎的历史传说入选河北省第三批省级非物质文化遗产名录，冯庆茹为第一代李广射虎的历史传说传承人。

冯庆茹，1967年11月生，祖籍河北省秦皇岛市卢龙县双望镇，现任卢龙·孤竹文化研究中心常务理事，卢龙县作协副主席，《孤竹风》责任编辑；卢龙县第九届政协委员，中国民间文艺家协会会员，非物质文化遗产李广射虎第一代传承人。1988年开始从事文学创作，2000年转入县域文史研究领域。冯庆茹喜爱文学和历史，采访过程中，她的语言宁静如水，却又蕴藏活力。她的讲述绘声绘色、汪洋恣肆。冯庆茹引经据典、旁征博引，介绍了卢龙地域文化和李广射虎的故事。

一、探传说发源，访地域文化

卢龙县地界狭长、历史悠久，自古以来便是北国要塞、多战之地。冯庆茹研究文学和历史，常常将二者联系起来。冯庆茹表示，世人对卢龙的了解，大多从李广射虎开始。但实际上比李广射虎这个传说更早的时代中，卢龙也有自己的地域文化和文学渊源。上古时代，卢龙称孤竹国。关于孤竹地名，应出自《山海经》。商末时代，孤竹国旧王临终前欲立叔齐为国君，但两位王子伯夷和叔齐谦礼让国，均不肯行不义之举，于是二人一起出走前去游历。商亡后，二人拒食周粟，长歌采薇而死。司马迁的《史记·伯夷列传》中有关于此事的详细记载。同时，这也是诗人王绩《野望》中"相顾无相识，长歌怀采薇"的由来。后来到春秋时代，燕国欲征服孤竹统一北疆，求救齐桓公派管仲前来剿灭孤竹，从而有了管仲一行人遇到风沙迷路，托生出老马识途的故事。

孤竹后来便改名为卢龙，发挥了边镇要塞的作用。至少唐代时，卢龙城就已存在了。安史之乱中有相关联的官职——卢龙节度使，更有唐诗可以佐证。

出塞

〔唐〕王昌龄

秦时明月汉时关，万里长征人未还。

但使龙城飞将在，不教胡马度阴山。

这是唐代大诗人王昌龄的《出塞》，诗中的"飞将军"就是西汉名将李广。而其中的"龙城"，即是卢龙城。

李广射虎传说当中的某些内容是经过后人加工杜撰的，但李广本人在此任职、射虎确有此事。据司马迁《史记·李将军列传》记载：李广，陇西（今甘肃）人，汉朝大将，善骑射，祖辈系秦将李信。李广在历次战斗中，勇猛杀敌，屡立战功。汉武帝时，李广担任右北平郡太守。当时这一带常有老虎出没，危害百姓。出于为民除害以及训练军队的目的，李广经常带兵出猎。一日，李广狩猎归来，路过一座村子。当时已是夜幕降临时分，月色朦胧。周围怪石林立，荆棘丛生，蒿草随风摇曳，唰唰作响。俗语道："云从龙，虎从风。"李广骑马行走间，突然发现草丛中有一黑影，形如虎，似动非动。李广快速让士兵散开，凝气聚神，拉弓搭箭，只听"嗖"的一声，正中猎物。于是策马上前察看，不觉大吃一惊，原来所射并非一虎，而是虎形巨石。仔细一看，箭镞已入石极深，难以拔出。这时众随从也围拢过来观看，均赞叹不已。当时李广也不敢相信，又回到原处上马重射，比前更加用力，可是连射数箭，都没入石。事后，当地百姓闻听此事对李广的神勇更加敬慕。匈奴也闻风丧胆，多年不敢入侵。

虎头石村就位于卢龙城南12里处。当初村口确实有一虎形巨石，村名由此而来。李广射虎的故事在虎头石村世代相传。但不幸的是，这块巨石后来被炸平，如今只剩一个石基。李广射虎传说本身的历史考究价值尚存，且主要集中在李广本身的历史活动和行动轨迹。但除此之外，更应该被重视的是其中所蕴含的中华民族精神。专注的心态和凝练的神气，是古之君子的必备素质。李广本人的生平事迹也同样值得我们深思，他的人生起伏就像一条抛物线。从参军成名、治军有方，到大小战事无往不利，再到北征匈奴迷路后自刎。"冯唐易老，李广难封"，坚韧不屈、精诚专一的品质是对李广的颂扬，也同样是中华儿女身上的精神写照。

二、理传承脉络，鉴飞将流传

"任何传说它都不仅仅是民间传说，它都应该受当时历史环境的影响。"冯庆茹老师如是说。唐太宗李世民因为同姓的原因，对李广推崇备至，一些唐代大诗人用诗歌来赞颂李广，把他当作民族英雄来崇拜，特别是当国家遭受外族入侵时，更需要李广这样的英雄出世，打败敌人。的确，唐诗对于中国文学的影响无出其右，许多民间俗语和传说也是依靠唐诗的存在而留存和传播的。除了王昌龄的《出塞》，后来唐代又一位大诗人卢纶也写下了一首《塞下曲》，专写李广射虎。

塞下曲

〔唐〕卢纶

林暗草惊风，将军夜引弓。

平明寻白羽，没在石棱中。

清代卢龙人对李广射虎传说也有赞颂，比如尤侗的《虎头石》。

虎头石

〔清〕尤侗

将军射虎阳山下，视之石也虎所化。

至今石虎尚狰狞，当日将军何叱咤。

数奇不遇高皇封，时去反遭酬尉骂。

世上谁无万户侯，过此张弓不敢射。

民国时期，著名作家刘玉瓒的笔名就取自卢纶描写李广射虎的《塞下曲》，即刘白羽。1935 年，刘白羽在《华北日报》发表散文《太行山上》，就是用的这个笔名，寓意以历史人物为楷模，征战疆场，报效祖国。

时至今日，李广射虎的传说更多地存在于电影和电视剧中，当代文学中的引用也不乏少数。冯庆茹也感叹，类似李广射虎这样的文学传说的传承事实上是很难梳理出清晰和详尽的谱系的，毕竟文字和思想的东西不像手工艺品有具体的物质形态和特殊的制作手法，且需要专门的匠人学习传承，文学传说更多的是口口相传、代代丰富，经过千年的演变和完善，呈现出如今我们了解的这样一个传说形态。不过现在国家重视中华优秀传统文化，并和民间一起努力挖掘其各类价值，冯庆茹表示这是一件功在当代、利在千秋的大事，也是她这一代非遗传承人的幸运。

冯庆茹讲述她自己和李广射虎历史传说的渊源，是从卢龙这个地方说起的。少年时期的冯庆茹一直跟随家人在关外求学，直到毕业之后，她面临着人生最大的选择：留在东北或是回到卢龙。经过一番深思熟虑，冯庆茹决定回到卢龙发展，回到这片有着乡土情结和文化底蕴的城市。冯庆茹因为喜好写作，一直向卢龙县的各大刊物寄稿，后来进入卢龙市作家协会。近年，国家大力倡导发掘地方民俗文化，对卢龙文化颇有研究的冯庆茹很快脱颖而出。冯庆茹本身就有着良好的历史文化素养，在梳理李广射虎传说脉络的时候，广泛收集材料、遍览群书，不断丰富着自身的精神世界。现在的冯庆茹也怀念自己当时作决定的勇气和精神，这也许就是和"精诚所至，金石为开"的飞将军有着冥冥中的缘分吧。

三、立当代传播，明传承真谛

（一）以一方水土载文化，以万卷文书养后人

冯庆茹说："现在很少有年轻人愿意来了解这些传统的东西了。"这些年为了传播这些中华优秀传统文化和地域文化，她和她的单位(卢龙县文化艺术中心)作出了相当的贡献。得益于国家重视非物质文化遗产的政策和地方单位的扶持，卢龙县成立了专门的文化艺术中心和孤竹文化研究中心，致力于将孤竹文化元素融入大大小小的活动和百姓的生活中。由冯庆茹本人撰写的《中国孤竹文化之乡》《伯夷叔齐的历史传说》《中国民间诗词之乡》《中国传统文化教育基地》等与非物质文化遗产相关的申报材料近15万字；在省级学术书刊上撰写发表孤竹文化研究文章20余篇；参与策划了两届"孤竹风情"商务节和"中国孤竹文化研讨会"；参与策划了大型历史剧《孤竹浩歌》，并撰写了该剧的"画外音"；撰写了孤竹公园石刻碑文；参与编撰《卢龙记忆》《走进孤竹》《走进卢龙》《孤竹风情》《卢龙史画》《中国孤竹文化》《京东第一府》《古今石门》《走近刘田各庄》《诗化孤竹》《孤竹儿女》《木井镇志》等书籍。

（二）入学堂以传文道，博后人以证文脉

冯庆茹一行人还前往各个学校，以给孩子们讲故事、读画册的形式传承李广射虎等文学经典传说。冯庆茹解释道："孩子们才是传承文化过程

中的关键载体，没有什么是比培养下一代的传承意识更有效的渠道了。"在当下文化多元化的时代，要让长期接受流行文化和亚文化的儿童、青少年重视中华优秀传统文化的内容并明白传承的重要性，是所有文化工作者都不得不考虑的大事。冯庆茹等人抓住学生学习时易于接受图像和声音的特点，将李广射虎等故事编成画册，用学生们喜欢的方式向他们传播中华优秀的传统文化，用简单朴实的文字和图画洗涤时代的浮躁。

（三）乘文明风御媒体，踏时代浪纵高歌

冯庆茹表示，时代的发展太快了，十几年前，她们一群人希望通过画册和故事书的形式将这些传说留存和传播下去。如今是网络和自媒体的时代，她们有开拓自媒体领域传播卢龙文化的想法，所有的技术筹备和资源利用都在运作中，一切都只是时间问题。当下，"文化＋"的产业链和媒体体系是文化传承与文化创新的潮流模式。冯庆茹等人自然愿意走在时代的前沿，加入这股创新之风中。

冯庆茹在总结自己对李广射虎的历史传说的传承贡献时说道："'精诚所至，金石为开'，也许就是缘于我对地方文化和人生理想的执着追求吧。"诚然，这是一场关于心灵和文化的传承大戏。李广射虎的传说流传至今，已经和传承人冯庆茹连为一体，他们成为彼此的精神守护。而在当下重视文化和创新的时代，李广射虎的传说也一定能够散发出更耀眼的文化魅力，衍生出更多的文明价值。

【知识链接】李广射虎

李广射虎原典最早见于司马迁《史记·李将军列传》，是关于西汉时期的名将李广在北方要塞龙城外出打猎时，误把一块巨石当作老虎射杀的故事。李广当时面对老虎（其实是一块巨石），全神贯注射出力道极强的一箭，将"老虎"射在原地。但是他走近一看，他所射中的只是一块形状神态与老虎极为相似的一块石头。这一箭深深地插入巨石当中，李广怎么也拔不出，甚至都不相信自己能射出去这样一箭。当他后来再去射箭的时候，总想着能够再将箭射进那块石头，可越是这样莫名地追逐那一箭，就再难有那一箭的气势了。这个传说故事后来衍生出"精诚所至，金石为开"的成语，比喻人在面临危境或全神贯注的时候往往能够爆发出超越平常的强大力量。后来经过唐诗宋词的文学加工，李广射虎的故事带有更多的传说色彩。

2009 年，河北省秦皇岛市卢龙县申报的李广射虎的历史传说入选河北省第三批省级非物质文化遗产名录，冯庆茹为第一代李广射虎的历史传说传承人。

第二章　传统音乐传承人口述史

未成曲调先有情　吐字行腔惜乡音
——昌黎民歌传承人王世杰访谈

关于昌黎民歌的起源，是从昌黎地秧歌中分化出来的，而昌黎地秧歌形成的历史大体可以追溯到五代时期。作为一种民间艺术，昌黎民歌离不开"民"，民音民情民传，这六字与昌黎民歌的产生、发展、成熟息息相关。昌黎民歌经过多次抢救，在 2008 年入选河北省第二批国家级非物质文化遗产名录。作为昌黎民歌传承人，王世杰在其 30 多年的演唱经历中用他的炽热搀扶起了昌黎民歌，成为当今昌黎民歌传承和发展的中坚力量，更是让全世界能够有机会感受到这项传统艺术的魅力，让民情有声可唱、民音有人可传。

为了解传承人的个人经历，探究昌黎民歌入选国家级非遗代表性名录的原因，笔者带着钦佩之情，研读了王世杰先生为促进昌黎民歌更好传播和发展而写的著作。本文依托书中所提供的资料，对该技艺的历史和现状进行了梳理，掌握了这门技艺的传承脉络和存在支点，同时也表达了笔者对这门传统技艺的期待与展望。

一、炽热的搀扶：一个采风者的一生情缘

王世杰，河北省乐亭县人，1940 年 4 月生于河北省乐亭县城西杜林牌

楼庄，1960 年 1 月在昌黎参加文化工作，2000 年退休。由于生于传统文化之乡乐亭，他自幼受乐亭皮影、乐亭大鼓、评剧以及民歌秧歌、民间歌谣的熏陶和影响，冀东传统文化的种子深深扎根于他幼小的心灵里。1960 年 1 月，被昌黎县文工团发现并招收入团。在昌黎文工团，他有幸向著名昌黎民歌艺人曹玉俭学唱昌黎民歌。从此，他热爱上了昌黎"三歌"，特别是昌黎民歌。1962 年 3 月至 5 月，他参加了文化馆组织的第三次大规模的民歌采集、挖掘、整理、研究继承工作，在馆内老同志的带领下，他身背干电池录音机，步行走乡串村，深入到十几个公社的几十个村，采访了曹玉俭、常葆清、牛广俊、张殿春、李占鳌、秦来等 20 多名昌黎民歌老艺人，挖掘采录民歌近百首，并充分利用各种机会向曹玉俭老艺人学习昌黎民歌演唱技巧，不断有所收获和进步。经过曹玉俭先生一年多的口传心授，加上王世杰先生的主观努力，较好地掌握了昌黎民歌的演唱技巧，弄懂了昌黎民歌的艺术特点，并且在学习过程中，慢慢从一个县文化馆的采风者转变成了昌黎民歌的沉迷者。

　　昌黎民歌有特殊的唱法，王世杰为了演唱出"乡土韵味"也就是"老呔味"和"地方风格"，充分利用一切可以利用的时间，几近痴迷状态，经过潜心学习和琢磨，总结了"嘟噜音""颤喉音"等唱法的发音方法。除了在唱法上王世杰作出了努力，为了让昌黎民歌能够更好地被演唱和传承，他还在昌黎民歌的困难时期成为挽救这一传统技艺的中坚力量。1962 年参加采风运动抢救民歌；"文革"时期，冒着风险保护了民间艺术资料——《中国民歌选·河北卷》；"文革"后，整理和编辑了昌黎民歌选 100 首，并且用旧曲填上新词创作了不少新民歌，一直在演唱方面挑大梁，在民歌比赛中屡获殊荣，王世杰先生废寝忘食的努力让昌黎民歌的"春天"又回来了。

作为昌黎民歌的非遗传承人，王世杰从一个文艺采风者到一个传统技艺的捍卫者，从少年到老年，年逾花甲还保持着旺盛的演唱激情。他对民歌的热爱和深厚的演唱功底正是昌黎民歌在新时代焕发生机的重要力量。

二、口传与心授：古老技艺源远流长之行

昌黎民歌大约有几千年的历史，但是究竟起源于何时，已无确凿证据可考，从昌黎一些民间老艺术家口中得知，自有昌黎地秧歌就有昌黎民歌，后来渐渐发展成只扭不唱的昌黎秧歌和只唱不扭的昌黎民歌，昌黎民歌从地秧歌分化出来后逐渐充实、完善、成熟，形成了地方风格浓郁、乡土韵味独特的地域性民歌。从五代时期时兴以田间劳作时唱歌的地秧歌到现如今国家级非遗项目，几千年的时间沉淀的艺术底蕴足够成为一种辉煌。

"师傅领进门，修行看个人"，是民间技艺传承的基本模式。昌黎民歌作为一种口承艺术，更是需要一代代口传心授。由于昌黎民歌是从乡音的基础上演变出来的，所以要唱出地方风格只从曲谱上学是远远不够的，必须和老艺人面对面或是听录音来学，细心体会、揣摩艺人演唱的风格特点，才能把情感和乡音土味表现出来。曹玉俭老艺人从常平和张成二人那里学习民歌，后期收20岁的王世杰为弟子，对昌黎民歌的技巧和要领倾囊相授。曹玉俭老艺人总结的"要心中想口中唱，手中打板，脸上挂像""未曾开口先有情，上下丹田一贯通；喜怒哀乐传双目，五体皆表口中词""要有气息的支撑，巧妙地用气做支点，才能达到字正腔圆，悦耳感人"以及以声带情、以情感人等观点都使王世杰先生受益终身。

在苦练民歌特殊唱法以及掌握演唱风格和情绪之后，王世杰先生通过演唱民歌屡获殊荣，把昌黎民歌唱出了昌黎，唱出了河北，唱出了中国，让更多的人感受到昌黎民歌的韵味。他还在基层培养出了十多名能够独立

登台演唱的民歌骨干，他们是：马海霞、刘丽华、李福艳、马建、李希宁等。王世杰退休之后更是专注于民歌的推广和传承，组建了近百人参加的中老年轻松合唱团；在学校教唱昌黎民歌，教唱专业歌者和来访学者；还通过展报宣传民歌，成为昌黎民歌的品牌代言人，让更多的人接触并爱上昌黎民歌。

正是曹玉俭老艺人和王世杰先生等这些民间艺人数十年的努力，一代又一代的口传心授，才使得昌黎民歌保存至今、焕发生机、久唱不衰。

三、民风润韵味：昌黎民歌的"民"字招牌

一方水土孕育一方民歌，昌黎民歌是昌黎人民在生产生活中创作出表达民情的充满昌黎泥土芳香的艺术，是昌黎地区百姓生活的写照，是社会活动的反映、民俗风情的展示、地域方言的升华。"民"字贯穿了昌黎民歌的产生、发展、成熟和传承。

昌黎民歌可以从内容和演唱形式两方面来划分。从内容来讲，大体可以分为：劳动号子、故事传说类、爱情类、生活类、抗日民歌；从演唱形式来讲，可以分为秧歌调、单口调、对口篇三种。这些分类都是与民众的生活息息相关，并在民众的日常演唱实践中不断分类而形成的。昌黎民歌来自民间，扎根乡土，无论是歌词还是曲调，都与昌黎一带人民的生产生活和风俗习惯及群众语言密切相关。昌黎民歌的题材广泛，形式多样，但表现劳动人民生产生活的占大量篇幅，有歌颂劳动情景的《捡棉花》，叙述家庭的关系的《婆媳顶嘴》，表现年节欢乐气氛的《逛灯》《正对花》《反对花》等。

昌黎民歌要用"土嗓子"的民族唱法演唱，它是人民情感的流露、语言的升华、民风的展示、本地方言的音乐化。昌黎人说话带有唱歌性，语言走向先低后高，拐弯上行，在传唱过程中不仅需要学习昌黎人民的方音，还要细心体会、揣摩，才能将情感和乡音土味表现出来。正是因为语言的

关系，昌黎民歌的滑音、倚音比较多，也就形成了它特有的地方风格。除此之外，因其具有浓郁的地方特色，想要唱好昌黎民歌必须掌握一些特殊的技巧，如"嘟噜音""颤喉音""喉控音""鼻控音""上滑音""下滑音""上下滑音"等，根据曲子种类的不同，采取不同的演唱方法，体现出不同的风格和情绪。

昌黎民歌扎根民间，植身热土，形成了乡土气息，老呔韵味，昌黎风格和独特的演唱技巧，它的独特韵味是从"民"中生发出来的。

四、民歌常青树：昌黎民歌的传承与保护

昌黎民歌经过两次大规模的遗失、三次采风运动、一次"文革"复出，辗转的命运在新时代同样也面临着巨大的挑战。工业文化的冲击、娱乐文化的排挤、潮流文化的更新、老一辈艺人的逝去、唱功唱法的困难、昌黎方言的普通话化等等，这些都是昌黎民歌在快餐时代面临的难题。因此，保持一门优秀民间传统文化的常青需要多方有意识地传承和保护。政府对非遗文化不断重视，在最近的几十年举办了多次采风运动、培训、比赛等，而作为个人，王世杰等老艺人为了他们共同的理想同样做了很多扎实而有效的推进工作。

政府方面：一是昌黎县文化馆在党和政府行政部门领导下，举办过上百次的培训班，陆续培养了百余名民歌手。他们坚持活动在全县基层，唱民歌、演民歌。二是昌黎县组织民歌手几十年来不失时机地参加过国家、省、市、县会演，无数次获奖，宣传了昌黎民歌。三是各种高级别的民族声乐比赛的曲目中经常出现昌黎民歌。四是为昌黎民歌大师曹玉俭、刘荣德、王世杰在高校讲授昌黎民歌、开辟专业战线传播昌黎民歌渠道提供便利。五是组织许多音乐家，如李焕之、李群、王志信、郭一、刘荣德、杨煜、王世杰、罗进梦等积极创作、改编和演唱昌黎民歌。六是在纪念抗日战争70周年之际，昌黎县推出了张墨谣编剧，刘荣德、王世杰作曲、编曲的"昌

黎民歌剧"《民歌魂》，公演获得极大成功，获得各方面的一致好评，走出了一条发扬昌黎民歌的新路子。

王世杰在未退休之前，在采风运动中保存昌黎民歌，在"文革"期间冒着生命危险藏匿油印本《中国民歌选•河北卷》。在昌黎民歌的传播方面，根据时代要求创作改编民歌，例如《我们把祖国爱在心坎里》《每当人们夸起秦皇岛》《家乡美名传四方》等。为了宣传民歌，王世杰还积极参加各类演唱活动，比如受中央电视台《魅力12》栏目邀请参加《茉莉花》的演唱活动；在中央音乐频道《民歌中国》栏目录制"昌黎民间艺术之魅力"，将昌黎民歌唱向世界。在退休后专注于民歌的推广，在基层培养民歌骨干，在"昌黎青年文化行动——昌黎民歌培训班"中担任主讲教师，多次在昌黎民歌培训班口传心授讲解教唱昌黎民歌；在群众中普及民歌，组建了近百人参加的中老年轻松合唱团，教唱专业歌者；通过展报宣传民歌；为了更好地传播昌黎民歌，王世杰还撰写了不少民歌的理论性文章。

正如王世杰先生在书中写道："昌黎民歌是一棵常青树，生生不息，还要结出更加丰硕的成果；昌黎民歌是一缕和煦的风，她将吹绿昌黎文艺园地，使之更加繁荣昌盛、花繁叶茂。"昌黎民歌的保护与传承有人民之根、有炽热之人、有家国支持，必定在新时代冲破坚冰，成为一棵常青树。

昌黎，东临碣石故地，黎庶昌盛之乡，在这1 000多平方千米的土地上，山地文化和海洋文化荟萃，边塞文化和中原文化融通，成为全国首批文化先进县、中国民间艺术之乡，产生了昌黎民歌这一精神财富，这既是祖辈流传下来的割舍不下的精神财富，亦是全人类共同的精神遗产。当今，我们需要做的就是在新时代中保留与传承昌黎民歌这一优秀传统文化，让昌黎民歌在人民之根的滋养下保持常青。

【知识链接】昌黎民歌

昌黎民歌，流行于河北省秦皇岛市昌黎县的传统音乐，国家级非物质文化遗产之一。2008年，昌黎民歌入选河北省第二批国家级非物质文化遗产名录。

　　昌黎民歌大约有几千年的历史，但是究竟起源于何时，已无确凿证据可考，从昌黎一些民间老艺术家口中得知，自有昌黎地秧歌就有昌黎民歌，而昌黎地秧歌形成的历史大体可以追溯到五代。辽金时期，北方的少数民族把本民族的习俗和文化带到昌黎和当地文化融合在一起，丰富了昌黎文化的内涵，昌黎地秧歌就是在这个基础上产生的，后来渐渐发展成只扭不唱的昌黎秧歌和只唱不扭的昌黎民歌。昌黎民歌从地秧歌分化出来后逐渐充实、完善、成熟，形成了地方风格浓郁、乡土韵味独特的地域性民歌。

　　昌黎民歌作为民间艺术，它的形成主要有四个方面：劳动人民在劳动生产过程中创作、演变发展而来的，如《渔民号子沁搬运号子》《夯号子》等，称为"劳动号子"；生活中创作的，是当时人民群众真实生活写照，如《跑关东》《织布》《婆媳顶嘴》《叫卖调》等；外地民歌传入后昌黎化，如《货郎标》和《凤阳歌》里面就有山东民歌和安徽凤阳民歌的"基因"；来源于秧歌调，也就是早期的"秧歌绦子"逐渐演变成独立成曲的民歌，如《正月里来正月正》。从内容上可以分为五类：体现劳动人民的坚强性格和不怕困难顽强精神的劳动号子类；改编传统民间故事的故事传说类；打破封建主义束缚追求自由爱情的爱情类；描写人们生活琐事的生活类；还有充满时代气息表现抗日战争情节和情感的抗日民歌类。从演唱形式上，昌黎民歌可以分为扭秧歌时演唱的秧歌调、一个人一个竹板自打自唱叙述一个故事的单口调和简单乐器伴奏边舞边唱的对口调。

　　昌黎民歌是昌黎人民在生产生活中创作出来表达民情的充满昌黎泥土芳香的艺术，是昌黎地区百姓生活的写照、民俗风情的展示、地域方言的升华。随着国家和人民的重视，昌黎民歌已经逐渐走向世界舞台，已成为人们不可缺少的一种生活方式和精神追求。

千年陶埙传新声

——陶埙艺术传承人于连军访谈

华夏礼乐是一种中正、平和、稳固、和谐有序的音乐，是由音色不同、音质不同、材料不同、形状也不同的各种乐器共同演奏的彼此应和的大合乐。历史上，一些重要仪式都会演奏这种礼乐，如朝会大典、祭祀。埙则是这些早期乐器中的代表之一。据记载，按照不同的制作材料，乐器可以分为金、石、土、革、匏、丝、竹、木八种，统称为八音。周朝之后，埙就代表着八音中的土音。考古发现最早的埙有 7 000 多年的历史。史书《尔雅》记载："埙，烧土为之，大如鹅子，锐上平底，形如秤砣，六孔，小者如鸡子。"

在 2013 年，陶埙艺术入选河北省第五批省级非物质文化遗产名录。非遗传承人于连军不但精于埙的演奏，还有精湛的古法制埙的技艺。数十年他致力于陶埙艺术的传播和推广，希望这门古老的艺术得到传承和发展。带着了解中华礼乐传承的初心，让我们一起走近陶埙非遗传承人——于连军。

一、懵懂中初识埙的神韵

于连军，号土风先生，1968 年生于河北保定。于连军自幼与埙结缘，精于埙的古谱念读、古法演奏和古法制埙等，多年来潜研埙学，专注于埙的传播推广，现为保定市民间文艺家协会副主席、保定市陶埙文化研究会会长，莲池书院雅乐乐团创办人，保定学院音乐舞蹈学院客座教授。2016 年因其在非遗传承上的卓越贡献被评为"保定好人"。

于连军的故乡在保定西郊的江城。于连军小时候受母亲家传的熏陶，自幼喜爱音乐，有一定的音乐天赋。六七岁时，他经常跟着各种小贩吟唱童谣、民谣。村口大集上卖布匹老者经常拿着黑色的小罐吹奏，空心的小罐有很多孔，能吹出好听的声音，于连军每次跟着伙伴们到集上跑，都会被他吸引。一些孩子看一会儿也就跑开了，于连军却每每看得入神。

有一次，卖布的老爷子有事，便让于连军帮着盯了会儿布摊。大约一小时之后，老爷子回来，为表示感谢，送给于连军一个黑色小罐——这就是传承千年之久的古乐器陶埙。自此之后，于连军将老人送的埙，当宝贝似的珍爱着，经常找这位老爷子学习吹埙，走上了学习和传承陶埙艺术之路。

那位教吹埙的卖布老人叫吴明阳，在于连军眼中他既富俗世情，又带神秘感。老人跟于连军的三爷于春林认识。于春林也精通埙的吹奏艺术，但由于埙的吹奏艺术在"文革"时期被定义为"四旧"，受自身经历的影响，于春林阻止了少年于连军对吹埙艺术的探索。

二、高考助力重启学习

于连军有副好嗓子。高中毕业他报考了音乐学院，声乐加试需要才艺展示，他摸出了吴明阳送他的那件陶埙，这在当时是一件鲜为人知的乐器，虽然十几年不吹，那埙却没离开过他，也不生疏。加试才艺展示获得了考官们的一致好评。但阴差阳错他最终没有去音乐学院学习，而是接了父亲的班，进了工厂，成了厂里的文艺骨干。同事都说他唱《牡丹之歌》比蒋大为唱得好。20世纪八九十年代，他唱《骏马奔驰保边疆》，唱《血染的风采》，唱《有一个美丽的传说》，厂里厂外，获得过许多荣誉和奖励。可风光过后，心里反而空荡荡的，反倒是吹埙成了他的主要爱好。他在吹奏陶埙中找到了内心的共鸣。在苦闷的时候，在开心的时候，晴天或雨天，于连军总是将陶埙捧出，吹奏一曲，曲声悠扬，传向远方，缓缓地倾诉着他的心绪。

慢慢地，陶埙已成为于连军的挚爱。为了精进自己的技艺，于连军想起了精通陶埙艺术的三爷于春林。随后的三年时间，于连军跟着三爷进一步系统地学习了陶埙文化。除精进吹埙艺术外，还学习了制埙技艺。当时，三爷教授他的是一种手工捏制、窑烧陶埙技术。为提升自己制埙技术水平，于连军并不满足于三爷教授的手工技艺，便到处寻访陶艺师傅拜师学艺。听当地的老人说满城县（今满城区）西边的许村一带可能有老师傅，他就找到许村，最后辗转到了雄县，找到了一位经验丰富的陶艺师傅。于连军在作坊里边学习边帮忙干活。后来由于陶艺作坊运营困难，于连军就联系师傅把陶土设备运回了老家，在老家盘了个窑继续跟师傅学习陶艺，研究制埙工艺技术。

陶埙的前三孔后二孔，也合于金木水火土，吹奏起来很曼妙。五孔的烧制并不简单，红土、黑土和黄土的糅合，晾晒的程度，火候的掌控，方方面面都必须小心翼翼，制作工艺需要十二个工艺流程。在师傅的教导下，于连军花了两个多月的学习摸索，终于掌握了成熟的烧制陶埙的技艺。

三、从热爱到传承

说到传承，于连军讲到了他与陶埙文化的经典《棠湖埙谱》的渊源。《棠湖埙谱》由清末史学家、方志学家、篆刻家、雕刻家、书法家、音乐

家、画家、收藏家、考古学家吴浔源（字棠湖）于光绪十四年（1888年）编写。《棠湖埙谱》中绘有埙图，标明了指法，阐述了吹奏方法，记写了《北寄生草》《新梁州序》《锁南枝》等六首乐曲，六小段诵经曲《普庵咒》。这本《棠湖埙谱》是至今为止发现最早也是唯一正式刊行的埙专用乐谱，对于古埙制法、奏法以及埙谱研究，都具有较高的价值，是一本难得的珍贵史料。

关于《棠湖埙谱》的重要性，是于连军在跟随于春林学习时了解的，能够看到《棠湖埙谱》真迹也完成了于连军的心中所愿。经过于连军多方探寻，几经辗转，他终于从私人手中购得这部梦寐以求的埙谱，由此见识到最有质感、最可触摸的冀埙之根，然后开始无限地靠近，再靠近。凭借徐世昌等人记载下来的那些极具神采的文字，于连军进入吴浔源和《棠湖埙谱》的艺术殿堂，不停地挖掘其丰富的内涵。

随着对陶埙文化的研究与推广，他觉悟了自己的责任，必须逐渐弘扬这项文化遗产，将这种古朴的文化推广下去。2004年，于连军在东大街大慈阁旁开了一家埙馆，开始推广陶埙文化。他开这家小店并不是为了赚钱，而是为了寻找知音，传播传统文化。当小店有埙声传出时，街上的人流都会驻足倾听。随后在当地政府的帮助下，成立了陶埙文化研究会，继续整理研究，推广陶埙文化。

于连军非常重视有历史传承的埙。他认为，烧制陶埙、吹奏陶埙都需要遵循礼法。讲究规范的礼制仪程，这是对于埙的尊重。2009年，于连军成功烧制出阴阳和合埙。在推广埙文化的过程之中，于连军立志扩大传统文化的内涵与外延。他呼吁人们学会倾听埙声，从中体会埙表达的内涵。

2010 年，陶埙文化被列为保定市级非物质文化遗产保护项目，于连军也被评定为该项目代表性传承人。2011 年，于连军正式开始招收弟子，教授陶埙和雅乐。2013 年陶埙艺术入选河北省第五批省级非物质文化遗产名目。从市级非遗，到省级非遗，陶埙正在走得越来越远。

四、莲池书院雅音远播

申报非遗的成功，也意味着于连军等人要承担起宣扬传统埙文化的重担。2009 年央视对他进行了采访。当时的采访地点定在了莲池花南研北草堂。花南研北草堂为乾隆时代莲池书院十二景之一，吴棠湖作为埙的重要传承人，曾在莲池待过十多年，与莲池有着很大的渊源，这又将于连军与莲池的距离拉近了。2015 年，埙馆获批迁入莲池书院博物馆，为有深刻历史底蕴的书馆再添一笔宝贵的财富。

从最开始的东大街埙馆，到莲池中的埙馆，于连军始终关注的是陶埙文化的传承与发展。埙是礼乐的发端，于连军特别注重挖掘埙文化内涵，拓展埙文化的外延。在申遗过程中，于连军渐渐发现很多古老的曲谱，并注意到《诗经》曲谱跟埙谱有很多相同之处。因此，于连军带领着学生们研究起了融合埙、编钟、编磬等乐音的《诗经》雅乐文化，并组织起莲池书院雅乐乐团。每周六，他们定期进行雅乐演习和演出。美丽的莲池边，古埙的低吟合着编钟、编磬的洪亮和琴瑟的悠扬，合着乐团与前来学习的儿童们对诗经中名篇的吟诵："呦呦鹿鸣，食野之苹。我有嘉宾，鼓瑟吹笙。"绝音复奏中城市的喧嚣与浮躁被屏蔽，而传统的礼乐文化引领着青少年去学习和探索传统文化。此外，近些年于连军也做客冀图讲坛，做客河北金融学院等高校课堂，还在多家小学组织小传承人班，通过多种形式不遗余力地传播陶埙和礼乐文化。

于连军所代表的保定陶埙文化已经成为保定乃至河北的文化名片。每年都有省市领导、全国各地的雅音爱好者和研究者，以及国际友人前来参观，一些地方台和中央台的电视节目亦为保定陶埙开放舞台。2022年2月，国际奥委会主席巴赫先生参观了保定陶埙，4月，央视《探索·发现》栏目播出了"于连军先生与埙的故事"，7月，新华社播出了保定陶埙文化的推介节目，11月，河北卫视节目请于连军介绍古法陶埙的制作。

作为埙文化的传承人，继续传播埙文化任重而道远。于连军说："老祖宗传下来的东西，今天到了咱们这些人肩上，传不下去的话，我们是罪人，埙道的承继是我们不可推卸的责任。"于连军深感责任重大，除书馆展示、雅乐展演、课堂教学和媒体传播外，他和弟子还计划通过研究性著作的撰写和乐谱的搜集编写，以及在其他城市开设埙馆等措施，全力扩大陶埙文化的影响力。

【知识链接】河北陶埙

陶埙是古代人为诱捕猎物所发明的一种陶制气鸣乐器，最早产生于河姆渡文化时期，距今7 000多年，是我国最古老的吹奏乐器之一。在商代以前用于原始崇拜信仰活动，周以后，用于历代宫廷雅乐，被誉为"礼乐之祖"。陶埙器型特征浑圆、端庄、质朴、典雅，音色古朴、幽深、绵绵不绝，古人在长期的艺术实践中，赋予了埙乐演奏典雅、高贵的精神气质。

河北人制埙吹埙的史实也为考古实物所证明。河北蔚县和柏乡先后出土过距今6 000年左右的陶埙，内丘出土过隋唐时期的瓷质埙。陶埙在河北保定地域的艺术活动，历代沿传，其文字记载，最早见于隋代。从1877年至今，保定陶埙文化自清代著名学者吴浔源始进入有序传承已历五代。

当代河北陶埙艺术传承人于连军介绍，陶埙制作以陶土为原料，包括取泥、制坯、开孔、调音、传统窑烧制等步骤。

取泥：一般陶埙用泥，讲究黏性好且无杂质。自然的泥有红泥和黄泥，最好的应该是白泥。

制坯：一般有两种方式，即软模式和硬模式。前者采用气球或沙袋作型，外敷泥土，待泥七八成干时，弄破气球或沙袋，从吹孔小心取出即可。后者需要有拉坯机，在旋转的拉坯机上制坯。

开孔：与竹埙相似，不能在泥坯太软和太干时开孔，七八成干时最好，开孔的位置以手指按放舒适程度而定。

调音：与竹埙类似，但相对容易些。小了用刀挖掉些泥，大了可在孔中补些泥土。

烧制：可自制煤炉，中心孔稍大些，中间放烧煤，四周摆放泥坯埙，在达到一定温度后，可熄火，封盖焖上一段时间。火温过高泥坯容易烧裂，过低则无法令泥变成陶。

唢呐声起震四方　卢龙韵名留千古
——卢龙唢呐传承人程国祥访谈

"喇叭，唢呐，曲儿小，腔儿大。官船来往乱如麻，全仗你抬身价。军听了军愁，民听了民怕，哪里去辨什么真共假？眼见得吹翻了这家，吹伤了那家，只吹得水尽鹅飞罢。"《朝天子·咏喇叭》是描写唢呐最为精彩的文章，无出其右。通过借助唢呐这一象征，以物寄情，从侧面展现了唢呐艺术在民间的重要地位。在明代的演艺文化中，唢呐被广泛应用于戏曲音乐中，因为它的表现力强大，音色高亢嘹亮，通常被用来演奏热情豪放的旋律，非常适合营造欢腾热烈的氛围。中国的传统节日、婚礼、葬礼、婚嫁仪式、秧歌舞会、庙会等活动，都少不了锣鼓打击乐器和唢呐的配合演奏。特别是唢呐演奏技巧非常多样化，让人叹为观止。手指舌头的巧妙运用，让演奏家能够模仿出多种不同的鸟类鸣叫，唢呐名曲《百鸟朝凤》便是经典之作。2017年，卢龙唢呐入选河北省第六批省级非物质文化遗产名录。

为深入了解唢呐相关传统音乐形式，探究卢龙唢呐入选成为河北省非遗文化项目的原因，笔者于2023年4月来到了秦皇岛市卢龙县的唢呐传承人程国祥老师家中与其进行沟通和交流。程先生详细地介绍了自己的学艺情况、唢呐艺术目前的发展状况，以及卢龙县政府给予的支持。笔者进行记录，以期在保存珍贵非遗文化的同时，提高卢龙县唢呐的知名度，同时表达了笔者对于唢呐这一传统技艺的展望。

一、唢呐八方震，响韵千古鸣

程国祥，河北省秦皇岛市卢龙县人，汉族，中共党员，1948 年出生于河北省秦皇岛市卢龙县下寨乡张木庄村。2018 年程国祥老先生被评为卢龙县县级非物质文化遗产项目代表性传承人，以表彰他对传统文化的杰出贡献。程国祥先生是卢龙县第二代唢呐传承人，现在可以吹上百首过去的曲子，并且对其中的一些部分进行了创新，改变了曲子的曲牌形式，另外还独创了程派特色唢呐曲《百鸟音》。

1945 年，程国祥随父辈移居到卢龙县下寨乡张木庄村。程国祥的父亲原来在中央文化部慰问团工作，在年轻的时候就四处学习唢呐相关的内容，在天津杂技团吹唢呐成名，后来又去越南、塔桑尼亚等地方进行唢呐展演，十分注重唢呐的传承发展工作。程国祥从 12 岁开始跟着父亲学习唢呐，当时的唢呐技艺只传给自家人，并且当时有传男不传女的说法，因此父亲对他的要求十分严格。

学习唢呐是十分辛苦的，而且这一项技艺必须从小就开始学习，平时程国祥没少受父亲的责骂。每天基本功的练习对于程国祥来说是必不可少的。基本功的种类众多，如练习长音、手部练习灵活度、练习双吐三叶、练习嘟噜（俗称弹舌）等。程国祥凭着自己对唢呐的热爱，坚持了下来，从未放弃，并且到现在也依然如此。

当时学习唢呐可谓十分艰难，需要背的谱子数量众多，难度小的曲子想要彻底学会也需要三五个月，难度大的甚至需要一年才能够真正地学会。因为当时没有专门的练习场地，为了不打扰街坊乡亲，他就只好去庄边的一个废旧砖窑去练习。程国祥每天都坚持凌晨三点钟起床去废旧砖窑练习，这一坚持，便是三年。程国祥是门里儿出身，在当时的卢龙县只有他一个人在学。那时候因为家里的经济条件不太好，程国祥就以学习唢呐为主、学校的学习为辅，初中毕业后就不读书了。没有较高的文化水平，这也是程国祥一生的遗憾。

二、裂石终有意，古韵颂春秋

程国祥 18 岁时进入了卢龙县文工团，两年之后进入部队文工团，在部队待了八年，吹奏过很多有名的曲子，如《百鸟音》《百鸟朝凤》等。在部队的这段时期，程国祥开始自己写曲子进行创作，还尝试着给一些名曲进行改编，发现其中旋律不太协调的地方会对其稍稍进行改动，还会对曲牌进行一定的改革创新。这期间，程国祥也将程派唢呐吹遍了华北地区，促进了程派唢呐的传播，提高了其知名度。部队的经历使得程国祥对于唢呐艺术有了更深的理解和体会，自己的技艺也在这一时期有了更大的提升，并开始走向了自我创新发展的道路。

从部队文工团退役之后，程国祥就又回到了县文工团，直到两年后，文工团解散，他开始跟着师傅四处进行唢

三十八军工团一九七〇年在内蒙演出合影

呐演出。刚开始条件很艰苦，走二三十里路去到周围的县城表演，演出费
用也是只有两三块钱，到了后来条件好点了，有了自行车和摩托车，演出
价格也慢慢涨了上来。唢呐收入不仅看演奏的技术，在不同的月份相关的
工价也不同，腊月的工价高，远的地方比近的地方工价会高，各地工价也
不一样。临近过年的时候，工价也会有所上涨。程国祥回忆说："那时候
的日子很苦，师傅管得也很严，动不动就会遭到打骂。在过去无规矩不成
方圆，最注重的就是一个孝道，对待师傅要毕恭毕敬，师徒如父子，一日
为师终身为父，只有尊敬师傅，才能学到真东西。"程国祥现如今能吹上
百首曲子，大部分时候吹冀东的大秧歌曲，因为过去著名的歌曲如《百鸟
朝凤》等，世人只知道好听，却听不太明白，所以过去的曲子在下乡演出
时吹奏得较少。程国祥的唢呐在卢龙县附近是出了名的，这些还是源于他
扎实的基础功底，有时外出展演时有人会指定曲子让他演奏，可见，优秀
的唢呐专业技术是能够得到认可的前提。由于其知名度和对唢呐事业的相
关贡献，2018年卢龙县县级非物质文化遗产项目代表性传承人评选结果中，
程国祥名列其中。

三、卢龙唢呐振，万代薪火传

唢呐是中国传统民间文化的一种呈现方式。中国各地都广泛流传着唢
呐这种乐器，而它的基本名称则是"喇叭"。唢呐可以根据不同的分类标
准来进行归类，从而产生不同的种类。唢呐的音调高亢、豪迈，通常在民
间吹奏歌会、秧歌会鼓乐队以及地方曲艺戏曲中担任伴奏。随着时间的流
逝，唢呐的演奏技巧逐渐变得更加高超，其表现力也越来越出色，因此它
已经成为一种独具特色的独奏乐器，同时也被广泛运用于民族乐队合奏、
戏曲歌舞伴奏等多个领域。唢呐艺术通常在婚丧嫁娶和节日时演奏，多以
吹奏大秧歌曲为主，这有助于人们更好地领略其内涵。

程国祥几十年如一日，精心研究唢呐，现如今仍坚持教授学生，传道

授业解惑。程国祥说："在旧社会，吹奏唢呐的人是不受重视的，被称为下等人。我不同意这个观点，因为唢呐的吹奏是很高的艺术。要想把唢呐吹奏好，就必须对唢呐五音有很强的节奏感，还要掌握单吐、双吐、连吐、上滑、下滑、花枝震音等各种技巧。"由此可见，要把唢呐吹奏好并不是一件容易的事情。

　　提及程派唢呐的发展与传播，还要从程国祥的父亲讲起。其父曾在中央文化慰问团和天津杂技团演奏唢呐，并得到广泛认可。当时的慰问团受到了刘少奇等国家领导人的接见，随后他们将唢呐表演带到了越南和坦桑尼亚等国家，并得到了当时越南国家领导人胡志明的接见和欣赏。程国祥在当兵时将程派唢呐吹遍了华北地区。1976 年，在程国祥的带动下，卢龙县开办了第一届唢呐培训班，卢龙县一共有 32 位学生跟着程国祥学习，主要传承过去唢呐的老曲牌，现如今第一届培训班的许多人已经当上了师傅，有的参加唢呐大赛成了全国的"吹歌王"。第一批学员还打破了过去唢呐传承的限制，延续传承了程派唢呐这一风格。据程国祥所说，过去的唢呐传承一直以传内为主，而且传承对象多集中于男性，这导致了唢呐传承方面存在一些困难，在打破这一限制后，也推动了程派唢呐的传承和发展。

　　程国祥在收徒弟时并没有限制条件，只是看学习之人心诚与否并且是否尊师重道。"规矩特别重要，无规矩不成方圆。"程国祥说，"我带徒弟时，对徒弟只是用语言教育，而并非打骂教育。"到现在为止，程国祥老先生的徒弟已经 200 有余，遍布天南海北，可谓桃李满天下。在教徒弟时，他认真负责，不仅教授他们唢呐的技艺，还传授他们架子鼓、架子琴的技巧，只想能拓宽他们以后的出路，可谓"师徒如父子，一日为师，终身为父"。如今，程国祥仍然坚持授课，继续发扬与传承程派唢呐，现如今的徒弟主要是由卢龙县文化馆介绍的唢呐爱好者，还有一些是慕名而来的。徒弟在外遇到曲子的难题，也都会回来向师傅求教，程国祥对他们也是非常有耐心，尽可能地把自己所会的全都传授于他们。程国祥希望自己的这一门唢呐能够永远地流传下去，希望程派唢呐的影响力与知名度不断扩大。

在过去的几十年，程国祥在唢呐方面取得了很高的造诣，他荣获了包括县级优秀唢呐演奏员、市级优秀乐手以及市级农村文化能人等称号。程国祥的四个孩子对唢呐也有着浓厚的兴趣，孙子也非常喜爱唢呐，加上桃李满天下，这让程国祥对卢龙唢呐的传承和发扬十分有信心。

四、长空唢呐起，峥嵘新世纪

近年来，社会经济快速发展，年轻人对传统技艺不再有那么多的兴趣，在某种程度上，对非物质文化遗产的传承与发展造成了阻碍。由于打工潮的兴起和经济的发展，人们愈发不满足自己生活的现状，纷纷选择放弃当下的生活去大城市打拼，这就使传承人大大减少。由于唢呐的工价不固定、需求不固定，也导致收入的不固定，所以喜爱唢呐的大多数人只是把唢呐当成一种爱好而并非主业。由于这些原因，唢呐的传承遇到了一些挑战，导致过去知名的曲子很难传承。因为难度大，青年人并不怎么愿意坚持去学，所以大多数的曲目也面临着隐藏于世的困境。比如难度高的"禽兽音"，是一种需要舌头、呼吸、嘴唇和牙齿协作的技巧，可以模仿出各种动物的声音，而这种技艺后来被称为"百鸟音"，演奏"百鸟音"需要持续半小时，对身体的耐力有很高的要求。现在，掌握演奏"百鸟音"技能的人越来越稀缺了。程国祥的"百鸟音"实在是一项非凡的技艺，也算是一种珍稀的艺术了。对于初学唢呐的人来说，学习唢呐有一定的难度，要想深入学习，必须先了解唢呐的五音，同时具备强烈的节奏感。此外，学习单吐、双吐、连吐、上滑、下滑、花枝颤音等演奏技巧也是必要的。程国祥已入古稀之年，他为卢龙唢呐作出了很大的贡献。

（一）弟子遍布卢龙、昌黎等地

随着程国祥老先生年纪增长，门下弟子的数量愈来愈多，大部分来自卢龙县周围，少部分从远地慕名而来。如今门下弟子已有二百有余，最小的两个徒弟只有十几岁，大多数弟子也有了自己的徒弟，弟子们也获得了许多荣誉，如"吹歌王"等。

（二）对传统曲子的改革创新

程国祥在部队时经常自己作曲，经验丰富，对曲子的协调度等方面有深刻的研究。在退伍返乡之后，他依旧对曲子的协调性方面十分重视，经常对一些曲子中的某几句做简单的改编与调整。据程国祥所说："对曲子只能是简单的调整，不能大幅度去改变老一辈传承下来的技艺。加上大部分人只认原来的曲调，也不好做大改编。"因此，程国祥只能以适当的创新来使曲子更加协调动听。

如上正是老一辈艺术家的坚守。当下，卢龙唢呐的传承面临着没有专门的教授场所等问题，而且当下的许多家长也不想让自己的孩子去接触唢呐。但是笔者坚信，正是因为有像程国祥等老一辈艺术家的坚守和国家政府对传统技艺的扶持，卢龙唢呐并不会止步于当下，卢龙唢呐这一传统技艺会被愈来愈多的人所接受。正如程国祥所说："老辈的技艺，要传承下去，唢呐是一门可以让人忘却烦恼的艺术。"他一直坚持学习和传承这项手艺，并获得了许多朋友和乡亲们的尊重，他希望能够将自己所学传给更多年轻人，让唢呐艺术代代相传，并继续闻其声、见其美。

【知识链接】卢龙唢呐

唢呐是中国传统的一种由双簧木管制成的乐器。它的起源可以追溯到

3 世纪的丝绸之路，从东欧、西亚传入中国，作为世界民族管乐器家族中的一员，唢呐经过几千年的演变形成了独特的风格和音色，成为中国民族管乐器中最具代表性的一种。

唢呐的音色雄壮，管身多由花梨木、檀木制成，呈圆锥形，顶端装有芦苇制成的双簧片通过铜质或银质的芯子与木管身连接，下端套着一个铜制的碗，加键唢呐还有半音键和高音键，拓展了音域，增加了乐器表现力。在台湾民间称为鼓吹；在河南、山东称作喇叭。传统唢呐有《百鸟朝凤》《豫西二八板》等经典曲目。

唢呐是纯律乐器。高音唢呐发音穿透力、感染力强。以前，唢呐多用于民间的鼓乐团，也常用于地方曲艺、戏曲的伴奏。经过不断的改进与发展，其表现手法更加丰富，也产生了传统的、有旋律的唢呐。如今，唢呐已成了人们喜爱的一种独奏乐器，别具风格。中、低、倍低音唢呐音色浑厚，多用于民族管弦乐团以及交响乐团合奏。

程家班流传下来的曲子，有纸牌曲、汉吹曲、流板曲等等。同样的曲子，每个人的吹法都不一样，这也是为什么大家都喜欢听的原因。不管是喜事还是丧事，或者是开业典礼，或者是庆生，他们都会请程家班的人来表演。程家班不但在附近的县城很受欢迎，而且还经常受到吉林、辽宁等地方的剧团邀请。"吹一声号角，衣食无忧"，如今的好生活全靠程家班。他们手里拿着一支唢呐，四处奔走，养家糊口。

第三章 传统舞蹈传承人口述史

一人顶两人 手足舞乾坤

——满族二贵摔跤传承人王大中访谈

满族二贵摔跤（俗称二贵摔跤）是流传于河北省隆化县的一种传统满族民间体育游艺，属于花会行当中的一种，起源于清朝道光末年（1850年前后），距今已有近200年的历史。二贵摔跤为单人表演形式，表演者背负一个呈摔跤架势的两个人形木架，用双腿和双臂扮作两个人，做手脚互摔的动作，翻滚腾挪间，摔跤竞技的激烈被演绎得活灵活现，是民间花会中的压街节目，其表演强劲有力，动作诙谐幽默。二贵摔跤的表演集独特的道具、体育、艺术于一身，具有特殊的历史、学术、实用、研究、观赏价值。2008年，满族二贵摔跤入选河北省第二批国家级非物质文化遗产名录。作为第八代传承人的王大中，对二贵摔跤进行了抢救性挖掘，并将这一民间艺术形式传承发扬。

为探究二贵摔跤的独特魅力和价值，笔者同王大中先生进行了交谈。此外，笔者还通过文献搜集、田野调查等方式，对该技艺的历史和现状进行了梳理，以期更加深入地了解这项包含民族特色和民俗精华的非遗项目，同时也表达了笔

者对这门传统技艺的期待与展望。

一、拯救始：启半生羁绊

王大中，男，满族，1953 年出生于河北隆化县，1970 年被选入隆化县毛泽东思想宣传队，1978 年调入隆化县文化馆，1998 年调入隆化县博物馆，2005 年调入隆化县民族民间艺术培训中心。历任文化馆副馆长、博物馆馆长、艺术中心主任，现为国家二级导演、河北省舞蹈家协会会员、承德满族经济文化促进会理事。30 多年来，王大中对二贵摔跤进行呕心沥血的挖掘、拯救、创新、传承，使二贵摔跤成为绚烂的一枝非遗之花，带领着二贵摔跤谱写了民俗新篇章。

王大中自小就被二贵摔跤所吸引，他小时候最爱看的就是花会，其中最喜欢的节目就是二贵摔跤。一个人突然变成两个人，极大地引起了年少的王大中的强烈兴趣，他便追着队伍看了一路二贵摔跤。20 世纪 80 年代初期，政府组织民间文学"三套集成"收集整理，王大中负责承德隆化地区的中国民族民间舞蹈集成。为更好地把握隆化地区民族民间舞蹈集成的

编写，王大中对隆化县进行了民族民间舞蹈普查，将全县的民间舞蹈种类、特点、分布情况、艺人情况都进行了普查登记，把隆化县有民族特色的民间舞蹈编写成书，其中第

一个稿子就是满族二贵摔跤。童年的兴趣和好奇以及中年的责任和担当，让王大中毅然决然地立下了拯救二贵摔跤的志向。在编写"三套集成"的过程中，王大中不仅对二贵摔跤这一民间花会进行了文字记录，还将二贵摔跤的历史沿革、风格特点、服装道具、表演动作、音乐伴奏以及传承谱系，统统烂熟于心。从那以后，王大中就真正与二贵摔跤产生了羁绊，开启了30多年与二贵摔跤的不解之缘。

1986年，第三届全国少数民族运动会在新疆乌鲁木齐举行，为了丰富全国少数民族运动会舞蹈表演特色，河北省便首次选了二贵摔跤作为传统表演节目参加此届运动会。但是王大中深知作为表演项目，原始的二贵摔跤远远不能满足表演需求，于是他结合自己的武功和表演功底，增加了很多惊险动作，通过一些技巧充实了二贵摔跤表演。当时距运动会还有3个月，在这3个月里，王大中对二贵摔跤进行潜心摸索、创新、编排苦练。由于二贵摔跤对手臂的力量以及体力要求极高，所以他坚持晨练、增强体质，白天徒手练托、转、滚、撅、"摔四门"等动作技巧，晚上与木工探讨道具的制作与改良。终于在3个月的时间内，创新出一套道具轻便、动作新颖的二贵摔跤，极具视觉欣赏效果。一个演员、一套道具、一盒录音带、4分钟时间便造就了王大中的二贵摔跤出征全国少数民族运动会的坚实基础。在开幕式上，当河北代表团通过主席台时，自背道具，走在队伍最后面的王大中就地表演起二贵摔跤，轰动了整个开幕式的现场。

自此，王大中开始背着他那套道具参加各种表演，在民间艺术节、春节联谊晚会、少数民族运动会等活动上都可以看到二贵摔跤的身影。1991年在广西南宁少数民族运动会的传统表演项目中，王大中表演的二贵摔跤一举夺得了金牌；1995年在云南昆明举办的第五届全国少数民族运动会上，王大中表演的二贵摔跤再次荣获表演一等奖；1999年，在北京举行的全国第六届少数民族运动会中，王大中发展创新了二贵摔跤，编排了20人的集体方形表演，省体委、省民族宗教厅给予全省通报表彰；2003年在银川举行的全国第七届少数民族传统体育运动会上，以王大中为首的二贵摔跤

群体表演再次获得表演项目金奖；2008年，受北京奥组委会的邀请，王大中带领隆化县二贵摔跤群众表演队伍参与了北京天安门广场的迎奥运文化展演，赢得国内外观众的称赞。

20多年来，由他编导和表演的《二贵摔跤》参加了第三届至第十届全国少数民族传统体育表演项目大赛，参加国家、省、市、县各种演出活动400余场，并多次获国家金奖。之后，由于身体原因，王大中先生退居二线，从舞台转向了幕后，专注于二贵摔跤的传承。王大中将一个即将遗失在历史中的民间表演艺术演变成了一个满族特色表演项目，在表演中将二贵摔跤打造成了一个具有表演艺术性的文化名牌产品，又在传承教育中将二贵摔跤打造成河北省的一张地域性名片。

作为二贵摔跤的代表性传人，王大中从前辈那里学来了精湛的传统艺术，拯救了渐渐沉寂的二贵摔跤，并以一种革新的匠人精神用半生的时间在前辈的基础上进行改良，在多年的研习、表演和磨炼中不断改进提升，使自己成为一名远近驰名的民间艺人和大家公认的优秀的民俗传承者。

二、创新立：成魅力非遗

"一人顶两人，难解又难分。自己摔自己，底下定乾坤。"这是在民间流传的描述二贵摔跤的一首打油诗。二贵摔跤舞蹈动作灵活，表演形象逼真，翻滚腾挪间，摔跤竞技的激烈被演绎得活灵活现，其独具一格的艺术魅力和舞台效果是其他任何形式的"摔跤"无法比拟的。

二贵摔跤，又叫"二鬼摔跤""二人摔跤""二鬼打架""二魁摔跤"或"二跶子"，是一门集独特道具、体育、艺术于一身的民间花会艺术，在我国某些地域广为流传，而王大中表演的二贵摔跤则是流行于河北隆化县一带的满族民间表演。民间关于它的起源，流传着两个传说：其一便是源于康熙除鳌拜的故事。传说少年康熙为扫除亲政道路上的障碍，挑选贵族子弟表演摔跤，计捉奸臣鳌拜，之后，民众为了纪念这一壮举，特将摔跤比武大赛的场面衍化成二贵摔跤这一民间表演形式，每逢新春佳节，都要在花会上拉街表演。其二则是认为二贵摔跤起源于清朝道光年间，满族的巴图鲁（勇士）大贵、二贵兄弟二人都是摔跤健将，摔遍天下无敌手。但是有一天哥哥大贵不再想要摔跤，弟弟二贵便没有了对手，就突发奇想，制作了两个少年摔跤的上半身道具模型，自己与自己摔跤，后来流传开来，成为集体育与艺术为一身的二贵摔跤。王大中在整理二贵摔跤历史源流的过程中发现，清代帝王经常在木兰秋狝结束后在隆化境内举行"赛宴四事"庆祝活动，"四事"中的布库为勇士们两两相对进行摔跤角力，一方面是为了表演助兴，另一方面也是为了宣示武力。当地百姓对布库动作进行了民间文艺形式的演绎，便形成了二贵摔跤。之后，这种说法基本就成了公认的满族二贵摔跤起源。

（一）技艺革新

摔跤是我国古老的传统技艺之一，历史上一直有它的身影，在百戏中叫"角抵"，南北朝时称"蚩尤戏"，唐宋叫"相扑"，清代才称为"摔跤"。根据王大中的介绍，二贵摔跤由传统体育竞技"乔相扑"衍化而来，在清朝道光末年就已于隆化县石灰窑沟一带流传开来。20世纪80年代，王大中出于挖掘、整理隆化县民间舞蹈集成的需要，向崔九儒学习二贵摔跤的技艺。由于年龄原因，崔九儒先生表演很吃力，只能简单表演，幸而王大中做过演员，练过武功，对于二贵摔跤的动作一看就会，并且在崔九儒表演的基础上，又增加了很多惊险动作。原始的二贵摔跤只有磕、绊、滚等基本动作，动作单调，表演特色不突出，也没有固定的套路，即使是临近的村落，摔跤的动作技巧也迥异，王大中取各家之长，在二贵摔跤原始动作的基础上，增加了外轮转、十八滚等技巧性动作，整理了一套完整的二贵摔跤表演技法。在表演时，需将木制摔跤道具绑在背上，双腿全蹲，双手倒穿一双薄底布靴，用两条胳膊扮演对方的两条腿，双手扑地，手足并用，在道具围子的隐藏下，以抢、转、滚、翻、摔、扫、踢、挡、下绊、托举、互相扭摔等武术套路和摔跤技巧，在武场乐队的伴奏下一个人活灵活现地表演出两个人摔跤的场面，极具表演艺术性。

1999 年，在全国第六届少数民族运动会上，王大中将个人表演改编成集体表演，编排了 20 人的表演方阵，中间穿插了个人表演技巧展示，在形式上发展创新了二贵摔跤。20 人的表演方阵以整齐划一的动作形成震撼性的视觉效果，然后在集体表演中穿插个人表演，一改一人表演的单调性，将集体表演和个人表演相结合，兼具震撼性和艺术性。表演形式的这一革新也有效地让演员有了喘息的时间，表演起来更加得心应手，缓解了一人剧烈表演 4 分钟的困难，使表演更具科学性。在团体表演的改革中，王大中投入了很多精力，想了很多办法。个人表演可以不受场地和节奏制约，随机应变，但是集体表演不能随便乱摔，同时要求节奏的统一性和表演的视觉性。因此，集体表演对伴奏、队形以及演员提出了更高的要求，伴奏要明快，演员要对动作熟稔，需要不断练习和相互配合，最终才能达到极具观赏性和独特艺术魅力的集体表演效果。

王大中先生在二贵摔跤原有的表演技巧和形式上进行了深度挖掘、整理和创新，使濒临失传的民间艺术逐渐成了隆化县乃至河北省的文化品牌。

（二）道具改良

满族二贵摔跤是一种传统民间道具舞蹈，道具是二贵摔跤表演的基础和特色。二贵摔跤的道具问题让王大中异常头疼。在访谈中，王大中发出"只要有道具，这个东西就好传承，没有道具就没法办"的无奈。二贵摔跤道具复杂、重量大、价格高、会制作的人少等都是王大中在传承过程中遇到的问题。

过去民间没有那么高的技术和材料，因此制作道具的主要材料就是木头，一个大木头块的中间隔一个木头橛子固定，摞一个十字架做肩膀，然后把纸打成浆，糊成一个脑袋模型，往木头架子顶上一扣，再用草捆成一捆一捆的草把子充当四个胳膊，之后用一个防止硌伤的厚棉花被子往背后一垫，一套流程下来，整个道具背上以后大约有30来斤。基于重量对动作表演的制约，王大中继承二贵摔跤以来就一直寻求道具改革，最早就是把道具的架子从粗变细，并采用质量好的木头。脑袋模型由泡沫代替纸浆，这样改革以后整副道具的重量也就剩十五六斤了，但是在表演当中还觉得有点勉强。后来王大中又把道具架子改成了既有柔韧性又有硬度，还轻快的PVC（聚氯乙烯）管，在很大程度上减轻了道具的重量。现在，经过不断的改良，二贵摔跤整个道具的重量已不到10斤。王大中甚至考虑到了"非遗进校园"学生的体型，对道具大小也进行了调整，极大地增加了表演的灵活性、提升了民众的参与度。

除了重量以外，由于原始二贵摔跤是个人表演，而且时间较短，只有1分钟左右的时间，对摆围的透视效果没有太高的要求，但是后来王大中将二贵摔跤由单人表演改革成多人表演之后，由于表演场地较大，表演时间长，表演人数较多，为了表演的安全性，就需要演员与演员之间能够准确了解对方的位置。因此，王大中就根据纱具有的透视和下垂功能，将围子由过去的布改成了纱。表演者能够在内部看清外面，而外面看不清里面，并且用纱制作的围子在旋转过程中也具有极高的观赏效果。

便利性有了，艺术性方面也要进行改革。王大中介绍，过去纸浆糊的脑袋非常不好看，后来通过雕刻将"二贵"两个人都画得更加活灵活现。绘制的脸谱一个狂野凶狠一点，瞪着眼睛咧着嘴，留着大胡子，人物头饰沿用清代的蓄辫子头；另一个同样是清代造型，但是脸谱绘制得英俊一点，两个人的形象形成对比，能够让观众一眼就能看出哪个是好人，哪个是坏人。在服装上，过去二贵摔跤用的布料都是粗布，到了20世纪八九十年代，王大中考虑到"二贵"是贵族子弟，因此专门跑去北京为"二贵"买了一身绸缎。二贵摔跤改良后的服饰主要以满族的旗装为主，具有浓郁的满族风情，增加了道具的民族特色。

道具的重量由重到轻，摆围从不透视到透视，外形从粗糙到精致，二贵摔跤的道具经过了一轮又一轮的改良，在发展历程中变成现在轻便、美观、方便的摔跤道具，使二贵摔跤表演者在表演的过程中更灵活，使二贵摔跤的传承更具有可行性。

三、传承续：育活态传人

对二贵摔跤的传承就是对上下五千多年中华优秀传统文化遗产的保护。非遗的特点是活态流变，二贵摔跤蕴含着以人为核心的技艺、经验、精神，体现着满族特殊的文化气质。人的传承是非遗传承的核心，人的精神是非遗的灵魂。二贵摔跤是通过一代代传承人手把手教、口把口传来传承的，动作习得之后传承人还要进行"台下十年功"的苦练才能逐渐掌握表演的精髓。随着国家对非遗的重视，传承方式的扩展与革新使二贵摔跤的传承形成了一个树状的传承模式。传承人的专业性继承是二贵摔跤的主干传承部分，其中这些"主干"由学校老师、文化馆成员等构成，这些老师、文化馆成员又将二贵摔跤"摔"向校园、"摔"向乡村，延伸"树"的枝干部分，逐渐将二贵摔跤的传承之树壮大为参天常青树。

（一）传承谱系

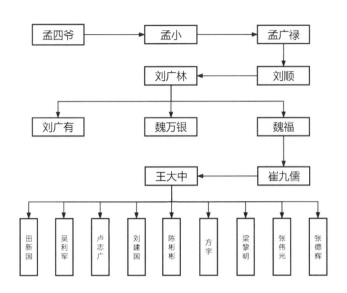

　　凭借中国民间文学三套集成的编写工作，二贵摔跤重新进入了人们的视野。二贵摔跤流传至今约有两百年历史，发祥地为隆化县石灰窑沟村，传承至今有八代，传承脉络清晰完整。王大中介绍了 20 世纪 80 年代前二贵摔跤的传承情况：孟四爷—孟小—孟广禄—刘顺—刘广林—刘广有、魏万银、魏福—崔九儒；20 世纪 80 年代之后搞舞蹈集成的王大中受崔九儒亲授，成为二贵摔跤的第八代传人；之后王大中将二贵摔跤发扬光大，亲授弟子田新国、吴利军、卢志广、刘建国、陈彬彬、方宇、梁黎明、张伟光、张德辉等人。其中，陈彬彬为王大中的拜师弟子（市级传承人），他全面掌握了二贵摔跤的表演技能，能独立完成传承工作，在隆化县职教中心培训了一支二贵摔跤的表演队伍，经常参加各种演出活动，收到了良好的社会效果。

　　（二）非遗进校园
　　王大中认为非遗进校园是传承二贵摔跤最好的传承方法之一，因此，他在学校积极推广二贵摔跤，在学生群体中倡导传承非遗文化的重要性，期待新一代通过学习二贵摔跤培养对中华优秀传统文化的自信心。他首先在职教中心开办培训班，当时第一届学员四五十人学成以后就参加了全国少数民族非遗的展演，并在那场演出中获得了极高的赞誉。后来二贵摔跤就成为职教中心的保留项目，并有专门老师负责，参加了不少民间艺术的展演。隆化第一小学也积极邀请二贵摔跤进校园，王大中在隆化第一小学举办了二贵摔跤的培训班，挑选了五六十个学生进行培训，培训结束后，制作了 50 多个道具赠予隆化第一小学。河北民族师范学院为响应"非物质文化遗产进校园"的号召，以满族二贵摔跤的教学与传承作为突破口，聘请王大中先生去河北民族师范学院传授二贵摔跤。目前，隆化县有五所学校建立了二贵摔跤非遗基地，开办了民族传统体育社团及活动课程，上千余名在校生接受了二贵摔跤技艺培训。学生是非遗传承中最有活力的一股力量，铁打的学校、固定的老师、流水的学生，学生一届一届地流动，二贵摔跤不断被新一代的学生推向社会，推向公众的视野。让二贵摔跤在更大的社会面中传承，成为一朵永不凋零的非遗之花。

（三）乡下培训

由于道具昂贵、制作困难、传承人年老等原因，二贵摔跤濒临衰败，在农村几近消亡。在过去的很长一段时间内，即便是作为满族二贵摔跤的发源地——隆化县石灰窑沟村，二贵摔跤这门民间花会技艺也少有人问津，濒临衰败。民间是根，只有深植民间，才能保住民间花会艺术的独有的生命力和特色。为了保住二贵摔跤的民间力量，王大中专门在乡下对民众开展培训。在道具问题上，隆化县政府支持二贵摔跤走向民间，为很多村镇分发二贵摔跤的道具，解决了二贵摔跤民间传承最主要的困难，并且兴办了三个二贵摔跤培训基地，允许当地对二贵摔跤感兴趣的百姓都能来基地免费学习。时至今日，隆化县很多村镇的花会项目里都有二贵摔跤的身影。

四、未来展：言重任在肩

作为满族二贵摔跤代表性传承人，王大中深知传承二贵摔跤重任在肩，从 20 世纪 80 年代初到现在，摸索 30 余年，致力于寻找一条传承之路。退休之后，尽管已经 70 岁高龄，王大中依旧到学校进行授课指导，希望能够在能力范围内，让更多的人传习二贵摔跤这门技艺。

关于二贵摔跤的未来，王大中提出了殷切的希望。他想要将隆化打造成"二贵摔跤之乡"，让二贵摔跤在隆化形成一个文化集群效应、技艺集群效应，营造一个更适合二贵摔跤发展的文化地界；成立一个二贵摔跤研讨会，将各地不管是叫"二贵摔跤""二人摔跤"还是叫"二魁摔跤"的表演者都组织联系起来，在道具制作、动作表演、音乐伴奏等方面相互交流，取其精华，去其糟粕，最后拿出一个最好的方案，结合各个地方二贵摔跤的特色，共同为中华民族优秀非物质文化遗产出一份力。

走出国家，摔向世界，是王大中的又一个理想。过去，二贵摔跤从尘土飞扬的大街小巷一路"摔"到了华盛顿、纽约等国际大都市，但是这还不够，还需要加大对二贵摔跤的宣传力度，将二贵摔跤的表演舞台扩大到更大的范围，让二贵摔跤传人走向更多地方。同时，借助多媒体进行宣传的路径，推动"非遗＋网络"，创新丰富传播渠道，依靠网络让更多人知道、喜爱、传承这项民间艺术。他恳切地说："继承、保护、发展民族、民间文化遗产是我们大家的共同责任，希望各级领导、文艺界的同人及广大群众继续关注二贵摔跤，继续打造二贵摔跤这张承德的名片、河北的名片、中国的名片，进而推向世界。"

在访谈过程中，王大中怀着激动的心情描述他关于二贵摔跤的设想，抱希望于年轻一代，在言语中有对二贵摔跤的珍爱之情，有对二贵摔跤光明未来的信心，也有年老的惋惜。如今，二贵摔跤已经由传统的摔跤运动演变成为表演艺术与体育运动的艺术结晶，从最初的锣鼓点到现在的音响伴奏，从木架加铁丝到现在的海绵和塑料结构，跟着时代一点一滴的变化，从街头到舞台，从国内到世界。现在的二贵摔跤不仅在历史中继承，也在摸索中发展，散发着愈加迷人的魅力。

【知识链接】二贵摔跤

二贵摔跤是从传统的"布库"——满族摔跤衍化而来的，是一门集独特的道具、体育、艺术于一身的民间花会艺术，起源于清朝道光末年（1850年前后），距今已有约200年的历史。2008年，满族二贵摔跤入选河北省第二批国家级非物质文化遗产名录。

二贵摔跤最早兴盛于清末至"中华民国"期间，新中国成立后，因其独具特色的表演形式很快得到普及与发展，"文化大革命"期间又几近沉寂。20世纪80年代初期，经过河北省承德市隆化县文化部门的挖掘、整理、改良，二贵摔跤逐渐成为隆化县乃至河北省的文化品牌，多次在国家级各类比赛中获奖，在全国范围内引起了极大反响。

二贵摔跤兴起于河北省隆化县石灰窑沟村，是一门传统满族民间体育游艺。表演者背负一个重达30来斤呈两个人摔跤架势的人形木架，双手扑地，用双腿和双臂扮作四足，手足并用，做手脚互摔的动作，形成夸张的两个矮人摔跤姿态。在道具围子的隐藏下，伴随着鼓乐节奏，表演者运用抢、转、滚、翻、摔、扫、踢、挡、下绊、托举、互相扭摔等武术套路和摔跤技巧进行摔跤表演，一气呵成，幽默滑稽，翻滚腾挪间，摔跤竞技的激烈被演绎得活灵活现。二贵摔跤一开始是单人表演，近年来，随着表演视觉效果的需要，将个人表演和群体表演相结合，变一人表演为 6 ～ 8 人的群舞，有时候根据表演和舞台的需要，甚至增至 20 人。

红火热闹地秧歌　扎根沃土葆初心

——昌黎地秧歌传承人秦梦雨访谈

秧歌，是中国（主要在北方地区）广泛流传的一种民间舞蹈形式。秧歌是一种将舞蹈、歌唱等融为一体的综合艺术，主要分为唱秧歌、扭秧歌、戏曲秧歌、戏剧秧歌四种形式。秧歌按地区主要分为六大类，分别是河北昌黎地秧歌、山东鼓子秧歌、山东胶州秧歌、山东海阳大秧歌、陕北秧歌和抚顺地秧歌，此外还有许多小地方秧歌。

昌黎地秧歌是河北省最具有代表性的三大民间舞种之一，分布在河北省昌黎、卢龙、抚宁、乐亭、滦州、滦南等地。与其他类型的秧歌相比，昌黎地秧歌以在地面上自由灵活、自如轻快地扭动见长，表演风趣、滑稽，气氛红火、热烈，极具农耕生活情趣。2006 年，昌黎地秧歌入选河北省第一批国家级非物质文化遗产名录。

一、扭出"丑"的精彩人生

秦梦雨，男，汉族，1938 年出生于昌黎县十里铺乡张各庄一村，国家级非物质文化遗产代表性项目秧歌（昌黎地秧歌）代表性传承人，昌黎舞蹈协会理事。秦梦雨从小就喜欢秧歌，经常模仿秧歌动作。9 岁时，秦梦雨在太爷秦来和大哥秦梦楼的带领下，开始扭秧歌。12 岁时，秦梦雨正式拜师秦来、秦梦楼、张谦、秦焕、仑宝善等人，专攻"丑"行，一扭就是70 年。

20世纪50年代，是第二代秧歌艺人的技艺巅峰时期，也是以秦梦雨为代表的第三代秧歌艺人成长的关键阶段。该阶段，秦梦雨经常与老艺人同台演出。在演出过程中，他虚心请教，广泛吸收不同表演流派的长处，潜心练习，逐渐形成了自己独特的丑行流派，肩、腰、胯以及脖子的动态融各家之长。秦梦雨的动作刚柔相继、收放得体，亮相丑而不俗，丑中见美、丑中见俏，让人百看不厌，在当地的地秧歌表演中被一致推崇为"丑行第一"。

秦梦雨表演的主要代表秧歌曲目有传统的《推车乐》《跑驴》《锯缸》《单、双摸杆》《错中错》《子上坟》《后老婆打孩子》《铁弓缘》等。他还创造和改编了不同历史题材的秧歌小品节目，如《杀庙》《杨三姐告状》《三打白骨精》《刘方打母》《智过放哨卡》《回娘家》《理发》等。秦梦雨多次参加县、市、省、全国及国际大型演出，并多次获奖：1994年，获得沈阳国际民间邀请赛最高奖"金玫瑰奖"和全国中老年健身舞蹈比赛最高奖"兰花奖"；1996年，获得金华全国广场舞群星奖铜奖；2003年，获全国中老年秧歌艺术节集体金奖；2004年，获全国中老年秧歌艺术节金奖，并获个人风采奖；2006年，获昌黎县文化局"基层群众文化工作先进个人"荣誉。

二、时代在变，创新不变

昌黎地秧歌受到当地民众的广泛喜爱。多少年来，凡遇年节或喜庆日

子，地秧歌队伍遍及昌黎城乡，已成为昌黎人民世代相沿的传统习俗。昌黎民谚说道："上至九十九，下至刚会走，都会扭一扭。""饭不吃，酒不喝，不能不看大秧歌；米不碾，面不磨，不能不看大秧歌。"

昌黎地秧歌受欢迎的主要原因在于它一直在自我革新、不断进步。在多年的发展过程中，它不断吸收其他民族和地区的优秀表演艺术。例如：在表演形式上，"丑"角的晃肩动作明显带有蒙古族舞蹈的特点；要"少林棍"打场开道和糅有《凤阳歌》韵律的《秧歌调》则受到山东和河南民间艺术的影响。在表演内容上，昌黎地秧歌十分注重创新秧歌的戏剧表演。例如，昌黎地秧歌艺人把生活中有戏剧性的小故事编排成秧歌"出子"，使表演"戏"连"戏"，成为哑剧味道十足的秧歌戏。

新中国成立后，周国宝、周国珍和张谦等第二代昌黎地秧歌艺人紧跟时代潮流，推陈出新，不懈创新地秧歌的内容和形式，产生了不俗成绩。1953年，他们根据当地出子戏《傻柱子接媳妇》改编的《跑驴》在"全国第一届民间音乐舞蹈会演大会"一举成名。1956年，《跑驴》获得布加勒斯特"世界青年联欢节"银奖。1957年，地秧歌新编舞蹈《捶布舞》和传统秧歌表演《大秧歌》双双入选"全国第二届民间音乐舞蹈会演大会"。当时，社会上出现了"从南京到北京，跑驴、扑蝶、花鼓灯"的顺口溜。这些使得昌黎地秧歌成为公认的汉族民间舞蹈的优秀代表，并被冠以"河北地秧歌"之名，与陕北秧歌、东北秧歌、山东鼓子秧歌并驾齐驱，共称为中国北方四大秧歌。1996 年，昌黎地秧歌所在的昌黎县更是被文化部命名为"中国民间艺术之乡"。

作为昌黎地秧歌第三代艺人的代表人物之一，秦梦雨深知"创新是昌黎地秧歌的生命"。他刻苦钻研创新，不断给昌黎地秧歌注入新的活力和生命力。以经典剧目《跑驴》为例，他在传承传统表演基调的基础上，不拘于本样，推陈出新，把骑驴、赶驴及农夫三者有机结合，互为照应，着力刻画人物内心的真、善、美，并在赶驴的舞蹈动作中增加了急行步、跳踏步、小晃腰等，使其更贴近生活，大大增加了感染力，成功地演绎了新编小场子秧歌《跑驴》。又如《推车乐》，秦梦雨也有他的独创，无论是拉车还是推车，把人物亮相都演绎到极致。

三、"小份儿"处见功夫

作为舞蹈技艺，昌黎地秧歌有其程式化的一面。例如，"妞""丑""㧟""公子"四个行当的穿戴、道具及其动作行为。"妞"角，表演的是闺门少女或年轻小媳妇一类的人物，"稳中怯，柔中俏，扇花飞舞周身绕，双臂摆动娇又媚，好似葫芦蔓儿飘"。"丑"角头戴缨子帽，右手扇，左手巾，"应变快，招数多，浑身是戏最灵活，翻、转、钻、闪满场飞，逗得'妞'角无处躲"。"㧟"角相当于"丑"角的遥控，"㧟"让"丑"去，"丑"就去。"㧟"角分为"文㧟"和"武㧟"。"文㧟"属灵巧诙谐的老婆婆，在"妞"与"公子"之间起媒介或制约的作用，"扇儿活，烟袋转，颈部前后错双肩"；"武㧟"则属泼辣、健壮的婆婆，"全身摆动腰眼活，动作开阔棒利落；恨起来咬牙切齿，乐起来前仰后合；步伐矫健显威风，妞

丑之间巧配合"。"公子"多为文质彬彬的书生，头戴公子帽，在舞蹈时左手提起胸前长衫衣襟，右手持扇，"酸溜溜，文绉绉，八字步倒背手，一步三颤晃脑袋，眼神盯着'妞'和'扛'"。

但是，这并不是说地秧歌是完全形式化的表演，其节奏感、韵律感、动态、眼神等"小份儿"处蕴含诸多奥秘，这也是该类艺术形式独具韵味的主要原因。以"丑"角为例，它是整个秧歌中的核心，以"逗"为主，用本地人的话说："闹秧歌，不上'丑'，就同吃饭没肉一样不上口。"为了更好体现"丑"的滑稽，撑起演出，秦梦雨在体轻、气提、腿沉、腰柔、肩活、腕灵、眼有神等各个环节下功夫，不断钻研卢凤春、张谦和周国宝等知名"丑"角的颤肩、提胯、蹲裆动作，研究"逗"的风格和韵味。再如，单就胯部动作来说，就有提胯、掀胯、坐胯、转胯、绕胯、拧胯、撅胯、错胯、揉胯诸多类别，它们不是单一的胯部运动，而是带有不同曲线美、流动美的肌肉运动，因此，其蕴涵的节奏感、韵律感不同，表达的情绪也不同。"台上十分钟，台下十年功。"以秦梦雨为代表的地秧歌艺人不断磨炼苦工，始终将苦辣留给自己，将欢乐带给观众。

四、扎根沃土葆初心

近年来，昌黎地秧歌发生了诸多变化。例如，稳重有余、活泼不足的"公子"在场地表演中的重要性正在弱化，很少再出现，特别是在大型广场表演中，基本不见其踪迹。再如，过去的动作体态偏向收和敛，而现在更注重开和放。服装从长衣改为短衫，道具样式也发生了变化。像是秦梦雨珍藏的师傅秦来传下来的道具：《跑驴》中用的鞭子和串铃，《锯缸》中用的挑担和小板凳，"丑"行戴的毡帽等，在今天的地秧歌表演中已没有机会再出现了。

在秦梦雨眼里，这些变化不可不谓遗憾，但也是地秧歌顺应新时代新社会发展的必然，他个人表示理解。但与之相比，他更担心的则是昌黎地秧歌的传承问题。由于社会经济的迅速发展，现代娱乐生活越来越多元化，青年人对传统民间技艺普遍不感兴趣，昌黎地秧歌的传承面临较大挑战，出现青黄不接乃至断层等问题。

为了保护自己热爱的技艺，秦梦雨用实际行动践行传承使命。他不局限于家庭传承，坚持从群众中来到群众去中。他多年参加昌黎县文化局举办的培训班，为昌黎培训了大批地秧歌骨干人才；每周五下午和徒弟杨常青去十里铺乡村小学教授地秧歌，坚持了五年；并长期和民间组织、秧歌

爱好者保持密切联系，毫不保留地传授地秧歌技艺。像是其弟子杨常青和侯海波等就是昌黎本地土生土长的农民。他说："秧歌来源于'泥腿子'，也用完美回报给'泥腿子'，把根牢牢扎在老百姓这片沃土里。"

至今为止，秦梦雨的徒弟"桃李满天下"。近年来，侯海波、杨常青、贾学山等弟子们逐渐崭露头角，成了传承昌黎地秧歌的中坚力量。昌黎县文体局授予秦梦雨"弘扬三歌艺术，繁荣昌黎文化"旗帜，以此奖励他多年来为地秧歌所作的贡献。2015 年，"秦梦雨——秧歌"项目在国家级非物质文化遗产代表性传承人抢救性记录工作验收中被评为优秀项目。

【知识链接】昌黎地秧歌

作为北方地秧歌的代表舞种之一，昌黎地秧歌自元代流传至今，已有千余年的历史。如今，昌黎地秧歌已经成为一个较完善的艺术种类，呈现出角色化、行当化的艺术特征，形式活泼，内容丰富，能深刻地表现人物的性格和情感，表达动作丰富细腻。

从形式上来说，昌黎地秧歌分为场子秧歌和排街秧歌：场子秧歌固定于某一场所进行演出，又称"拉场子"；排街秧歌，又称"串街"，沿街串巷，行进演出。从内容上说，昌黎地秧歌分为平秧歌和秧歌出子：前者没有固定情节；后者则注重讲述戏剧性的民间小故事，叙事性较强。在荡漾着激昂唢呐声的秧歌场，"妞""公子""扦""丑"各角色相互配合、灵巧生动，富有诙谐、质朴、健康的生活情趣，让人们得以暂时抛却繁忙的劳动重任，在欢快激昂的乐器声中，在红火热闹的气氛中，欢聚一团，自得其乐。

太平鼓　舞太平

——抚宁太平鼓传承人韩运会访谈

太平鼓是我国古老的民间舞蹈艺术，原是古人在祭祀时跳的舞蹈。古人在祭祀时，巫师通常手中操持道具与神灵沟通，而沟通的道具正是太平鼓的雏形。太平鼓作为一种舞蹈表演形式，演出时使用的唯一道具就是鼓，由于鼓面常写着"天下太平"四个字，并有莲花、阴阳鱼等吉祥图案，故得名"太平鼓"。

抚宁太平鼓是太平鼓的一支，主要在河北省秦皇岛市抚宁区境内的齐各庄、东王庄和海港区海阳镇等地流行，其舞蹈以鼓点为主，动作大多取材于人们的日常生活。过去妇女们在家坑头上、庭院中、广场街道上聚一起敲太平鼓表达内心的喜悦，在婆媳之间、妯娌之间、邻里之间、亲戚之间相互学习、传授技艺，抚宁太平鼓只传女不传男，因此有"千年鼓韵，妇女绝学"的佳话。20世纪80年代，第三代传承人韩运会遍访抚宁境内的太平鼓老艺人、太平鼓制作艺人，经过深入细致的挖掘整理，韩运会掌握了大量的抚宁太平鼓第一手资料。2006年，抚宁太平鼓入选河北省第一批省级非物质文化遗产名录。2008年，韩运会成为河北省第一批省级非物质文化遗产项目抚宁太平鼓代表性传承人，笔者有幸对韩运会进行了访谈。

一、有幸拜名师　天赋加兴趣

韩运会（曾用名：韩蕴慧），女，汉族，1957年2月23日出生，无党派人士，先后在秦皇岛市抚宁县（今抚宁区）文艺宣传队、抚宁县文化馆工作，曾任抚宁县文化馆副馆长，曾是抚宁县政协委员、抚宁县人大代表，曾被评为秦皇岛市宣传系统十佳标兵、河北省燕赵文化之星、秦皇岛市学术带头人、抚宁县专业技术拔尖人才。

韩运会从小就喜欢唱歌跳舞，据她介绍，以前村里没有太多的娱乐活动，每当村子里放样板戏的时候，她就会坐在广播下面听，一边听，一边想象着剧中的情节表演。由于有着一定的舞蹈功底，15 岁时，韩运会成功入选抚宁县毛泽东思想文艺宣传队，成为宣传队年龄最小的舞蹈演员。1975 年，韩运会被单位选中，前往中央民族学院（现中央民族大学）进修，系统专业地学习了基本功、朝鲜舞、舞蹈记谱……

1976 年，韩运会从中央民族学院学成归来，唐山地区（秦皇岛当时隶属唐山地区）要举办一年一次的文艺会演，韩运会所在的宣传队决定要挖掘出一个抚宁县自己的特色节目。最后选中抚宁太平鼓，舞蹈编排任务落在韩运会的头上，这下可把刚满 20 岁的她愁坏了，太平鼓长什么样还没有见过，怎么编？为此，她决定到民间去采风，采风中有幸结识了抚宁太平鼓艺人张光新老师，并成为他的弟子，就此韩运会与抚宁太平鼓结下了不解之缘。

张光新老师是抚宁太平鼓老艺人胡静贤的儿子，也是目前为止太平鼓唯一的一位男性传承人。抚宁太平鼓的表演在历史上以女性为主，在传承上一般传女不传男。但是张光新深受母亲胡静娴（著名抚宁太平鼓老艺人）

影响, 深爱抚宁太平鼓, 私下偷学鼓艺, 耳濡目染学会好多技巧。韩运会在张光新老师的指导下, 从记鼓点到练习击鼓方法, 掌握了抚宁太平鼓的一些知识, 在此基础上开始编创以抚宁太平鼓为素材的舞蹈。

1978 年, 抚宁太平鼓《敲起鼓儿唱新歌》编排完成, 这是抚宁太平鼓的第一个原创舞蹈。由于遇上地震的特殊情况, 唐山文艺会演地点选在了抚宁县大礼堂, 抚宁太平鼓的第一个剧目是在抚宁的舞台上表演的, 演出后得到观众的好评。

改革开放后, 毛泽东思想宣传队改编成了县文工团, 后来又改成了评剧团。受时代影响, 传统的戏曲市场萎缩, 最后评剧团解散, 韩运会被分到抚宁县文化馆工作。1982 年, 全国开展收集整理《中国民族民间舞蹈集成》工作, 韩运会有幸担任起抚宁太平鼓的普查、收集、挖掘、整理工作, 出于对工作的热爱, 韩运会很快投入到抚宁太平鼓的收集工作中。韩运会不辞辛苦地骑车下村走访, 常年各地奔波, 通过身临其境的调查、收集、整理, 掌握了大量的一手抚宁太平鼓资料。她不仅掌握了全县抚宁太平鼓各类不同的鼓点, 还掌握了不同风格的技艺和动作, 加之她对抚宁太平鼓的热爱, 对抚宁太平鼓的执着钻研和不懈创新, 为后来的传承和发展打下了坚实的基础。1985 年, 韩运会与全馆同志整理出了《抚宁民间舞蹈太平鼓》集成。

韩运会一生致力于对抚宁太平鼓的学习和传承, 自幼对舞蹈的喜爱, 促使其与该传统文化相融而生。如果说之前她对太平鼓的贡献是扩大了它形式上的知名度, 那么这次参与太平鼓的搜集整理工作, 则是对抚宁太平鼓的深入研究, 使得这项艺术得到了很好的传承和保存, 也为之后的社会各界对抚宁太平鼓研究提供了宝贵的文献资料。

二、改编加创新　户内到国外

抚宁太平鼓，过去主要在妇女中间流行，据韩运会介绍，抚宁太平鼓一直都是小媳妇儿们在院子中进行的，为得祈求和平、期盼丰收，因此其舞蹈动作具有轻柔、优美等特点。其舞蹈语汇、舞段儿名称等均源自百姓的生产生活与日常习俗，由农村老百姓的"家长里短"衍生而来。例如：收割庄稼、拉拽抽屉（取针线笸箩）、邻里相聚、嬉戏追逐打闹等。因此抚宁太平鼓的传播面存在一定的局限性，但又有其不失生活本性的特色。韩运会在多年的探索与研究中，改编创新了部分舞蹈剧目及舞蹈动作，同时也保持了其特色。

抚宁太平鼓由鼓和鼓槌组成：鼓分为鼓沿、鼓面、鼓柄、鼓环四个部分，鼓槌则分为头、身、尾三部分。太平鼓的鼓沿由铁制作而成，用牛皮或羊皮作为鼓面，把鼓沿包裹在里面；鼓面写有"天下太平"四字，表达人们对美好生活的向往，鼓的背面画着"花""鸟"等图案，蕴含着不同的寓意；鼓柄底端连接三个铁环，代表福、禄、寿；每个铁环里套十三个小铁环，代表北斗七星、南斗六星，舞蹈时上下颤动发出"哗啦哗啦"的响声，鼓声和环声浑然一体非常好听。鼓槌则分三种，藤鼓槌的顶端圆滑，底端缠以彩穗儿，由藤棍制作而成；木鼓槌表面光滑，由木头制作而成，与藤鼓槌一样大小；筷子槌则是由吃饭使用的筷子制作而成的，也是最为原始的一种。

抚宁太平鼓的演奏分为敲击鼓面、鼓沿、鼓环；基本动律是以扭、颤和耸肩为主，以身体的律动来带动鼓的舞动。基本体态呈"三道弯"，身体面向前方，小八字位站立，左手在胸前持鼓，右手持鼓槌准备击鼓，以步伐的走向带动身体肋部的横向"扭"动。抚宁太平鼓的另一动律是颤，也就是膝盖的颤动，凸显了其"艮"的风格特征。耸肩和膝盖的颤动配合在一起，重拍向上，使太平鼓的动作看起来生动活泼。

抚宁太平鼓的基本步伐有基本步、十字步、上下步、进退步、横移步。基本步比较简单，跟着音乐的节奏两脚交替变换，步伐要小；十字步和民间舞蹈中常见的步伐一致，但是步伐要更小一些；上下步是以一条腿为主力腿，另一条腿紧跟其后；进退步要先做上下步，先前进再后退，可以采用任何基本步伐；横移步是指向左或右进行横向移动，往哪侧移动，另一只脚就紧跟其后，横移到哪个方向，重心就在哪条腿上。

抚宁太平鼓的这些基本动作来自人们的生活，例如由弹棉花、磕苏子、看媳妇儿、逗狮子、傻子推磨、拉抽屉等日常活动和劳动场景中提取出来，通过加工和改变，为太平鼓增添了艺术特色。抚宁太平鼓的音乐以击鼓的鼓点作为音乐的节奏，鼓点通常分为单鼓点和双鼓点，节拍是 2/4 拍。单鼓点节奏相对流畅平缓，通常用于群舞表演中；双鼓点节奏轻快活泼，跳跃性强。

抚宁太平鼓的队形十分丰富，有走鼓（走鼓是太平鼓中常用的队形，根据舞蹈的编排来走队形，取材于人们串门时候的场景，也被称作"串门"）、穿空儿（舞者是双数，分为奇数队和偶数队，奇偶两队一个接一个围成圆圈，奇数队从偶数队后面穿过，偶数队从奇数队前面穿过，以此类推）、四面斗（四人面对内站在四个方向，对面的两个人相互交叉位置）、八面风（在四面斗的基础上增加四个人，站在内侧，面朝外，内侧四人与外围四人互相交换位置）、加寨子（两个人面向前方，走斜线到对方初始位置正前方，二人同时进行，以此反复，可以增加人数，必须是双数）、傻子推磨（多人站成一横排，以最前方一人为轴，所有人始终保持在横排的基础上走圆圈）、拉抽屉（四人完成，两两一排，前排两个人间距较后排两个人间距大一倍，前排两个人向后退的同时，后排两个人前进，四人均走直线，前排两人到了后排位置后拉进距离再向前，后排两人到了前排位置后拉远距离再向后，以此反复）。

经过多年的不懈努力，抚宁太平鼓的影响在不断扩大。1988 年，韩运

会编导的太平鼓舞《山村小妞》
参加秦皇岛市第二届"萌芽杯"
少儿艺术大赛并荣获创作二等
奖；1992 年，韩运会同秦皇
岛市群艺馆的范锦绣共同创作
的太平鼓舞《玩鼓的丫头》在
河北省民族民间音乐舞蹈比赛
中获一等奖；1998 年，韩运
会获得河北省民间花会改革创
新奖；1996 年，抚宁太平鼓
舞《耍鼓的丫头》在全国第六
届"群星奖"评奖中荣获铜奖；
1999 年，韩运会与市群艺馆
范锦绣共同编导的《抚宁太平
鼓舞》获首届河北省民间艺术

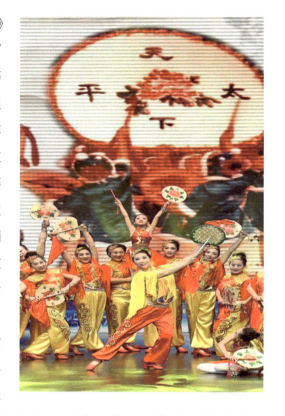

节民间艺术精华展示"民间花会大赛"一等奖；《颂太平》《小羊倌》《老
来乐》等一系列相关抚宁太平鼓的不断出现，使得抚宁太平鼓的传承发展
与创作传承愈发繁盛，2008 年，抚宁太平鼓正式列入省级非物质文化遗产
名录，韩运会被命名为第一批（2008 年）省级非物质文化遗产项目抚宁太
平鼓代表性传承人；2018 年，韩运会为抚宁区张各前村舞蹈队编排的抚宁
太平鼓舞《盛世舞太平》荣获河北省第十二届"燕赵群星奖"。

2017 年，抚宁区文体局根据文化部的相关文化要求，在河北科技师范
学院建立了"抚宁太平鼓传承保护基地"。同年 9 月，由传承人韩运会授
课基地学员表演的抚宁太平鼓《响太阳》在"第二十九届中国香港世界非
遗'金紫荆花'音乐、舞蹈、器乐、美术大赛"中荣获金奖。自此，秦皇
岛抚宁太平鼓正式走出国门，走向世界！

太平鼓最初是妇女在炕头上的消遣、院子里的娱乐，后来成了街道庙

会上的欢呼庆祝，最后通过韩运会的改编创作登上了舞台。在不断创新发展的过程中，太平鼓潜移默化地吸收了很多现代元素。在新中国成立之前，太平鼓舞者的整体动作幅度很小；后来，随着时代的进步，太平鼓成了表演舞蹈，舞蹈动作显得更有张力，更具表演性和观赏性。只有不断地创新，才能适应时代发展和观众的需求。

三、心系太平鼓　探索传承路

太平鼓，古代称为"鞞鼓""鞞扇鼓""单皮鼓"，为满汉两族人民最喜闻乐见的传统民间舞蹈形式之一。陕甘宁地区称为羊皮鼓，安徽淮北称为"喜鼓子""端贡鼓"，滁州地区有光明端鼓，山东地区称为"端鼓腔"，东北地区称为"单鼓"，华北多地均称为"太平鼓"，北京门头沟地区称为"京西太平鼓"或"门头沟太平鼓"，天津地区称为"津门太平鼓"，河北地区称为"抚宁太平鼓"。抚宁太平鼓主要活跃于河北省秦皇岛市抚宁区境内的齐各庄、东王庄、海阳等地，按照地域流派可分三种：一是山区流派，二是近郊流派，三是城郊流派。传承谱系及传承人呈网状遍布秦皇岛各个县区。韩运会不仅在实践中深入抚宁区各个县区农村，搜索整理学习各个不同传承谱系的优点，而且对太平鼓的历史渊源也多有关注和研究，对抚宁太平鼓的历史文化价值作了不懈努力和探索。

关于太平鼓最早的出处，目前学界还未有明确的定论，但是其在社会中极为流行，诸多诗词都有记载，如《宋书·乐志》："鞞鼓，未详所起，然汉代已施于燕享矣。傅毅，张衡所赋，皆其事也。"至于其起源，较为一致的有两种说法：一是在远古时期，先民为驱赶野兽或向周围人群发出提示与呼救的信号，便随手拿起身边的板与棍敲击作响，这极可能是最早的单鼓源起之因。二是起源于萨满教，有文献记载："满人有病必跳神，……跳神者……手击鼓，鼓以单牛皮冒铁圈，有环数十枚在柄，且击且摇，其声索索然"，"萨满乃头戴神帽，身系腰铃，手击皮鼓（皮革蒙于圆铁圈上，下有把可持）"。之后传入汉族，称为"唱绳"。

据考证，在晋代时期，社会已经出现了用太平鼓为道具编排的舞蹈，当时称为"鞞舞"。《古今了臻》记载："鞞舞，梁之为鞞扇舞。"《艺文类聚》记载了其表演情景："扇才移而动步，鞞轻宣而逐吟。"流传下来的相关文献表明，太平鼓在唐代武则天时初步形成，《燕京古锁闻录》记载了从唐代墓穴中出土了一种与今天太平鼓很相似的一种鼓。"太平鼓"从"鞞舞"和"鞞扇舞"继承发展而来，经过多次更名、整理，距今已有2 000多年的历史。随着时代的发展，太平鼓不再是单纯的击鼓，而是融入鼓、舞结合的舞蹈表演形式，用来表达"吉祥太平"之意。

太平鼓在古代极为流行，明代刘侗和于奕正在《帝京景物略》中"童子挝鼓，傍夕向晓，曰太平鼓"，形象地描述了当时北京城内太平鼓流行的盛况。清代李声振在《百戏竹枝词》中详细地记载了太平鼓："太平鼓，形圆平，覆以高丽纸，下垂十余铁环，击之则环声相应，曲名《太平年》，农人元夜之乐也。"《燕台竹枝词》中，"铁环振响鼓蓬蓬，跳舞成群岁渐终。见说太平都有象，衢歌声与壤歌同"，形容的便是清朝末年间，帝都京城中的传统太平鼓在年岁佳节时期热闹欢腾的场面。光绪二年（1876年）《永平府志·封域志》风俗篇记载了滦州学政左乔林于道光十四年（1834年）元宵节时，在海阳（原抚宁县海阳镇）看到太平鼓欢腾、庆新春的景象时说："元宵花鼓响东东，士女欢腾庆岁丰，点缀太平春富贵，满城火树月灯红。"这展现了人们喜敲抚宁太平鼓欢腾的场景。

抚宁太平鼓于2008年被列入河北省省级非物质文化遗产名录后，抚宁县先后建立了抚宁县二中、抚宁镇城关一小、抚宁县老年大学、驻操营东王庄村和抚宁区留守营镇张各前村抚宁太平鼓传承保护基地，抚宁县文化馆和秦皇岛市高校也更加重视太平鼓的发扬和传承，排练相关剧目并组织展演演出。2006年，韩运会担任抚宁县老年大学太平鼓表演班的教师，学员达80余人，目前已培养抚宁太平鼓爱好者1 000余人。尽管韩运会现在已经退休，但依然活跃在抚宁太平鼓事业中，为太平鼓的传承发展创新

作着贡献。

　　谈到目前太平鼓的现状，韩运会表示，目前太平鼓面临着很多问题：一是观众少，年轻人学的少，由于抚宁太平鼓是历史积淀下的大众审美的产物，其中的很多动作与现在社会都有出入，年轻观众对此审美并不认同，因此观众以老年人为主，年轻的观众非常少；二是从传播方面来看，传播的广度不够，局限在抚宁本土；三是从传承的角度来看，抚宁太平鼓找到合适的接班传承人也难；四是从舞蹈审美角度来看，没有把握住当代观众的审美走向，太平鼓的动作欠缺美感和现代感。如何改变太平鼓舞的现状，韩运会也提出了自己的看法：

　　第一，关注年轻观众，走进年轻人的视野，把太平鼓融进年轻人的世界。譬如，可以利用抖音、快手等媒体平台，推广抚宁太平鼓舞，消除大家对抚宁太平鼓的陌生感，宣传太平鼓舞中蕴含的喜乐太平、国泰民安的精神。

　　第二，重视传承人的选拔与保护。传承人是非物质文化遗产的承载者和传递者，他们通常掌握着高超的手艺、罕见的绝技、独到的艺术构思等，所以要重点保护与支持。要扩大太平鼓学员队伍，建立起立体的学习机制，分别从小学、中学、大学三个阶段入手，在新一代学习者中寻找传承力量。目前，抚宁太平鼓在孩子培养方面取得了不错的成绩。

第三，处理好传统与创新之间的关系。在现代社会，太平鼓既不能一味地求创新，迎合市场，从而放弃抚宁太平鼓舞独特的生活气息之美；也不能与时代脱离，故步自封，走向僵化。应该以各种活动为载体，以太平鼓的传承为出发点，不断激发传统舞蹈在现代社会中的活跃度，将新鲜元素与太平鼓动作相结合，在不改变太平鼓精髓的前提下，创新太平鼓动作，紧跟现代审美。

第四，发展"非遗 + 旅游"的形式，以旅游发展带动文化传承，将传统艺术活动更好地融入现代文化和旅游体系中。譬如，从我国传统诗词文化的创新路径中汲取经验，与本地历史文化相结合，创作新的舞蹈段子；开发抚宁太平鼓衍生品，譬如太平鼓扇子、抚宁太平鼓道具等，突出"太平鼓，舞太平"的精神。

第五，扩大建立抚宁太平鼓传承保护基地，尽可能多地举办抚宁太平鼓培训班，建立多支抚宁太平鼓表演队伍。

抚宁太平鼓是河北省冀东地区优秀的传统民间艺术，是古老舞蹈艺术的遗存。它的传承发展，将对扩展和完善我国舞蹈史、弘扬整个冀东民间舞蹈产生积极的推动作用。抚宁太平鼓能有今天的成就离不开传承人韩运会的热爱和坚持，退休后的她依然坚持在老年大学教授太平鼓，和更多热爱太平鼓的人一起讨论学习。希望通过世世代代的传承，将老一辈艺人的这种热爱和付出精神发扬下去。在传承经典的同时，加入更多的新鲜元素，让抚宁太平鼓再现活力，让民间本土艺术更加适应时代发展，适应现代审美，从而走向更大更远的舞台。

【知识链接】抚宁太平鼓

太平鼓为一种有柄的单面鼓，形同蒲扇，以铁为框，蒙以兽皮，柄下缀有数枚小铁环。舞者左手持鼓，右手拿一鼓鞭，边舞边打，是用太平鼓作为道具的舞蹈。它历经了几千年的历史变迁，从最原始的、简单的祭祀仪式一点点地演变成今天鼓、舞结合的舞蹈艺术形式，贯穿于祭祀和节日的礼仪活动中。

抚宁太平鼓多为妇女表演，女性素来温文尔雅，这就决定了抚宁太平鼓动作柔和、优雅、活动范围不大，以击鼓为主、动作为辅，没有高难度的舞蹈技艺，也没有固定的程式化动作，非常形象生动、真实感人，好懂易学，适用于不同年龄阶段的妇女进行学习表演，表演者只要按照击鼓的节奏"走"，变换队形，组成图案就行，因此老百姓也称抚宁太平鼓为"走鼓"。

抚宁太平鼓传承谱系：第一代：胡敬贤，女，海阳南街人；第二代：张光新，男，海阳南街人；第三代：韩运会，女，抚宁东街人；第四代：范锦绣，女，秦皇岛市群艺馆；刘颖红，女，抚宁区文化馆；冯静，女，抚宁区文化馆；陈雪华，女，抚宁区文化馆。

第四章　传统戏剧传承人口述史

追随老调终不悔　腔调之中见深情
——保定老调传承人杜振忠访谈

　　保定老调又称老调梆子，是河北省具有悠久历史的传统戏曲剧种之一。早期老调行当以生、净为主，而生、净两行又是分行不分腔，同唱老生调，故称老调。流行的地区比较广，除保定外，在沧州、衡水、石家庄、张家口以及北京、天津和山西部分地区都有它的足迹和影响。

　　2008 年，保定老调入选河北省第二批国家级非物质文化遗产名录。除之前涌现出的周福才、张文海等艺术大师外，当代老调非遗传承人杜振忠将老调艺术的传播与发展推上了新的高度。为探究杜振忠先生的个人经历，了解保定老调的发展现状，笔者荣幸地邀请到了杜振忠老师并对他进行访谈。本文依照时间顺序，根据访谈内容对老调的相关资料进行了梳理，希望通过文章可以让更多人了解老调、传承老调，同时坚定文化自信，从传统文化中习得精髓。

一、于耳濡目染中钟情，勤学苦练成就不解之缘

　　杜振忠，1956 年出生于河北省保定市，中共党员，国家一级演员，著名保定老调表演艺术家，中国戏剧家协会会员，保定市跨世纪人才。担任保定市第十一届政协委员，保定老调申遗奠基人和国家级非物质文化遗产

保定老调代表性传承人。因其在非遗传承上取得的卓越贡献，先后被河北省和中央文明办评选为"河北好人""中国好人"。曾任保定老调剧团团长、书记 23 年。现任保定市莲池区戏剧家协会主席，保定市直

隶老调艺术研究院院长，保定市河北小学名誉校长，河北金融学院客座教授。曾参与《三凤求凰》《三请樊梨花》《忠烈千秋》《潘杨讼》《松江嫁妹》《拷打周仁》等戏曲影视艺术片的拍摄，展现了极佳的个人风采。曾荣获"河北十佳演员""保定市文艺领军人才"等称号。

杜振忠的家乡是雄县板家窝乡（现米家务乡）板西村。雄县是老调剧种的发祥地之一，也是武戏之乡。板西村人爱看大戏，更有学武戏的传统。村里有规格较高的戏楼，逢年过节或庙会，都有天津、保定等地的剧团来这里唱大戏，村民们或多或少都会哼唱一些小调。幼年时，他跟着父亲去田间挑水浇地，乐观的父亲嘴里总是哼着当地的小调，虽然并不标准，但耳濡目染之下，他也开始学着父亲哼唱几句。村庄中有三个唱戏的大队，每个大队都有教授基本功的老师，所以孩子们也大多会去学一些功夫，以备不时之需。通过朋友介绍，杜振忠的父亲为他联系到了当地武戏名帅赵廷臣先生。饭间交谈后，父亲便让他磕头拜师。从此，他开始了学艺生涯。虽然那时的杜振忠年仅 11 岁，但对于学艺人来说，这个年龄开始已经算是有点晚了。为了抓紧时间习得更多的基本功，尽可能地弥补过去几年落下的时间，杜振忠训练得很刻苦。他每天写完作业便去找老师练习，白天时间不够就上夜校，常常因为训练太多而没时间睡个好觉。科班中的其他师兄弟下腰毫无压力，他却因为年龄偏大、没有训练过身体柔韧性，每次

练翻腿、下腰等基本功训练时都非常辛苦。杜振忠回忆说，那时候他的压力不仅仅来源于训练，还有训练途中的胆战心惊。一个 11 岁的孩子，每次去训练都要穿过一片长长的墓地，夜深人静之时只有乌鸦凄厉的叫声和刮风的嗖嗖声，时常吓得他腿脚发软不敢向前，但出于对训练的喜欢和热情，他每次都克服恐惧坚持了下来。

初期的基本功训练和路途艰辛，杜振忠都克服了下来，可那时的他哪里想过，接下来是更大强度的训练，这差点就让他放弃了成就他一生的戏曲艺术。在练习翻跟斗的基本功时，由于下腰困难，腰部力量不足，只有借助棍子的外力才能翻过去。一次两次可以，十次八次过后，杜振忠的后背被棍子挑得生疼。学艺可没有休息的功夫，不等恢复，第二天的训练又开始了，一段时间下来，杜振忠的"后背每天都是鲜血淋淋"，掀开他的衣服，奶奶心疼得直掉眼泪。为了让孙子少受一点苦，奶奶给他缝制了可以套在腰上的保护套，但这也没能减轻多少痛苦。杜振忠有点坚持不下去了，他没再去参加训练，而是跑到了田间干农活、打水砍柴。为了瞒住父亲，他很晚都不敢回家。过了几天之后，父亲还是知道了。父亲去田间地头找到了不敢回家的杜振忠。杜振忠心生愧疚，他觉得学艺太痛苦了，没有勇气再坚持下去了，保证自己以后好好干农活减轻家庭负担。父亲虽然心疼自己的儿子，但狠心地拒绝了儿子不去学艺的请求。父亲何尝不知道学艺很难，但他也有自己的苦衷。父母之爱子，则为之计深远。杜振忠的兄弟姐妹都是靠田间劳作度日，收入少，生活没有保障。在那个读书还不是那么重要的年代，能有一技之长，尝试走出农村去见识更广阔的世界，通过这一技之长拿到一个"铁饭碗"，是多少人的追求。孩子年龄还小不懂这些道理，做父亲的只能狠下心，再次将他送回了戏班。懂事的杜振忠也能明白父亲的良苦用心，这次决定继续练下去，并做好克服一切困难的准备。为了补齐自己的短板，杜振忠随着两位师兄弟一起来到松软的河床，在小伙伴的激励下努力练习。终于功夫不负有心人，杜振忠花了三年的时间，冬练三九，夏练三伏，下腰、踢腿、翻跟头、跑园场的各种功夫，悉数精通，为日后成为功夫全面、艺术精湛的戏曲名家奠定了坚实的基础。1971 年，他以优异的成绩考入保定地区戏曲学校，开始在京剧班、武功班跟随名家张振荣等系统学习，正式走上了传承和发展保定老调艺术的道路。

二、于危机中谋发展，矢志不移做事业

进入保定戏校后，跟随国家级专业老师进行学习，杜振忠的技艺有了飞速发展。年仅 15 岁，初出茅庐的杜振忠就凭借饰演京剧《沙家浜》中文武兼备的郭建光一角一炮而红，得到了广大观众的认可。杜振忠不仅武戏出色，而且嗓音清淳明亮，发音、吐字清晰，唱腔风格别具韵味，表演敏捷利落，是远近闻名的"文武小生"。巡演结束后，杜振忠如愿进入了保定老调剧团，成为一名专业的戏曲演员，在剧团中他继续刻苦训练，认真钻研老调的发音、吐字、行腔，他的武生、小生的表演技艺均日臻完善。在日后多年的表演生涯中，杜振忠贡献出无数次精彩演出，塑造了一系列经典角色：《周仁献嫂》中的周仁、《潘杨讼》中的宋太宗、《忠烈千秋》中的宋仁宗、《红衣仙子》中的时廷芳、《梁红玉》中的韩世忠、《乡间怒火》中的闫志修，无不形神兼备、神采飞扬。

杜振忠不曾满足于个人技艺的精进，他常说的一句话："不能光我一个人成功，得叫大家伙都成功。"他心心念念的是传统戏剧艺术市场日渐萎缩中老调艺术的生存与发展。1988 年，杜振忠被任命为保定老调剧团团长，那个时候恰是老调剧团最危急的时候。改革开放的浪潮掀起，剧团中的很多演员都跟随家人下海经商，老调的传承岌岌可危。杜振忠清醒地认识到，要想让老调剧种继续发展下去，大力宣传是最有效的办法。在那个没有手机的年代，杜振忠拿着寻呼机到处联络，希望能获得更多登台演出的机会。寻呼机联系不上，他便骑着自行车跑遍大街小巷，希望领导能给他们这个机会。很多企业家、地方领导都被他的执着打动，对老调进行了宣传和支持。老调剧团一年演出一度多达 800 场，是当时其他剧团演出场

数的两倍以上。

有了越来越多的学徒和资金，杜振忠并没有止步于此。凭借灵活的经营头脑，他在旺季带着演员们到各处巡演，淡季用攒下来的资金编排新剧，就这样年复一年，剧团的发展也越来越好。在第一届至第五届河北省戏剧节上，老调《梁红玉》《爹是爹来娘是娘》两次获剧目一等奖。《清廷之乱》《义斩皇叔》《三打洋教堂》三次获剧目二等奖。剧团演员在河北省文化厅、河北省电视台联合举办的"河北省青年戏曲演员十佳十优电视大奖赛"中获"十佳"演员称号两名，获"十优"演员称号一名；在"河北省中年电视演员大奖赛"中获金奖一名，银奖三名；在 2004 年的"全国第二届中国红梅金奖大赛"上获金奖一名，铜奖三名。由于剧团业绩突出，上级领导部门专门下发了关于号召艺术团体向老调一团学习的文件，并支持河北秀兰集团、长城汽车股份有限公司与剧团合作，为剧团注入社会资金。2003 年左右，剧团进入了良性运营态势，每年春节期间的演出也为市民们带去了一场场文化盛宴。

为进一步推动老调艺术走出保定，扩大影响，杜振忠积极与中央电视台戏曲频道合作，经过 2007 年的筹备和 2008 年央视的精心制作，完成了40 多个节目的录制，2008 年央视《名段欣赏》节目连续播出数期老调经典唱段。此后，老调艺术表演成为央视舞台的常客，迄今仍频繁亮相。借助民间市场的打造和中央电视台等传播渠道的建立，老调艺术勃发生机，成就"老调不老"的传奇。

可以说，没有杜振忠对老调深厚的情感，没有他孜孜不倦的坚持，没有他走街串巷的辛苦，就没有老调今天的发展。于他而言，老调已经融入了他的血脉之中，他也会穷其一生保留着自己澄澈的热爱与坚守。杜振忠说，他不辞辛苦做这些，不为别的，只"因为我是戏曲人，我是唱戏的，唱老调的，又是老调培养了我。老调的发展就是我毕生的事业"。

三、于革故鼎新中发展，老调传承进校园

老调不老，也特别得益于近些年传统艺术进校园，老调艺术才能薪火相传。早在 2008 年，杜振忠就组织参与了由中央电视台与保定市实验小学联合举办的"老调名家走进校园主题班会互动"活动。2012 年，中国特色社会主义进入了新时代，习近平总书记也对广大人民提出了"坚定文化自信"的要求，杜振忠敏锐地察觉到了这一点，开始推动老调艺术成为学校日常艺术教育的一部分。杜振忠认为传统艺术的传承与文化自信的培养一脉相承，"如果可以让新时代的孩子们感受到老调的魅力，他们一定会有强烈的文化自信"。

抱着这种想法，杜振忠开始联系保定市的中小学，希望可以让孩子们接触到老调。2016 年杜振忠从剧团退休，但退休后的他没有放下传承传统艺术的责任与担当，在政府支持下成立了直隶老调艺术研究院，之后全力以赴推动老调艺术进校园活动。保定市河北小学校长武文革非常赞成杜振忠的想法，2017 年率先与保定老调剧团进行深度合作，聘任杜振忠担任名誉校长，专门打造了"戏院"作为老调传承基地，准备了各种乐器和服装道具，老调"非遗进校园"也正式拉开了序幕。

至今，河北小学的师生们与老调结缘已有数年时间。当被问及"老调进校园"是不是可以培养出更多的老调艺术家时，杜振忠表示，"让孩子们接触老调，不是要让他们都成为艺术家，而是要让他们成为好的观众，让他们了解传统艺术和地方文化，增强文化自信"，能达到这个目的，老调的传承就已经可以生生不息了。

如今的校园充满了老调艺术的印记，就连学校的上下课铃声都是戏曲锣鼓点和老调过门。我们前去采访的当日，杜振忠带领河北小学的音乐老师正在指导学生们排练"保定欢迎您"，准备在不久的全国少儿围棋公开赛上进行表演。现场数十名学生在排演武戏，又有数十名学生在练习演唱，洋溢在孩子们脸上的是无比的兴奋与热爱。谈及如何能激发年幼的小学生

对传统艺术的兴趣，杜老师说是他找到了秘籍，那就是传统艺术与现代思想、时代需要的完美嫁接，"以老调的形式，说现在的事"。

河北小学的孩子们排演过的经典段落除了传统剧目，还有红色歌曲，以及大量自编自导的新戏歌。比如：地方旅游文化和红色文化的宣传歌曲，像"保定欢迎您"就成功地融合了保定的历史文化和美食美景，以及英雄王二小的故事等。杜振忠还表示，即便是传统曲目，也可以新唱，可以根据当今国家和社会发展的趋势进行改进。对传承几十年的曲目进行改进，不是对先人的不敬，而是在新时代谋求传统艺术发展所必须做的事情。如在当今的和谐年代，"荆轲刺秦王"不再符合大众口味，他大胆地将其改成了"荆轲与秦王"，得到了上级领导和观众的高度赞扬。

在杜振忠的创新和河北小学领导的大力支持下，十年来，河北小学的老调表演已经成为保定市一张亮丽的明信片。大课间，2 000多名小学生齐唱老调，气势恢宏、振奋人心。河北小学的老调表演也曾多次登上中央电视台。如今，在河北小学的校园里，每一届至少有三四十个孩子参加过老调的专业学习，并参加过省市级演出，真正做到了"一届一届地传承"。在河北小学的带领下，保定新市场小学、乐凯小学、高新区第一中心小学等也纷纷引进老调戏歌的学习，一些中学也相继组织老调艺术讲座，让孩子们了解、学习我们博大精深的传统文化。随着老调艺术走进校园，孩子们学习老调的兴趣也越来越高。他们不怕苦不怕累，从一开始的陌生到如今的喜爱，从一开始的生疏到最后的娴熟，他们一点一滴地接触戏曲文化，一步一步地爱上戏曲文化，真正体会到了中国传统戏曲文化的魅力，也真正理解了文化自信的内涵。

近年来，杜振忠和他的直隶老调艺术研究院先后组织开展了 100 多场戏曲文化进校园系列活动，每年授课人数达到上千人。而在未来，杜振忠会继续在戏曲文化进校园活动中持续创新，让更多的孩子们成为老调的忠实观众，让传统文化在新时代熠熠生辉。

四、于殷切期望中传承，未来发展谋新篇

没有杜振忠，老调不可能像现在这样繁荣发展。而杜振忠表示，没有老调，他的一生也不可能取得这些成就。老调成就了杜振忠的一生，即使年逾六十，他也会继续孜孜不倦地培养新人，发展老调事业。现阶段，老调在保定受众较多，但走出保定，了解的人还远远不够。对于这一点，杜振忠表示，还要进一步增加宣传力度，希望继承人可以走向更多的地方，让全省、全国的中小学生都能了解老调，做老调最忠实的观众。而新时代，老调曲目还需要继续进行创新，并借助多媒体手段进行宣传，让老调在未来的日子里可以一直生生不息，薪火永传。

【知识链接】保定老调

保定老调又称老调梆子，是河北省具有悠久历史的传统戏曲剧种之一，是国家级非物质文化遗产。起初为白洋淀周边农村花会中的俗曲河西调，清道光、咸丰年间已具戏曲雏形。早期老调行当以生、净为主，而生、净两行又是分行不分腔，同唱老生调，故称老调。流行的地区比较广，除保定外，在沧州、衡水、石家庄、张家口以及北京、天津和山西部分地区都有它的足迹和影响。

保定老调是中国河北省的传统戏曲剧种之一。保定老调作为一个特有的戏曲声腔剧种，有广泛的群众基础，是当地群众常在口头哼唱的曲调，所以民间曾有"饭离不开锅灶，听戏离不开老调"之说。老调曾先后四次在北京的舞台演出，受到首都人民和国家领导、专家的好评。

　　保定老调已有二三百年的历史，它脱胎元、明年间，流行于燕赵的传统民歌俗曲河西调，以大戏的姿态出现，擅演以老生和黑红净行当为主的袍带戏。1884 年左右，以生行演员韩大仓（艺名霸州红）为代表的前辈艺人，开创了老调的先声。1918 年左右，名老生周福才，承前启后，立志改革，以《调寇》《劝军》等剧目，把老调艺术推向一个新阶段。新中国成立后，新人辈出，老调艺术无论在表演上还是在声腔上，都获得了全新的发展。《潘杨讼》《忠烈千秋》被拍成电影后，老调的影响扩展到了全国。

　　唱腔是保定老调音乐的主体，是表达人物思想感情和塑造人物的重要艺术手段，也是老调区别于其他剧种的主要标志。老调唱腔质朴激越，叙述性较强，雄浑宽厚、粗犷高亢，给人一种深沉凝重、威严雄壮、气势恢宏的感觉，具有中国北方典型的忠肠烈骨、慷慨悲歌的民族特质。

　　保定老调唱腔结构形式为板腔体，基本曲调是由结构相似、结音相同的上下句组成，每个唱段都是由若干个循环反复的"上下句"组成，唱词的格式是说唱体的上下句，与大鼓词颇相近。保定老调男女分腔，老生、小生、武生、花脸、文武丑、老旦所唱的属于男腔，青衣、花旦所唱的属于女腔。男女腔有着共同的结构形式和节奏规律，因而保持了两者在风格上的统一，只是调式不同，音区不同，形成了男女腔在曲调上的差别。女腔的结束音是 1，男腔的结束音是 5，男女虽然调高相同（都是 1=C），但女腔比男腔高四度。

　　唱腔板式有二板、头板、三板、回龙、拨子等十余种。曲牌多来自京剧、河北梆子、昆曲，常用的曲牌军乐类有风入松、江儿水、开门歌、水龙吟。喜乐类有洞房赞、海清歌、八板、大满堂红、小满堂红、小寄生草。哀乐类有唢呐批、梦景、大寄生草、哭皇天、批。宴乐类有大开门、滴溜子、摆宴曲、三步歌。其他还有备马令、娃娃、万年欢、上天梯等，锣鼓经五十余个。文场伴奏乐器以板胡为主，武场与河北梆子相同。

　　保定老调文戏与武戏在整个舞台表演中都占重要地位。行当齐全有老生、老外、小生、武生、青衣、花旦、刀马旦、老旦、彩旦、花脸、丑等。其表演自然流畅、亲切朴实，一伸手一投足，包括念白，都带有浓烈的乡土气息。

凡音之起皆所向　粉黛春秋筑匠心

——评剧传承人罗慧琴访谈

评剧是中国五大戏曲剧种之一，是一门人民群众喜闻乐见的艺术，广泛流传于中国北方。清末，评剧在河北滦县（今滦州市）一带的小曲"对口莲花落"基础上形成，俗称"蹦蹦戏"或"落子戏"，又有"平腔梆子戏""唐山落子""奉天落子""平戏""评戏"等称谓，最终以"评剧"之名闻名全国。评剧是板腔体，有东路、西路之分，现以东路评剧为主。评剧以唱工见长，吐字清楚，唱词浅显易懂，表演生活气息浓厚、形式活泼，善于表现普通百姓生活，有广泛的群众基础。

2006 年，评剧入选河北省第一批国家级非物质文化遗产名录。罗慧琴于 2017 年被评为评剧代表性传承人，2020 年被评为非遗传承创新功勋模范人物。为了解传承人的个人经历，探究评剧入选国家级非物质文化遗产名录的原因，笔者带着钦佩之情同罗慧琴进行了沟通和交谈。本文依托其所提供的资料，对评剧的历史和现状进行了梳理，同时也表达了笔者对这门传统艺术的期待与展望。

一、京转评，一腔一式尽显绝代风华

罗慧琴，女，1965 年 8 月 12 日出生于河北省玉田县，祖籍滦南，现居住在唐山市。罗慧琴曾获中国戏剧梅花奖、全国青年演员评比演出优秀演员奖、中国评剧艺术节突出贡献奖、中国戏剧节首届中国戏剧奖优

秀剧目奖等诸多奖项，连续五届获得中国评剧艺术节优秀表演奖。如今，罗慧琴担任中国剧协理事、河北省剧协副主席、河北省政协委员，荣获"河北省中青年德艺双馨文艺工作者""燕赵文化英才""河北省有突出贡献的中青年专家""国务院特殊津贴专家"等称号。

罗慧琴从小就很有艺术天赋，能歌善舞，加之她的母亲是一位资深戏迷，尚未满月的小慧琴就已经跟随母亲四处听戏了，耳濡目染之下，罗慧琴对戏曲产生了浓厚的兴趣。1978 年，12 岁的罗慧琴考入唐山地区京剧团学员班，学习的行当是刀马旦。日复一日的刻苦训练，让罗慧琴受益匪浅，打下了坚实的武功基础。学艺两年后，罗慧琴和同班 20 名学员被送到北京戏曲学校进修，跟随荣春社的田荣芬、李喜鸿等知名演员，学演了《打焦赞》《锔大缸》《金山寺》等一批剧目，掌握了京剧的很多基础知识。

然而，16 岁那年，学成回到唐山的罗慧琴迎来了人生的重大转折。当时唐山地区评剧团成立，因工作需要，领导要求这一批学员都改学评剧。对于付出了很多辛苦、学习了四年的京剧，罗慧琴是很有感情的，突然要换到另一个剧种，罗慧琴在思想上不太能接受。父亲也很心疼她，劝她干脆转行不学了。但是，思量再三，罗慧琴不愿意放弃她所热爱的舞台，在作足心理准备后决定迎难而上。

京剧演唱用的是假声，评剧用的是真声，很多学员转换不好，最后都改行了，罗慧琴却咬牙坚持了下来，大概用了一年多的时间才找准评剧的发声位置。找准发声位置之后，罗慧琴展现出超群的天赋，其甜美的真声备受老师们的夸赞，称其非常适合新凤霞派艺术。找准了方向后的罗慧琴开始刻苦学习新派评剧。她每月省吃俭用，将 18 元补助金的大部分都用来购买新凤霞等老一辈评剧大家的录音磁带，包括《刘巧儿》《花为媒》等名剧。罗慧琴反复听，反复练习。从发声、吐字到归韵、行腔，一字一句学，一天一天练，这一练，就是十年，终于成为技艺精湛的评剧青衣、闺门旦。京剧的刀马旦功底恰恰为她的评剧艺术丰富了表现手段，使她成为能文能武、唱念做打全面发展的杰出人才。

从京剧到评剧，是命运的安排，更是使命的召唤。作为评剧的代表性传承人，罗慧琴从未辜负舞台，从艺 40 余载，她的满腔热忱与评剧撞个满怀，即便再苦，也要学艺为先，即便再难，也要做到顶尖，兜兜转转半余生，一板一眼皆是热爱，一腔一式风华绝代。

二、戏未央，坚守十年终拜恩师门下

回忆起从艺生涯中最重要的事，罗慧琴毫不犹豫地想到了拜师。拜师著名评剧表演艺术家新凤霞是罗慧琴的夙愿。台上一分钟，台下十年功，从 16 岁改行评剧开始，一直到 26 岁，罗慧琴整整跟着录音带苦练了十年。1991 年，26 岁的罗慧琴参加全国评剧青年演员的评比演出，喜获一等奖。赛后，罗慧琴终于觉得有信心去拜师了，于是给新凤霞写了一封感情真挚的求师信。时间在等待中流逝，罗慧琴终于在剧团传达室接到了新凤霞的电话，"老师让我去北京，同意收我为徒"，接到电话时的兴奋与激动，罗慧琴至今铭记。

1992 年 4 月 23 日，罗慧琴在团长的陪同下踏上了进京的列车，见到了久闻其声却素未谋面的评剧表演艺术家新凤霞。一捧鲜花、一杯清茶，简单的拜师仪式过后，罗慧琴开启了更加广阔的艺术之路。拜师后的罗慧琴如鱼得水，真正学了几出大戏，跟师傅学唱《刘巧儿》《花为媒》。师傅会指点她的唱腔，告诉她唱戏最重要的一点是要唱得自然，让观众听着舒服才是最高的境界。在师傅的悉心指导下，罗慧琴全面传承了以疙瘩腔和鼻音共鸣为特色的新派唱腔技巧，玲珑委婉、刚柔相济。

罗慧琴非常崇拜她的师傅新凤霞，师傅的嘱托她始终铭记在心。"唐山是评剧的发源地，振兴繁荣评剧事业，你们这一代人责任重大。"恩师的教诲让罗慧琴受益匪浅，恩师的嘱托罗慧琴不敢辜负，此生有幸拜名师，于是学艺不辍，传承不悔。

三、传薪火，尽心竭力桃李遍布天下

评剧起源于农村，形成发展于城市，历经百年传承，从冀东走向全国，从简单的地方说唱艺术发展为中国第二大剧种。在师傅的嘱托下，罗慧琴深知传承评剧责任重大，于是学成归来的罗慧琴开始谋求多方位的传承之路。

（一）竭力呼吁进校园

作为河北省连续五届的政协委员，整整 25 年，罗慧琴年年提案，呼吁评剧的传承要从娃娃抓起，要发展繁荣河北省省剧，传承优秀中华传统文化，让评剧成为家喻户晓的艺术。2018 年，唐山师范学院被教育部命名为优秀传统文化评剧传承基地。罗慧琴意识到在高校传承评剧应该比在社会面成效更好，师范院校的学生毕业会走向教师岗位，只要他们学习了评剧知识，那么下一代学生就可以更好地接受评剧文化。2020 年 10 月，罗慧琴正式调到唐山师范学院，抱着对师范生传承的热切希望，开始尽心尽力在高校传播评剧艺术。

（二）以身示范收亲徒

2007 年，罗慧琴获得第二十三届中国戏剧梅花奖后，决定开始收徒。彼时正值罗慧琴事业高峰期，收徒费时又费力，很多人不解她的做法。罗慧琴却认为评剧需要接班人，正是因为还在舞台上发光发热才更要收徒。徒弟仅听指导是不够的，舞台上的言传身教也是非常重要的。截至目前，罗慧琴已经陆续收了 11 位徒弟，这 11 位徒弟茶杯敬上，道一言"师傅请喝茶"，行过拜师礼，从此便是一日为师终身为母。罗慧琴视她们为亲生女儿，免费传艺，口传身授，一字一句，一手一眼，毫无保留，让百年评剧艺术代代相传。

（三）娃娃抓起广教学

从艺40余载，罗慧琴的时间都用在了演出和教学上，除正式徒弟之外，教过的学生也已成千上万。采访之际，冀东文艺三枝花传承基地飘来阵阵稚嫩童音，60多名孩童在这里跟随罗慧琴学习评剧艺术。他们最大的13岁，最小的才4岁半。"评剧需要传承和发展，非朝夕之功，要从娃娃抓起。"罗慧琴深知戏曲传承不易，发声、吐字、归韵、唱念做打、手眼身法步、一招一式都要口传身授。新派代表剧目《花为媒》《三看御妹》《杨三姐告状》等等，罗慧琴向孩子们倾囊相授。她切实地推进着从娃娃抓起传承评剧的重任。看着苦练基本功的孩子们，罗慧琴满是欣慰。这里已有10个小朋友获得了中国戏剧小梅花金奖，小梅花奖就是大梅花奖的希望，评剧的未来必将越来越昌盛。

（四）探索形式做宣传

新时代发展非常迅速，罗慧琴也开始摸索新的宣传渠道。在各种场合，罗慧琴都在呼吁重视家乡的评剧。她在唐山师范学院开办了名师讲堂，采用线上线下相结合的方式进行评剧教学。线下有师院学生，线上面对网友直播。罗慧琴想尽办法吸引观众兴趣，避免只讲枯燥的理论，糅入了很

多唱念做打、手眼身步、情绪表达等实际表演技巧，收效甚好。此外，受大学生启发，罗慧琴开始着手入驻哗哩哗哩等年轻人喜闻乐见的网站，尝试用新媒体等多种手段进行宣传和教学。首段

教唱视频播放量达 15 万，这让罗慧琴看到了希望。她说，先让当代青年了解和喜欢评剧，再把他们吸引到剧场来，有了观众，评剧才能生生不息地传承下去。

（五）助力评剧走出去

对内传承，对外传播。罗慧琴致力于将文化瑰宝——评剧介绍给国内外的戏曲爱好者。近年来，受疫情影响，评剧没有太多机会走出国门。她了解到有很多来自美国、意大利、泰国等国家的留学生都对中国传统文化非常感兴趣，于是罗慧琴和她的徒弟一起向这些留学生传授评剧艺术，指导留学生排演唱评剧等一系列节目，并参加了中央电视台《一鸣惊人》栏目，大获成功，让评剧不但走向了全国更走向了世界。展望未来，罗慧琴打算多做类似的尝试，将配上英文字幕的评剧节目上传至国外平台，助力评剧走出去，将评剧这一文化瑰宝推向国际舞台。

四、常思量，鞠躬尽瘁再启百年辉煌

作为评剧代表性传承人，罗慧琴深知传承评剧重任在肩。摸索 40 余年，罗慧琴对评剧充满信心，却对其传播局限犯了难。在罗慧琴看来，戏曲艺术仍属于小众，远不如声乐、舞蹈、钢琴等接受度高，而且学习评剧是一个非常慢的过程，可能一年都不能学会完整的一段唱腔，所以能坚持学习的人更少。此外，现在年轻人中流行快节奏文化，喜欢戏曲就习惯去短视频上刷一段，很少有人真正走进剧场来听戏。但是剧场听戏和线上听戏是很不一样的，如何把年轻人吸引到剧场是个值得思考的问题。

为传播评剧，罗慧琴曾主演电视剧《杨三姐出嫁》，以让观众更深入地了解评剧背后的故事，反响甚好。但是在这个快节奏的时代，罗慧琴认为电视剧的形式成本太高了，而且对年轻人的影响仍不够明显。于是她开始思考进军新媒体领域，多做尝试，在线培养线上的观众。此外，罗慧琴认为评剧进高校也是个值得推进的事情。她准备日后多尝试录慕课，传播评剧知识，倡导高校设置艺术学分，让更多的年轻人接触到评剧这门艺术。

展望未来的发展，罗慧琴认为单靠传承人的努力是不够的，需要上下一心、共同努力。她不断呼吁政府组织开创多种比赛等活动，让更多的人参与到评剧艺术中来，才能让评剧更加深入人心。时至今日，罗慧琴仍在求索更好的传播途径，总结过去的不足，直面传播瓶颈，学习新时代新技术，跟上时代潮流，不断精进自己的能力，广泛拓展思路，尽心竭力宣传和传承评剧文化。

从艺40余年，罗慧琴始终坚守在舞台上和讲台上，主演了《花为媒》《杨三姐告状》《乾坤带》《香妃与乾隆》《红星谣》等40多台剧目，塑造了年龄不同、性格各异的舞台艺术形象，培养了众多学生。从艺以来，罗慧琴经历的每一步都是踏踏实实的，都是一步一个脚印地走过来的。现如今，她已成为全国评剧旦角的领军人物之一，但仍每天练功、演唱、教学，从艺不辍，精进不止。对于评剧的未来，罗慧琴非常有信心，她相信只要大家了解了评剧，就一定会喜欢上评剧。在推广与传承的路上，她鞠躬尽瘁，不曾辜负这份热爱，也不曾辜负这40多个粉黛春秋。

【知识链接】评剧

评剧是在中国有较大影响的地方剧种之一，距今已有百年历史。19世纪末，河北唐山一带的贫苦农民于农闲时以唱莲花落谋生，1890年前后就逐渐出现了专业的莲花落艺人。

评剧唱腔是板腔体，有慢板、二六板、垛板和散板等多种板式。新中国成立后，评剧音乐、唱腔、表演的革新取得显著成就。清末，评剧在河北滦县一带的小曲"对口莲花落"基础上形成，很快在河北地区传播。20世纪20年代在东北地区也开始流行。20世纪30年代以后，评剧表演在京剧、河北梆子等剧种影响下日趋成熟。特别是改变了男角唱腔过于贫乏的弊病，男声唱腔有了新的创造。其表演艺术虽吸收了梆子、京剧的身段、程式，一度出现京剧化的倾向,但仍保持着民间活泼、自由、生活气息浓郁的特点。

善于表现现实生活是评剧的一个传统。辛亥革命后,创始人成兆才依据当地的时事新闻创作和改编了《杨三姐告状》《黑猫告状》《枪毙骆龙》《枪毙骆虎》等,基本上奠定了评剧以演现代剧目为主的特性。中华人民共和国成立后,评剧进入了新的繁荣发展时期,演出了一批受群众欢迎的现代戏,如小白玉霜和韩少云主演的《小女婿》,新凤霞主演的《刘巧儿》《祥林嫂》《小二黑结婚》《金沙江畔》《夺印》《野火春风斗古城》等。改革开放以后,又出现《山里人家》《疙瘩屯》《黑头与四大名旦》《贫嘴张大民的幸福生活》等优秀现代剧目。

评剧的伴奏乐器分文场和武场。武场运用板鼓、梆子、锣、镲等;文场原运用板胡、二胡、中胡、低胡、琵琶、笛、笙等,后来又增加了大瓢胡、贝斯、铜管、大提琴、小提琴等。

虽然滦南县委、县政府做了许多发掘、抢救、继承评剧的工作,但评剧的发展仍然存在着不少难以解决的问题。首先,随着评剧老艺人、研究人员和知情者的逐渐年高和逝去,见证评剧发展史的人证、物证也将逐渐消失,处于濒危的边缘,抢救工作非常迫切。其次,随着科学技术的进步和市场经济的发展,熟悉、喜爱评剧的老年人逐渐减少,而不熟悉、更谈不上喜爱评剧的青年人增多,评剧艺术的欣赏主体发生重大变化,评剧艺术的影响力大大萎缩,受观众欢迎的程度也大大减弱,评剧的传承和发展仍任重而道远。

光影相映　技艺相承

——昌黎皮影戏传承人张向东访谈

昌黎皮影戏起源于辽金时代，发展至今已有 1 000 多年的历史，流布于唐山、秦皇岛等地，并影响到周边地区。作为集昌黎地方的民间美术、音乐、说唱等为一体的综合性戏曲表演艺术，它由表演者利用影人等道具通过拿影、唱影等方式进行表演，风格独特，精彩纷呈。2011 年，昌黎皮影戏入选河北省第三批国家级非物质文化遗产名录，作为代表性传承人的张向东，时刻铭记恩师的谆谆教诲，积极带领"昌黎向东皮影剧团"贡献精彩演出，并积极思考如何让全世界感受到这项传统艺术的魅力。可以说，张向东为此倾注了很多心血与时间。

为了解传承人的个人经历，探究昌黎皮影戏入选国家级非遗代表性名录的原因，笔者带着钦佩之情，同张向东先生进行了沟通和交谈。本文依托其提供的资料，对该技艺的历史和现状进行了梳理，同时也表达了笔者对这门传统技艺的期待与展望。

一、坚守：热爱抵过岁月漫长

张向东，男，1947 年 10 月 26 日出生于河北省抚宁县台头营镇四村张家胡同。受其父辈影响，张向东从小就喜爱皮影。1960 年，张向东考入唐山戏曲学校，被分配到唐山市皮影剧团任学员，并师承皮影艺术大师齐永衡。因为先天的优势，刚满 13 岁的张向东就跟随师傅学拿影和唱影。之后，唐山市皮影剧团精简下放，张向东回到昌黎读小学，在此期间，他参加了抚宁、昌黎一带的业余影社演出，第一次登台表演便获得了观众的一致好评，获得了"小箭杆王"的称号。直到 1962 年，他参加秦皇岛市皮影戏社，发挥所长，主要负责拿影，成了社里的台柱子。

1968 年之后，秦皇岛皮影社解散，张向东回到昌黎，开始了一段不再与皮影相守的时光，在此期间，他当过民兵连副连长、昌黎县机电厂工人、交通局汽车队队长，甚至转为了国家正式干部。直到 2001 年，他从昌黎县交通局退休，又重新开始了对皮影戏的追求。退休当月，他便组建"昌黎宏扬皮影剧团"，自己从零做起，找赞助，找道具，寻人才，寻支持，将自己收入的大部分和全部心血投入其中。剧团也在同样热爱皮影戏的有识之士的支持下迅速发展，因性质问题，剧团后改名为"昌黎向东皮影剧团"。随着国家对于非物质文化的重视，剧团一步步走到大众面前，甚至走向国外。

作为昌黎皮影戏的代表性传人，张向东从前辈那里学来了精湛的传统艺术，并在多年的研习、展示和磨炼中不断提升。张向东经历了人生中的多次起伏，却始终保持对于皮影戏的热爱，用自己的实际行动写就传承。

二、传承：古老技艺源远流长

昌黎皮影戏经元明两代传承发展，至清初基本成熟定型，而逐步遍及永平府（今唐、秦二市大部分地域）各州县，并影响周边地区。乾隆年间进入北京，因北京是全国各路皮影艺术比肩展艺之地，故称昌黎皮影为"东路皮影"。随着大量昌黎人迁去东北地区，昌黎皮影亦传至东北三省。可见，昌黎皮影戏历史之悠久。

昌黎皮影戏技艺世代相传，张向东就师从影界"箭杆王"齐永衡学拿影，师从影界"金少山"厉景阳学唱影。在昌黎皮影发展历程中，涌现出了许多大师名家。除了有张向东的师傅——享誉海内外的皮影操杆大师、号称"飞线大王"和"活影人齐"的"箭杆王"齐永衡，有"影匠之王"美誉的皮影旦角演唱艺术家李紫兰，有被誉为皮影界"梅兰芳"的高荣杰，还有著名皮影雕刻家肖福成等，以及马家班、齐家班等影界翘楚。

昌黎皮影戏道具制作精细，演唱昌黎皮影的舞台为影窗，舞台上的人物是用驴皮刻制的影人，操纵影人的二人称上、下掌线，窗后由演员伴唱。其伴奏乐器为四胡，传统上称皮影艺人为影匠。其中，最主要的便是演出道具影人的制作。昌黎皮影影人的制作，通常须经八道工序，是一个复杂而奇妙的劳动过程。雕刻者不仅要刀工扎实深厚，还要具有一定的造型技巧及色彩学功底，其作品才能造型优美、雕刻细腻、色彩典雅、新颖别致。

可以说，昌黎皮影戏能传承至今离不开世世代代为之奉献的民间艺人们，他们其中有专注于拿影、唱影等表演技艺的表演大师，也有专注于影人等表演道具制作的皮影雕刻家，他们将热爱与心血倾注于此，促进了昌黎皮影戏这一中国古老民间技艺的流传。

三、创新：光影背后的故事

张向东对皮影艺术超于常人的喜爱，激发了他学习、掌握这门技艺的热情，给了他巨大的动力，同时也促使他开动脑筋，用勤劳和智慧向艺术之门冲刺。正因如此，在学艺中，他十分注意师傅、大家们演出中的一举一动，不光满足于知道怎么做，还要探究和明白为什么这样做。正所谓"师傅领进门，修行在个人"，这是昌黎皮影戏传承人张向东影戏一生的写照。

最初，张向东跟着师傅齐永衡操纵皮影，师傅操纵一部分，他就跟着操纵剩下的影人，在这个过程中，他学习到师傅的技术，反复练习，无论是撸枪杆还是分手，都像模像样，基本功十分扎实。

"文革"期间，皮影表演只能演现代剧，如此，撸枪杆的机会变少了，更多的是拼刺刀、扛红缨枪、耍大刀一类的。张向东敏锐捕捉到了新情况，大胆进行创新。张向东想方设法地往戏曲里增加艺术精髓，尝试将戏剧里的单刀加入其中。虽然皮影所创造的空间与电影、戏剧的不同，但张向东充分利用了它们的优点来丰富皮影表演。

另外，听从了师傅齐永衡的教导，张向东一直在探索和继承原有皮影戏的基础上，创立些自己的东西。他对原有节目进行研究、改进和创新。经过反复演练，取得较好的效果。比如《火焰山》这出戏，孙悟空与牛魔王相斗，原来是牛魔王变个大牛，孙悟空小，变个大人。他觉得这样太过枯燥，就想"斗牛斗牛，斗斗多好啊"。于是，就让孙悟空先拿一块红布，与牛斗。这下，影窗效果就不一样了。后来，就是第一次出国到捷克去演出，他又在这段戏中加入了《西班牙斗牛曲》，外国人看也知道是斗牛，很受欢迎。同时，他十分重视影人的装订，同样是在《火焰山》这出戏中，他改进了皮影的装订方法，在参考以前表演的基础上，将猪八戒的下巴改成能够变动的，大大降低了影人的更换频率。《火焰山》单行本的表演中，有一段是孙悟空被劈成两半，张向东意识到剩下的两半在那里会影响表演效果，就把那两片变成两个孙悟空围着铁扇公主斗法，前边一个、后边一个，大大增强了节目效果。

这些创新的背后有许多不为人知的故事。如今，观众能看到这些节目，都是因为有像张向东一样勇于创新的非遗传承人挽救这些传统技艺，促使其流传至今。

四、发展：民间艺术走向世界

刚成立不久的"昌黎向东皮影剧团"从 2005 年参加唐山国际皮影艺

术节开始，十几年来，皮影演出和交流活动几乎从未间断。曾连续三年应邀到北京参加每年一次的国家非物质文化遗产日皮影展演活动，先后到全国多地参加皮影展演交流活动，并走进北京、香港、郑州等城市的多所大、中学校园，向年青一代展示与传播皮影民俗文化。十几年来，"昌黎向东皮影剧团"的演唱行程足迹，可说是遍及祖国大江南北。

在张向东的皮影艺术之旅中，他对每一次的演出都无比珍惜，饱含激情，全身心投入。当发现观众喜爱观看他们演出的皮影时，他总是无比高兴，为自己之前对此的付出感到值得、自豪。能让观众感受到民族传统文化的巨大魅力，也给张向东进一步传承弘扬皮影艺术增添了无限动力。他把自己的演出当作服务，态度是积极热情的，经常不顾连续演出的疲劳，为观众进行加演。他用切身的行动，为传播和弘扬影戏艺术这一优秀民族文化作出了贡献。

同时，张向东也是以皮影为载体，向世界传播与弘扬中华民族传统文化的使者。他于2009年、2011年、2013年分别赴捷克、意大利和瑞士三国，进行皮影展演和交流活动，为加深和增进中国同世界人民的了解和友谊作出了贡献。特别是在捷克的第一次演出，"昌黎向东皮影剧团"在7天内演了10来场，演出的剧目基本上是《鹤与龟》《火焰山》《三打祝家庄》。尽管语言不通，但捷克人民对皮影戏表现出极大的欢迎与热情。在此期间，张向东时刻考虑着对昌黎皮影戏的宣传，不仅在演员的服装上印了"中国昌黎皮影"字样，还到县委宣传部拿了一些宣传昌黎的小册子。在演出过程中，他巧妙地将这些小册子和捷克文、英文、中文写成的节目单放在一起，发给热心的捷克观众。为了搞好在意大利的演出，"昌黎向东皮影剧团"组建了一个精干的演出队伍，精心排练了《鹤与龟》《火焰山》《火烧白骨精》《三打祝家庄》等短小精悍的皮影戏剧目。在意大利亚历山德里亚市一个叫莫非拉多宫的展出现场进行每次15分钟的表演，受到了意大利观众热烈的欢迎。台前时常被观众围得满满的，也有不少观众来到后台，一心想探察了解中国皮影戏演出的奥秘。有些观众还动手操纵了皮影人，感受中国皮影这一古老民间艺术的魅力。演出获得很大的成功。

作为昌黎皮影戏传承人，张向东有智慧，有胆识，他从中国民间的土壤中吸收养分，促进昌黎皮影戏的发展，却不局限于这一狭小天地，在时代的洪流中，勇敢抓住对外传播、向外交流的机遇，将昌黎皮影戏这一中国古老民间技艺介绍到国外，为昌黎皮影戏的发展创造了广阔的前景。

【知识链接】昌黎皮影戏

昌黎皮影，俗称为"驴皮影""老奤影"，是冀东皮影的重要组成部分。各地皮影戏大多借用地方戏唱腔，唯有昌黎皮影戏创出了自身别具一格的唱腔。昌黎皮影戏唱腔以昌黎民歌为素材，悲时如泣如诉，乐时说而似唱，充分反映了昌黎人的喜怒哀乐，是集昌黎地方的民间美术、音乐、说唱等为一体的综合性戏曲表演艺术。

昌黎皮影有其独特的演出形式——台前一张影窗、台中上挂明灯，由二人操纵用驴皮刻制的影人，此二人称之为上线和下线，操纵者依据唱者所唱的内容舞动影人，唱腔由铜管的四胡伴奏，并由鼓、板、锣等打击乐器加以烘托。皮影艺人称之为影匠，全台影仅由七八人组成，称之为七紧八松，影匠个个都是多面手，有的唱者手持小锣边打边唱，有的操纵者在操纵的同时边耍边唱。其行当有别于其他戏曲艺术，称旦为"小儿"，称小生为"生儿"，称老生为"髯儿"，称净为"大儿"，称丑为"花生儿"。其演唱特点是掐嗓，即在演唱时用手紧掐声带部位，这样不仅使唱腔声调柔媚、娓娓动听，更能使音域拓宽，达到三个八度。念白以老奤方言为标准，极具昌黎地方语音特色，在普通话日益普及的今天，在日常生活中再说原汁原味的老奤话，必将贻笑大方，但在皮影艺术中出现，那将使本地观众倍感亲切、外地观众倍感新鲜。

昌黎历史上曾出现过马家班、齐家班等驰名影戏班。著名的艺人有被称为"皮影界梅兰芳"的高荣杰先生，被称为"箭杆王""活影人"的齐永衡先生，皮影雕刻艺人肖福成先生、居尚先生和田世民先生等。经常上演的传统剧目有《乾坤带》《秦香莲》《邵玉兰》等。

巫歌傩舞求平安　千年戏曲存风采

——武安傩戏传承人李增旺访谈

河北省邯郸市武安县的傩戏是一种古老的传统戏剧，最早出现在商时期，距今已有 3 000 年的历史，是中华傩文化的重要组成部分。武安傩戏最初以面具戏为主，逐步发展为傩戏、赛戏、队戏等十余种形式，主要分布在武安境内的固义村和白府村。其中，最具代表性的当数固义村每年正月十五的《捉黄鬼》演出，参与到演出中的人员可以达到 1 200 余人，是武安市一道亮丽的风景线。

2006 年，武安傩戏入选河北省第一批国家级非物质文化遗产名录。1995 年的元宵节，时任中国傩戏学研究会会长曲六乙先生来到固义村观看演出，结束后他兴奋地说："几十年来，我在全国各地看到不少傩艺、傩技和傩工的表演，但这是最令我激动的一次，它与西藏、吴越、西南、巴蜀的傩文化相比，具有独到之处。固义的傩文化具有浓厚的文化意蕴。"武安傩戏有着极为珍贵的文化价值，本着保护、发展非遗文化的诉求，团队与武安傩戏项目的第十九代传承人李增旺先生进行了访谈交流，详细了解了武安傩戏的演出方式和传承发展历史。据此，本篇文章将对其进行梳理和记录，在展现非遗文化魅力的同时，也助力武安傩戏在新时代焕发出更加蓬勃的生命力。

一、耳濡目染，承袭傩戏

李增旺，男，汉族，1950 年出生于河北省武安市冶陶镇固义村。8 岁时，

他曾登台表演傩戏。1972年，他由其祖父李正年正式传授傩戏技艺，成了武安傩戏的第十九代传承人，现任武安傩戏社首之一。2008年2月，李增旺被评为第二批国家级非物质文化遗产项目武安傩戏代表性传承人。

　　李增旺出生于固义村的一个农民家庭，在他小的时候，长辈们就经常聊起正月十五村子里的《捉黄鬼》演出，年幼的李增旺站在旁边，把"捉黄鬼"的故事情节默默记在了心里。村子里每次有傩戏表演时，他也会跟随演出队伍近距离地观看。长此以往，李增旺渐渐地熟知了武安傩戏的每个流程、每个人物的角色特点乃至人物固定搭配的道具和衣服。等到他8岁时，他第一次正式加入了傩戏的演出队伍，饰演了《吊八仙》里的韩湘子一角。如今年过七旬的李增旺回忆其当年，他笑着说："那会儿也没有人逼着我学，就觉得很有意思，这可能也是傩戏还有自己一块阵地的原因吧。"就这样，李增旺与武安傩戏正式结缘了。

二、户告人晓，复兴傩戏

　　武安傩戏一直遵循着在固义村村内传承的习俗，又由于武安傩戏的表演具有一定的难度，对体力有一定的考验与要求，所以从祖辈开始，武安傩戏的传承人就基本上都是男性，而且多为上一代传承人的儿子、侄子等人。1972年，李增旺的祖父李正年将傩戏技艺教授给了李增旺，这时他对傩戏的演出流程与演出内容已经有了全面而系统的了解。在一段时期内，武安傩戏一直被认为是一种封建迷信而被要求停止演出。直到1985年，爷爷李正年正式把武安傩戏社首一职传给了李增旺，李增旺开始为"傩戏再繁荣"东奔西走，武安傩戏的演出也就此开始得到了恢复。但在傩戏停演期间，傩戏演出所要用到的道具与服装早已被毁于一旦，因此，想把傩戏演出重新组织起来，并不是一件容易的事。怀着对傩戏的热爱，李增旺燃起了斗志，他说："不能让老祖宗留下的这份宝贝，从我们手里丢掉。"

上任伊始，李增旺先是找到了西大社（旧时固义村依据姓氏和居住的集中情况，分有东王户、南王户、刘庄户和西大社四个居落，西大社包括了以上三个庄户以外的居住在村中西片的丁、李等杂性人家）的另两位社首丁礼昌和李怀玉，开始商议傩戏重新演出的事。当时摆在李增旺面前的有三个关键性问题：演出者、演出经费和演出道具。李增旺决定与其他社首协作，对存在的问题进行逐个研究，商讨解决措施。对于演出者的空缺，李增旺选择重寻老一辈的演出者，当年意气风发的演出者如今已两鬓苍苍，但当李增旺向他们说明来意时，他们激动地握住了李增旺的双手，表示愿意参与傩戏的复兴演出。李增旺和其他社首便再次进行商议经费问题，后来他们决定通过呼吁大伙集资的方式凑齐经费，大伙也都表示了同意。"从腊月初一就开始张罗，挨家挨户去集资，按每家的人头算，一人一块钱，拿到钱之后，就去置办服装和道具，演出前的每个晚上都睡不好觉，直到通宵达旦地将每个人的化妆和服装都落实了，开始演出了，我才稍稍安了心。"就这样，在李增旺与其他社首的共同努力下，1985 年，武安傩戏演出重新回归到了大众视

野中，武安傩戏蕴含的传统文化精神，也就这样得到了延续，被代代传承了下来。

1985 年恢复演出后，武安傩戏一直遵循着老一辈的表演传统：每年在元宵节表演一次，要么只表演一年，要么连续三年都表演，不会连续表演两年。李增旺深知身为传承人的责任之重，因此每场演出他都以饱满的热情与积极的工作态度全身心地投入其中，组织人员、筹集经费、购买服装道具、寻找排练场地，一场场演出下来，李增旺的筹划愈来愈完备，傩戏演出亦愈来愈精彩，徒弟也从原来的零星几个人变为如今的二十多人。随着武安傩戏演出越来越出名，它的市场价值也被相关企业关注，他们建议李增旺把武安傩戏进行包装改造，从中获取一定的经济效益，但这都被李增旺严词拒绝了。李增旺说："傩戏演出不是为了挣钱，就是图个平安和来年的风调雨顺，五谷丰登。如果让我背离了傩戏演出的初衷，全村人都不会答应，这也正是傩戏传承下去的意义，越稀少才越珍贵。"在李增旺的心中，武安傩戏不仅仅是一场场演出，更是一次次精神文明的传播与洗礼，作为传承人的他希望这件文化瑰宝在自己这一辈人手里能够发展得更好一些，更久远一些，保留其原汁原味的文化特色，把中华民族的珍贵文化发扬光大。

三、日新月著，发展傩戏

习近平总书记指出："中华优秀传统文化是中华民族的精神命脉，是涵养社会主义核心价值观的重要源泉，也是我们在世界文化激荡中站稳脚跟的坚实根基。"武安傩戏作为中华非遗文化的瑰宝，彰显着极高的文学价值与文化精神，值得我们去传承与发扬，其演出内容的精彩丰富与表演形式的多姿多样也引起国内外专家、学者的高度关注，当地的相关部门也一直走在保护、宣传、发展武安傩戏的征途上。

（一）傩戏宣传日日新

自 1995 年起，武安市政府开始组织人员对武安傩戏展开调查，成立了武安傩戏保护中心，拍摄了演出使用的服饰、道具等，以图片的方式进行了留存；1995 年正月十五前后，武安当地召开了"95 元宵武安大型傩戏《捉黄鬼》观摩研讨会"；1998 年，中国傩戏学研究会等 8 个部门在武安联合举办了"亚洲民间戏剧民俗艺术观摩暨学术研讨会"；2004 年，武安市成立了"武安傩戏保护中心领导小组"，其对武安傩戏进行了深入的挖掘和研究，并整理出版了《燕赵傩文化初探》《武安傩戏》等多本专著。

当地政府还积极开展大面积的演出宣传活动。主要形式包括：在元宵节等传统节日里进行傩戏表演，在当地博物馆举办"傩戏面具制作"体验活动，定期举办"傩戏进校园"等演出。作为傩戏传承人的李增旺则是尽心尽力地负责与参与到每一场演出的幕后筹备当中，力求把最好的表演呈现在人们面前，向人们普及、宣传傩戏文化。

（二）非遗进校园

武安傩戏进校园，这一宣传方式格外受到当地政府的重视。2016 年，冶陶镇固义学校的音乐课里设计加入了武安傩戏这一特色教学内容，旨在通过"非遗进校园"的方式让学生走近武安傩戏，更全面细致地了解武安傩戏的演出流程，理解其文化内核，同时也助力武安傩戏得到更好的传承。此外，在武安市文化馆的牵头协助下，李增旺和马增祥等人作为活动发起者组织了"武安市非遗展演进校园"活动，2018 年 10 月 13 日上午演出团队为冶陶镇固义学校的广大师生表演了武安傩戏中的剧目《开八仙》。演出前，李增旺和马增祥先向同学们介绍了武安傩戏中特色剧目的故事情节，帮助他们了解了剧目中人物的性格特点。之后又展示了给孩子们专门准备的服饰，邀请孩子们参与到表演中来，让他们可以零距离地感受武安傩戏的独特魅力，孩子们踊跃报名，场面十分热闹。在选择了合适的小演员后，李增旺和马增祥亲手为孩子们穿戴了傩戏演出的头饰和服装，并仔

细交代了演出细节与舞台走场方向。最后，两场演出在孩子们的热情参与和场外的旁白讲解中顺利落下了帷幕。演出后，李增旺和马增祥对活动的目的与意义进行了总结，并对孩子们进行了殷切嘱托，希望在未来，孩子们能够进一步参与到傩戏演出中，做傩戏非物质文化遗产的"火炬手"，让傩戏文化薪火代代相传。

无论是举办武安傩戏的演出活动，还是让武安傩戏文化走进课堂，都旨在向孩子们展示武安非遗文化的魅力，拉近孩子们与武安傩戏之间的距离，让更多的孩子们自愿加入武安傩戏的传承队伍中，让武安傩戏在新生的传承与发展中进一步发扬光大！

四、刀过竹解，壮盛傩戏

近年来，在当地政府的大力支持下，武安开展了一系列对武安傩戏的传承与保护工作，但武安傩戏的生存与发展仍面临着许多现实问题。

传承人的断档与老龄化是现阶段最令李增旺焦灼的问题之一。近年，武安市文化广电和旅游局为保护非遗文化，开办了"武安傩戏传习所"，武安傩戏演出团队负责人马增祥带头在传习所里排练傩戏、教授制作傩戏面具，培养了一批年轻的学生。但是随着生活中娱乐方式的多样化，越来越多的年轻学生开始坐不住"冷板凳"，纷纷外出打工以谋求出路，传习所日益冷清了下来，武安傩戏的新生代传承人日益减少，傩戏演出者也正面临着老龄化的问题。年至古稀的李增旺常常感慨道："年轻人越来越少，武安傩戏的演出队伍怕是越来越冷清了。"如何使武安傩戏传承人树立正确的思想观念，使傩戏传承后继有人，成为当前急需解决的问题。对此，李增旺希望国家有关文化部门能够重视起来，对武安傩戏的传承人给予一定的政策倾斜，推动武安傩戏得到更好的传承与发展。

缺少活动经费与资金补助，也是李增旺担忧的一件大事。早年的武安傩戏由于缺乏经费，除却政府的资助亦需要村里人集资出钱，李增旺便会在每场演出开始前的两三个月挨家挨户进行集资，大伙儿的热情使得经费每次都能顺利集齐。近二十年来，因有投资人对武安傩戏进行资金补助，从而取消了村户集资，但是这些经费并不能支撑武安傩戏连续上演三年，这在一定程度上影响了武安傩戏的传承与发展。在有傩戏演出的年份里，李增旺就成了村子里最忙碌的人，存放在他家里的上百套戏装、旗帐、锣鼓，都要经过他和其他几个社首的整理、修补、发放、晾晒和存放。身为传承人的他们打心底里愿意为武安傩戏的准备与演出奉献一切，但每每看到其他社首为了参加演出而放弃外出打工挣钱的机会时，李增旺的心里会觉得过意不去。李增旺表示，希望武安当地的相关部门能够定期拨付一定的活动经费，在财力上资助武安傩戏，使其能够及时地开展演出，助力武安傩戏得到更好的传播与发展。

传承与排练场地的缺乏，也让李增旺犯了难。武安傩戏的演出性使得其在传承过程当中不仅需要老一辈的人"手把手"地教，更需要有一个固定且具有一定规模的场地供演出者们进行操练，从而将所学到的知识通过演练融会贯通，更好地运用到演出舞台之上。因此每次演出前，李增旺都需要提前寻找空旷的地方进行排练，但是由于场地空间的有限和不稳定，往往排练效果大打折扣。据此，李增旺呼吁当地有关部门能够对武安傩戏的演出与排练重视起来，资助武安傩戏修建固定的训练场地，助力武安傩戏的演出顺利开展！

武安傩戏的演出是武安本地人的传统习俗，也演绎着中华民族非遗文化的独特内涵。作为传承人的李增旺表示，在未来他也会一直坚持把武安傩戏演好、传承好、发展好，担起肩上的责任，助力武安傩戏走向更加光辉灿烂的明天！

【知识链接】武安傩戏

傩文化作为原始文化的重要组成部分，有着极为独特的表演方式，是我国传统文化中一颗璀璨的明珠。武安傩戏是属于黄河文明影响下的中原傩戏，其最初以面具戏为主，逐步发展为傩戏、赛戏、队戏等十余种形式。它的表演形式多样、参与人数众多、演出内容丰富，是对先民生活状况的反映，也体现了人们崇拜自然、热爱生活、重视伦理秩序的观念。

武安傩戏延续着只表演一年，或连续三年都表演的传统，不会连续表演两年，在当年的正月十四到十六期间进行演出，是集祭祀、队戏、赛戏等多种艺术形式于一体的民间传统文化复合体，于 2006 年入选河北省第一批国家级非物质文化遗产名录。

正月十四上午进行祭祀。西大社幕前幕后的所有演出人员从前街的李家祠堂出发，前往龙王庙旧址和南大庙对龙王神像、白眉三郎、白面三郎、赤锋三郎的神像进行祭拜并将其搬至前街的献殿。正月十四下午进行彩排，全村所有参与社火表演的人都装扮起来，有序地从前街西头走到东头，走到仙殿门前时，骑马的角色下马，掌竹吟唱赞词，当地也把此过程称为"亮脑子"。

正月十五凌晨一点开始进行《捉黄鬼》演出。《捉黄鬼》是一部当街表演的哑剧，属于队戏的一种。

正月十六上午祭拜虫蝻王和冰雨龙王。下午戏台上还会组织表演《开八仙》《讨荆州》等剧目。晚上，戏台还会有歌舞节目等表演。

正月十七进行"送神"祭祀活动，将龙王排位和白眉三郎等神像送回原址，并到村南鹊鹅山上的奶奶庙进行完表仪式。之后，社首进行总结清点，整个社火活动结束。

武安傩戏的发现改变了"长江以北无傩戏"的断言，其演出恢宏神秘，内容丰富，表达了当地百姓期盼来年风调雨顺、追求幸福生活的美好夙愿，被誉为中国戏剧"活化石"，是河北武安独具特色的民间传统文化。

第五章 曲艺传承人口述史

挚爱大鼓做传承 一弦一板总关情
——乐亭大鼓传承人何建春访谈

乐亭大鼓又名"乐亭调"，是中国北方较有代表性的曲艺种类之一，因发源于河北省乐亭县而得名。其流行范围甚广，除在冀东各县普遍流行以外，在华北地区和东北各省也有相当影响。乐亭大鼓曲调丰富多变，具有比较完备的板式，以唱腔优美、亲切感人、韵味独特而闻名全国，与滦州皮影、评剧齐名，合称"冀东文艺三枝花"。

2006 年，乐亭大鼓入选河北省第一批国家级非物质文化遗产名录。在大鼓艺术的历史长河中曾涌现出一大批闻名退迩的艺术大师。在当代，靳派乐亭大鼓第三代传人何建春是曲艺界的又一高峰，有"曲界翘楚"之称。为了解传承人的个人经历，探究乐亭大鼓入选国家级非物质文化遗产名录的原因，笔者带着钦佩之情同何建春先生进行了沟通和交谈。本文依托其所提供的资料，对乐亭大鼓的历史和现状进行了梳理，同时也表达了笔者对这门传统艺术的期待与展望。

一、炽热的相逢：与艺初相识，相随终不悔

何建春，男，汉族，1961 年出生于河北省滦南县。曾先后担任滦南县文化馆馆长、唐山市曲艺家协会副主席、唐山市冀东文艺"三枝花"发展

促进会副会长等职。

谈到自己与曲艺的缘分，他说："我就是好这个，从小就是喜欢这个，就是这个喜好成了我一生的转折。"幼时起，何建春就对传统曲艺产生了浓厚的兴趣。父亲曾为他购置一台收音机，六七岁的何建春听着收音机里的样板戏十分入迷，兴之所起便咿咿呀呀学唱起来，卓绝的天赋就此展现。他不仅嗓音宽厚洪亮，吐字清晰，耳音也非常精准，小小年纪便能分辨出戏曲中细微的差异，听

到的曲段很快就能学会。初中毕业后，受家庭出身的影响，何建春未能获得读高中的机会，回乡务农。1976 年，何建春初次接触乐亭大鼓，每当县里有演出队来说书，他便追着去听。耳濡目染之间，学习乐亭大鼓的意愿也愈发强烈。但在旧思想的影响下，家中亲友没有一人支持他走乐亭大鼓这条路，可何建春并不愿意放弃自己的天赋与热爱。直到 1979 年冬天，卢龙县李庄户大鼓艺人李田在卢龙县举办培训班，何建春征得父母同意奔赴卢龙，成了李田最看重的学生。

跟随李田学习一个月后，何建春便已可以登台演出，随后跟随李田的团队到迁西、迁安等地的村落演出。何连春一边演出，一边学习，技艺日渐精进。李田颇为赏识这位天赋超群的学生，觉得他表演素质高，同时又谦虚、肯吃苦，于是向比自己演艺更佳的刘瑞峰推荐。得此机会，1981 年何建春开始跟随刘瑞峰的演出团队，演唱水平又上了一个新的台阶，一年后，何建春便开始独立说书。与此同时，20 世纪八九十年代，何建春参加省市会演，并多次获奖。1981 年，何建春参加唐山市曲艺会演，演唱《鞭打芦花》，获得一等奖；1984 年，参加唐山市比赛，演唱《长坂坡》，再获一等奖；1985 年，赴石家庄参加河北省曲艺会演，获优秀表演奖；1987 年，参加唐山市中、长篇书目比赛，演唱《八卦雌雄剑》，获一等奖；同年，

在河北省空中书播中获优秀演唱奖；1990 年，获第四届晋冀鲁豫"山河杯"曲艺奖最佳演员奖和第三届河北省曲艺比赛表演二等奖；1997 年，获得了全国"群星奖"金奖。

追随热爱还是直面生活常常需要人们抉择，20 世纪 80 年代，何建春的演艺之路风生水起，生活却难以维持。也许何建春也可以选择其他更好走的谋生之路，可他从不愿放弃大鼓。直到 1986 年，一次偶然的机会，唐山市委宣传部部长到滦南考察，看到了表演优异的何建春，十分赏识，了解了他的生活状况后，立刻寻求途径，把他吸纳进了滦南县文化馆，留住了这位大鼓人才。到了文化馆之后，何建春踏实苦干，一干就是半辈子，努力在自己热爱的领域发光发热，工作卓有成效。1998 年 3 月，他被任命文化馆副馆长，并在 2006 年升任馆长，直至 2016 年退守二线。

作为非遗传承人，何建春与乐亭大鼓的相逢似乎是命运的安排。他天赋超群亦不负热爱，是天资卓越的演唱者，更是非遗文化的坚守者。兜兜转转半余生，他从未放弃对乐亭大鼓的传承与创新，始终将乐亭大鼓发扬光大视为己任，用一生去守望挚爱之歌。

二、澄澈的相守：所幸入师门，靳派曲相承

2000 年 6 月，何建春正式拜师国家一级演员、原唐山市曲艺团团长贾幼然，从此师承靳派，成为靳派乐亭大鼓的第三代传人。靳派乐亭大鼓一脉相承，同为这一脉络的冯福昌可以说是乐亭人鼓的创始人之一。1845 年，冯福昌将原演唱中使用最为广泛的木板改为铁板，收效甚好，得到同行的纷纷效仿，随后戚永武跟随冯福昌学习曲艺，并传承给靳文然。靳文然也对这一脉络的乐亭大鼓作出重大革新。乐亭大鼓原是曲牌联套体，靳文然将其革新为板腔体，唱腔上也有了很大的突破，在乐亭大鼓的发展史上画上了浓墨重彩的一笔。自此靳派正式确立。

贾幼然作为靳派乐亭大鼓第二代传人，师承靳派开拓者靳文然，择徒

标准甚高，可谓宁缺毋滥。直至遇到天赋异禀又满腔热爱的何建春，于是何建春成了贾幼然的第一个徒弟。拜师当天的场景何建春仍历历在目。在新时代、新社会，自靳文然开始，乐亭大鼓的拜师已不再讲求跪拜，取而代之的是庄严肃穆的鞠躬。三礼行毕，何建春正式入门靳派，开始跟随贾幼然系统完整地学习靳派乐亭大鼓演唱技巧，并在表演形式和唱腔板式上摸索创新。

所谓传承，传承的不仅是艺术，更是一份热爱与责任。历代以来，靳派传承人致力于发扬乐亭大鼓文化，捍卫中华传统文化瑰宝。2011年，在当地政府的扶持下，唐山艺校开办大鼓班，让孩子们免费学习大鼓，传播这份热爱，弘扬这门艺术。自第一期唐山艺校开办大鼓班开始，贾幼然便担任义务教师，从艺终生，孜孜不倦，用一生去守护和传承乐亭大鼓。遗憾的是，2018年贾幼然去世，作为他的徒弟，何建春义无反顾来到唐山艺校，2019年开始担任第三期大鼓班教师，将师傅的热爱与责任传承下去，将共同守护的大鼓文化传播开来。

对于何建春来说，穷其一生学习和传承乐亭大鼓，是"兴之所起，更是责无旁贷"。时过境迁，转眼几十余载，何建春已经从那个在村子里追着说书人到处跑的孩童变成了如今的曲界翘楚、非遗传承人，择一路而终，功成名就，他面对乐亭大鼓的一片赤子之心却从未改变。

三、无止的求索：驻足新时代，探索求革新

新时代，乐亭大鼓艺术迫切需要创新。耳熟能详的经典传统曲段已经不再能完全迎合当代听众的喜好。喜欢听乐亭大鼓的听众越来越少，了解乐亭大鼓的更是屈指可数。看着自己毕生热爱的乐亭大鼓逐渐没落，何建春很是困惑，也十分心急，意识到艺术的革新迫在眉睫，于是他开始不断探索艺术新风，积极组织艺术家们共同研讨，从表演内容、表演形式和唱腔三方面进行推陈出新。

几十年来，何建春贴近实际、贴近群众，从现实生活中选材，创作了一批接地气、反映时代特色、歌颂新时代精神风貌的作品。其中，1997 年创作的《碧海丹心》最为典型。首先，在表演内容方面，该作品改编自发生在滦南县的真实事迹。1995 年夏，渔民刘凤忠、刘贵胜父子二人舍生忘死，奋力营救了海上遭遇风险的 61 名游客，英雄事迹传遍大江南北。这一振奋人心的英雄故事是值得歌颂的，也是群众喜闻乐见的。于是何建春立刻组织众人把这一真实故事创作为乐亭大鼓，其代表作之一《碧海丹心》就此诞生。其次，在表演形式方面，何建春发现乐亭大鼓原本一弦一板的模式不足以描绘《碧海丹心》英雄事迹的跌宕起伏与惊心动魄，于是他大胆创新，组织艺人们排演大鼓联唱，由传统的一人演唱创新为一人主唱四人伴唱伴舞的形式，单人的演唱变为了动人的群星演唱会。此外，在唱腔方面，何建春发现"一些复杂的情感，难以通过老腔老调来表现"，也做出了突破。他借鉴了评剧、京剧、皮影、西河大鼓等曲艺的唱腔，并将其巧妙地融入乐亭大鼓之中，很好地表现出"霎时间狂风巨浪"等惊险场面，也充分表达出危急之下游客情绪的跌宕起伏以及最终获救之后"惊魂未定、心怀感激、悲喜交加的复杂情感"。

《碧海丹心》是何建春革新的成功实践。他把乐亭大鼓搬上了戏剧的舞台，让大鼓成为有血、有肉、有故事、有唱腔、有韵味的戏剧化艺术。他的创新在业界引起了轰动，在观众中引起了共鸣。到县里、市里演出，来观看的领导和观众边听边抹泪。该作品在省内也得到了一致好评，并被推荐为优秀作品登上了全国曲艺会演舞台。最终，《碧海丹心》先后获得国家群众文艺最高奖项群星奖的创作和表演金奖，中国曲艺牡丹奖的创作和表演铜奖。

面对新时代的新需求，敏锐的何建春发现了当代乐亭大鼓传播的瓶颈，于是躬耕实践，求索创新，主动贴近观众，歌颂当代事迹，调动观众兴趣，革新内容、形式与唱腔，并取得显著成效，为靳派乐亭大鼓的发展作出了突出贡献。

四、无愧的搀扶：奔波愁白头，无愧于热爱

作为乐亭大鼓非遗传承人，何建春尽心尽力促进靳派乐亭大鼓的传承。在提升个人演唱艺术之余，他积极培养新人。截至目前，已有李志明、魏小英等10人正式拜师。在何建春的悉心指点下，徒弟们的演唱技艺大有长进，每年都有新作品获奖。关于何建春的收徒标准，有一定的天赋基础也是必要的，但更多的是热爱。他从不会拒绝一个真正热爱大鼓艺术的人来学习。他的徒弟来自各行各业，只要真心求教，他都愿意倾心指点。

然而，随着百姓文化生活的不断丰富，乐亭大鼓却显得愈发落寞。何建春意识到，只靠自己收徒传授乐亭大鼓表演艺术是不够的，这是一门需要观众的艺术。

从2006年起，何建春便开始谋求解决这个问题。他意识到弘扬艺术最重要的是"从娃娃抓起，培养青少年观众"。于是他开始四处奔波，推进"乐亭大鼓进校园"活动。第一次试验选在了靳文然出生地——靳营村的逸夫小学。那一期只有4名学员。经过一个假期的培训与辅导，1名优秀的小学员于2007年8月参加了河北省少儿曲艺选拔赛，并获得一等奖；随后又取得了京津冀少儿曲艺大赛金奖、全国少儿曲艺大赛三等奖的好成绩，在全县、全市引起了不小的轰动，"乐亭大鼓进校园"初显成效。受此影响，第二期的学员已增至15人。越来越多的人开始了解乐亭大鼓。此项活动一直传承到现在，每年都有一批小演员，执板敲鼓，声情并茂，描绘着乐亭大鼓的未来，歌颂着乐亭大鼓的希望。

自 2011 年开始，在当地政府的支持下，全县中小学校都在大力推广"乐亭大鼓进校园"活动。一时间热络繁忙，仅有的教师资源已经不够用了。于是何建春开始着手解决师资短缺的问题：一是组织艺术水平较高的民间艺人进校园辅导；二是协调教育部门组织全县中小学音乐教师举办暑期大鼓师资培训班，等培训好了老师，再让老师去教学生。至此，"乐亭大鼓进校园"活动广泛开展，收效显著。在此之前，大部分都是老一代人熟知乐亭大鼓，现如今，进到每个学校几乎都有人可以哼唱几句，这也是何建春最想看到的景象。他不要求这些孩子们将来一定从事这一行，他说："只要有越来越多的人了解乐亭大鼓、喜爱乐亭大鼓，乐亭大鼓便可以生生不息地发展下去。"

目前，何建春年龄最小的一位徒弟很令他欣慰。这位徒弟现年 25 岁，从初中开始就热爱大鼓艺术，到现在研究生毕业工作，业余时间始终执着于大鼓的表演和创作，并利用自媒体不断宣传乐亭大鼓，这让何建春看到了年轻一代传承并发展大鼓艺术的希望。

五、殷切的期望：大鼓无归期，寤寐常思量

如今的何建春已年过六旬，身体微恙，但仍心系大鼓，每每提及乐亭大鼓的发展与传承，他总是有说不尽的想法、道不尽的热忱。谈及如今乐亭大鼓发展的不足，何建春认为宣传力度仍需加强。国家设立非遗传承人项目，目的就是保护和发展传统文化，但地方政府、基层文化组织还是重视不够。如今，除了一些重要节日，似乎极少在电视、活动现场看得到这类节目。新一代年轻人接触传统曲艺少，自然就更难产生兴趣。展望未来，何建春建议要利用各种媒体"加大宣传力度，形成全社会关注、全社会支持"，并且多多培养新人，鼓励大家贴合时代要求搞创作、搞创新，学习借助各类平台，做好大鼓艺术的普及推广工作，同时也希望大家多做些大鼓艺术的抢救、挖掘工作。

筚路蓝缕，以启山林。作为乐亭大鼓非遗传承人，何建春发挥着承前启后的重要作用。在时代的洪流中，何建春紧抓发展机遇，把握时代特色，在传承中求索创新，在传播中谋求发展，用自己的满腔热忱弘扬大鼓文化，赋予乐亭大鼓新的生命力，让越来越多人了解、热爱乐亭大鼓，让乐亭大鼓绽放更加璀璨的光彩！

【知识链接】乐亭大鼓

乐亭大鼓原名"乐亭腔"，也叫"乐亭调"，是中国北方的一个主要曲种，起源于清代乾隆年间的乐亭、滦南、滦县一带，是在民歌的基础上发展起来的，同时吸收了一些戏曲的腔调，形成了独特的唱腔和板式，以鼓、鸳鸯板、大三弦伴奏，既能说长篇大书，也能唱小段，深受广大群众的喜爱。2006年，乐亭大鼓入选河北省第一批国家级非物质文化遗产名录。

乐亭大鼓唱腔音乐为板腔体，曲调丰富多变。除有完整的慢板、流水板、快板、散板外，还有上字调和凡字调两种不同调性的往复转换，板式变化十分灵活。代表曲目有《东汉》《隋唐》《三侠五义》《呼延庆打擂》《金陵府》等。

乐亭大鼓由木板大鼓衍变而成，距今约有200多年的历史。在继承历代文化成就的基础上，由当地民歌发展而成。《中国书词概论》记载，清初年，乐亭城内凡自娱好乐之人，最爱唱"清平歌"。同时，乡村里也流行着散曲之类的小调。后来，有位弦子李，先以三弦配奏了"清平歌"，遂加以改正，使其韵调动听悦耳，较之前大有不同，于是称之为"乐亭腔"。在演唱实践中，又经过进一步改革提高，约在清乾嘉年间，初步形成了乐亭大鼓的板腔雏形。1845—1850年，先后由大鼓艺人冯福昌、温荣弃木板而使用铁板击节伴奏。乐亭城南大皇粮庄头崔佑文进京供奉，带温荣入恭亲王府献艺，温荣的技艺深得王爷欢喜，当即封了顶子赐了座，并赐名"乐亭大鼓"。

乐亭大鼓的伴奏乐器为大三弦、书鼓和鸳鸯板。表现形式为一人演唱，演唱者自己击打鼓板，边说边唱，描绘场景、刻画人物、议论得失，另有人分持三弦等乐器伴奏。

乐亭大鼓的唱腔要求字正腔圆、韵足味浓，气氛真实、色彩鲜明，气口得当、鼓板合宜。乐亭大鼓的唱腔丰富，自成体系，独具一格，俗有九腔十八调之称，有的抒情，有的激昂，有的悲沉，有的诙谐，用这些唱腔来表现不同的场景、意境、情感和情绪。主要唱腔有"四大口""八大句""四平调""切口""双板""紧流水""二六板""大悲调""凄凉调""紧板""撒单程""慢起程""昆曲尾子""蚂蚱蹬腿"等，演员在演唱中，根据剧情变化灵活运用这些唱腔。演唱传统乐亭大鼓时，男演员一般身着长衫，女演员穿旗袍。演唱近现当代曲段时男演员多穿中山装，女演员可穿旗袍，也可穿连衣裙、拖地裙。

乐亭大鼓鼓词名目繁多，具有较高的文学性和深刻的思想性，对研究我国社会文明史、社会发展史、民俗文化史、音乐发展史都有重大意义。乐亭大鼓说唱结合，韵散相间，板腔完备，句式简练，既有源于对中国历代说唱音乐的继承，也有对当地民歌、俚曲、叫卖调、哭丧调、劳动号子等的广泛吸收，又有从当地其他姊妹艺术借鉴而形成的曲调多源性和浓郁的地域性及巧妙利用板眼、速度的变化技巧和扩板加花等作曲创腔手段，使板腔转换灵活自由，多种调式调性相互交替转换，形成了丰富多彩、情趣各异的唱腔，具有独特的艺术价值。

小小渔鼓顶大戏   声声激昂传情怀

——黄骅渔鼓传承人王洪山访谈

黄骅渔鼓发祥于河北省黄骅市渤海湾畔的冯家堡等沿海渔村，形成时间大致于同治年间（1862—1874），距今已有 100 多年的历史。相传是由一名外乡的渔鼓艺人在沿海渔村教授和传唱的，之后经由当地居民的吸收与改编再创作，不断丰富完善，逐步演变为一个节奏明快、曲调悠扬、极具浓郁乡土气息的独特的曲艺种类。

黄骅渔鼓最为鼎盛的时期是新中国成立初期至"文革"期间，一支由四五十人组成的黄骅渔鼓演唱队伍活跃在渤海一带，其表演曲目众多，内容真实反映乡土人情，在以悲情为主基调的曲调之上进行改编并广为流传，是当时颇具影响力的曲艺种类之一。1964 年 8 月，由黄骅渔鼓曲调改编而成的《渤海风采》《共产党恩如山》等优秀曲目在"全国农村文艺大调演"中名声大噪，表演艺人甚至得到中央领导人的接见。但是，后来由于种种客观因素的影响和老艺人的相继去世，黄骅渔鼓的传承面临危机。2005 年，黄骅市文化馆制订了关于黄骅渔鼓的"五年保护计划"，黄骅渔鼓于 2006年入选河北省第一批省级非物质文化遗产名录。本着对黄骅渔鼓保护与传承的初心，团队与黄骅渔鼓的主要传承人王洪山先生取得联系并进行了访谈。本篇文章将依托访谈内容，详细介绍了黄骅渔鼓的历史和现状，向读者展示黄骅渔鼓的魅力，助力该非遗项目的保护、宣传和发展。

一、一板一鼓，起于渤海之滨

王洪山，男，汉族，1967 年出生在渤海岸边的一个小渔村——黄骅渔鼓的发祥地冯家堡，现居黄骅港。2006 年拜师学习黄骅渔鼓，现为黄骅渔鼓传承性代表人。

黄骅渔鼓是当地渔民们冬天空闲时自娱自乐的一种艺术形式，曾被他们当作一种"唤头"（叫卖吆喝的一种说法），是渔民们到处卖海货时用以吸引顾客的"小手段"。据传，那是乾隆年间的一个初冬，不知从何处来了一个"叫花子"，虽说上了年纪，但却精神矍铄，手持一鼓，"嘭、嘭、嘭"

的鼓声伴着悠扬的歌声吸引来诸多听众，他口中唱的正是《西游记》中的一段——《美猴王出世》。全村老少百听不厌，于是提出：由他来教唱渔鼓，大伙包管他饭。就这样，从冬闲唱到春汛，一连好几个月，天天跟过年似的，老人说完《东游》道《西游》，《征东》唱完唱《征西》，《北游》教完教《南游》，人们再也没感到今年冬日的漫长，就此黄骅渔鼓在冯家堡算是扎下了根。

据《沧州戏曲春秋》《盐山志》记载及老艺人回忆，第一代艺人杨文炳、王起彬曾与十几个人带着戏装卖海货，在街头表演的《三度林英》《降人生》等渔鼓小戏，很受观众欢迎，流传出来了"小渔鼓顶大戏"的佳话。黄骅渔鼓极具地方特色，通过这些年的发展演变，多年积累下的唱本从多方面反映了黄骅的发展变迁。

二、生生不息，渔鼓代代相传

随着黄骅渔鼓的名气逐渐增大，一些文艺工作者开始对其进行相关的采访，并进行了一定程度上的改编再创作。根据渔鼓的曲调，改编成了许多反映社会主义建设时期的社会风貌的新节目，如杨宝山创作的《共产党恩如山》，参加"河北省群众文艺会演大会"时，荣获一枚铜牌奖章。黄骅渔鼓迎来了鼎盛时期。

然而，1966年"文化大革命"爆发，黄骅渔鼓作为一种传统的曲艺形式被列为封建社会遗留下来的产物，面临停滞甚至倒退的危机。改革开放后，黄骅渔鼓的发展形势峰回路转。随着新时代的思想解放潮流兴起，新兴媒体迅速发展，人民娱乐方式逐渐丰富，黄骅渔鼓的生存空间受到挤压，为数不多的黄骅渔鼓传唱者都已经年老，黄骅渔鼓面临"人去艺失"的困境。为了将这传统的艺术形式保留下来，黄骅市的文艺工作者采取一系列的措施记录、保存和传承黄骅渔鼓，于2006年找到4名对黄骅渔鼓感兴趣的青年人拜杨宝山老先生为师学习黄骅渔鼓，而王洪山就是其中一个。

王洪山自小多才多艺，对任何有关艺术的东西都充满好奇和兴趣，童年时就对村上渔民在海边演唱渔鼓非常感兴趣：七八个渔民围成半圈席地而坐，领唱为主，他人相和而歌，其他听众也可以参与进来；伴着海浪阵阵，人们自娱自乐，好不快活……这种热闹的场景深深打动了王洪山，在他幼小的心里埋下了的种子。长大后他才知道那是村里独有的渔鼓戏，与生俱来的兴趣与这片土地特殊的环境促使着他拿起一鼓一板，开始了与之相伴的人生。

杨宝山先生在拜师仪式上曾如是问道："你喜欢咱们渔鼓吗？喜欢就跟着我学，把它传承下去。"当了解到师傅的儿女无人有传承的意愿时，一种强烈的社会责任感更使他坚定地成为黄骅渔鼓的守护者、传承者。"传承呗，既然是咱们村的东西，咱们一定不能让它流失！"时间斑驳了记忆，磨损了手里的鼓和板，可熟悉的曲调会随着一代一代人的传唱，逆着时间的洪流而上，成为每个黄骅人心中家的声音。

三、多元并进，传承创新并举

2008 年由黄骅市文化馆牵头，在黄骅港正式举行黄骅渔鼓拜师仪式，王洪山有幸成为杨宝山老人的大徒弟。王洪山回忆起当时拜师仪式的现场，一切都历历在目：杨宝山老先生现场表演并教授唱段，将许多流传下来的简谱传授给王洪山；就在现场，王洪山学习了新近改编的《共产党恩如山》。就此，儿时的愿望终于成真，王洪山得以跟随师傅学习黄骅渔鼓的演唱。

万事开头难。王洪山每当闲暇都会去努力学艺，包括怎样击鼓、击鼓的节奏、持鼓的姿势，以及简单的把持的姿势。刚开始很不习惯，慢慢地掌握了一些要领：唱腔和鼓点儿的配合更加和谐，节奏把握更加准确，慢板能够拉开，快板则更为紧凑。

当时杨宝山老先生年过古稀，气力不足，场上也缺乏力量和底气，影响了渔鼓本有的抑扬顿挫的调子。王洪山就认真地一个个给师傅录像，再与之前的视频进行对比，不断地讲教和揣摩后，已基本掌握黄骅渔鼓的演唱。

黄骅渔鼓的演唱和道白多采用黄骅地区的方言俚语，具有极浓厚的乡土气息。演奏时，鼓、板与演唱配合协调，长调与短调共存，快板和慢板同在；配合渔鼓、简板，使唱腔抑扬顿挫，活泼俏丽。同时，采用单唱形式，或站或坐，简便易行。在向师傅学习的基础上，他又结合自身所长，对黄骅渔鼓进行了进一步的创新，形成了自己的特色。王洪山的演唱对每个乐句尾声颤音处理较师傅杨宝山都有所突破，演唱时节奏把握较好，慢板能拉开，快板节奏紧凑，表达清晰、充分，韵律增强，风韵独特。演唱时的音色较为纯正，音调上滑下滑运用自如。

在黄骅市文化馆的牵头下，于 2008 年创作的《渤海·女人·鼓》将渔鼓引入到舞蹈中。在舞蹈演员们的倾情演绎与传承人的大胆创新下，该节目在地区文艺会演中广受好评，并荣获 2008 年河北省第九届燕赵群星奖舞蹈类老年组二等奖，黄骅渔鼓得以再次焕发生机。

四、衣钵相传，赓续文化薪火

传承黄骅渔鼓，就是保护中华民族优秀文化遗产。非遗传承，人是核心。黄骅渔鼓通过一代代传承人口口相传，至今已经四代。

（一）传承谱系

黄骅渔鼓传承人基本情况表

	代别	姓名	性别	出生时间	文化程度	传承方式	学艺时间	居住地址
传承谱系	第一代	杨文炳	男	1863	不详	师徒传承	不详	冯家堡
		王起龙	男	1865	不详	师徒传承	不详	冯家堡
		王起彬	男	1866	不详	师徒传承	不详	冯家堡
	第二代	杨风林	男	1865	不详	师徒传承	不详	冯家堡
		杨风玉	男	1872	不详	师徒传承	不详	冯家堡
		赵玉堂	男	1884	不详	师徒传承	不详	冯家堡
		王恩贵	男	1886	不详	师徒传承	不详	冯家堡
		杨玉海	男	1892	不详	家族传承	不详	冯家堡
	第三代	杨宗荣	男	1908	私塾	师徒传承	不详	冯家堡
		杨宝山	男	1933	小学	家族传承	不详	冯家堡
		时金楼	男	1934	不详	师徒传承	不详	冯家堡
		时金行	男	1937	不详	师徒传承	不详	冯家堡
		刘沫芳	男	1941	不详	师徒传承	不详	冯家堡
	第四代	王洪山	男	1967.7	高中	师徒传承	2006.7	冯家堡
		何文洪	男	1969.4	大学	师徒传承	2006.7	贾家堡
		尹汝来	男	1972.7	高中	师徒传承	2006.7	黄骅市
		赵小溪	女	1979.10	大学	师徒传承	2006.7	黄骅市

（二）开展"抢救式记录"工作

杨宝山去世后，已经没有人可以系统性地演唱渔鼓了。"会唱的老人都在 70 岁以上，我觉着这个很紧迫，必须在这几年之内把这个资料全都挖掘出来。"之后，王洪山开始有意识地收集资料，打听谁还能唱，"哪个老人会哼哼几句"，把他们不系统的几句唱词搜集起来，资料形式包括笔记、录音和录像等等。虽然艰难，但这份工作现在仍在继续。王洪山总说："要完完整整地把渔鼓传承下去，不能断在咱们这代！"

"黄骅渔鼓既然发祥于咱们村，我们肯定不能让它丢失了，这是老祖宗留下来的东西。"责任使他更加认真对待渔鼓的传承。黄骅渔鼓面临没落，在很大程度上是因为脱离了社会的发展，所以为了让更多的年轻人了解、接受并且学习黄骅渔鼓，王洪山表示，他正在积极寻找懂得音乐的年轻人，试图将黄骅渔鼓与现代音乐相结合，在继承的基础上发扬改进。王洪山认为，老的东西不能丢，要严格传承，新的东西也要有，得发展创新。

（三）非遗进校园

非遗进校园为优秀传统文化的传承多了一个重要通道，为学生们感受中华优秀传统文化、感知非遗魅力打开了一扇窗。王洪山也不忘抓住这个潮流。他因地制宜，多次进入本地学校为学生和老师讲渔鼓、打渔鼓，孩子们从一开始的新鲜到渐渐熟悉，渔鼓也不再是只存在于爷爷奶奶口中的以前的东西。渔鼓进校园，在校园传承中播撒文化自信，让孩子们从小在非遗项目营造的传统文化氛围中成长，拉近与故乡的心理距离，让传统文化在孩子们的心里扎根发芽。青年是祖国的未来与希望，是非遗传承崭新的力量。黄骅渔鼓通过新生代力量一步步走向社会，走进公众视野，通过传承与创新，迸发勃勃生机。

五、困难与突破，传承举步维艰

2012 年春，师傅突然病逝，对师傅的追念与对传统艺术的传承之感交杂心间，于是，王洪山加班加点反复听师傅生前留下的光盘录音，细细揣摩领会，几乎将所有的业余时间都投入学习黄骅渔鼓之中，随时随地哼唱着，并且多次请文化馆的音乐老师点评。终于，王洪山能独立演唱曲子了。他说以后工作再忙也不能忘了黄骅渔鼓，老师的恩情他永远铭记，渔鼓的传承他勇担重任，一定要好好地传承发扬下去。

尽管在黄骅市文化馆的支持和王洪山等人的努力之下，黄骅渔鼓在新时代得到了一定程度上的传承，但据我们了解，到目前黄骅渔鼓的传承依旧面临着重大考验：

1. 许多古老的简谱失传，例如《南游》《北游》《东游》《西游》这四游的具体内容都已经难以复原，只能大概了解到传唱是何内容。所以为了传承这一门艺术，王洪山大量走访当年的传唱黄骅渔鼓的老师傅，向他们请教学习，整理相关简谱资料，录制、保存珍贵的音频资料，制作乐器，等等。

2. 现代年轻人对黄骅渔鼓的学习热情不高，愿意在学习黄骅渔鼓上花费时间与精力的年轻传承人更是难以寻找。因黄骅渔鼓产生于物质极度贫乏、人们食不果腹的贫困年代，反映的是渔民们艰难的生活以及在那种艰苦的环境里面所需求和渴望的精神，所以整体及各种曲目的调子都是比较悲切的，不符合物质富足时代年轻人的审美。

3.虽然当地的文化馆采取了相当多的措施来传承黄骅渔鼓这一古老的艺术形式，但依旧缺乏资金场所等物质基础的支持，王洪山自身经济并不宽裕加之演唱传承黄骅渔鼓无甚收益，不得不为自身生计妥协。

虽然困难重重，但王洪山表示，对于黄骅渔鼓的传承抱有极大热情与希冀，他也正在努力克服以上种种艰难，寻找合适的传承人将这门具有文化内涵的曲艺形式长久传承下去。

【知识链接】黄骅渔鼓

黄骅渔鼓，是一种河北省的传统说唱艺术，属于板腔体曲艺形式，形成时间不晚于同治年间（1862—1874），距今已有100多年的历史。2006年，黄骅渔鼓入选河北省第一批省级非物质文化遗产名录。

黄骅渔鼓起源于清乾隆晚期，是一个极具浓郁乡土气息的独特曲种，为全国26个曲种之一。黄骅渔鼓基调悲凉，韵律沉郁，听者皆为之动容。其说唱形式以群体坐唱为主，音乐节奏节拍变化十分灵活，黄骅渔鼓标准的传统说唱通常使用渔鼓和简板作为伴奏乐器。新中国成立后，在对该曲种进行的多次改革创新中加入了大提琴、扬琴、二胡、笛子、笙乃至木鱼、小钹等多种伴奏乐器，渔鼓迎来新风貌。

目前，由于种种客观因素的影响，能完整演唱黄骅渔鼓词曲的演员，特别是年轻演员所剩无几，黄骅渔鼓传承情况危急，几乎是"濒临消亡"。虽然当地的文化馆做了大量抢救性的工作，也取得了一些重要的成果，但出于缺乏资金、场所等物质基础的支持，加之不符合年轻人审美，黄骅渔鼓这一古老的艺术形式的传承之路仍然有些艰难和漫长，我们强烈呼吁有关部门和社会对黄骅渔鼓传承工作予以重视和大力支持，期待黄骅渔鼓传承工作的春天，使这支古老的非遗文化的奇葩重放光彩。

讲演历史故事　传承中华文脉

——山海关书馆文化传承人马维玲访谈

山海关书馆文化是以山海关历史文化、故事传说为基础,集相声、评书、数来宝等多种表演艺术形式为一体的曲艺文化形式。山海关作为自古以来沟通关内外的战争要冲、中原与边疆少数民族往来的商贸重镇,其文化、历史底蕴深厚,书馆文化十分发达。早在明清之际,山海关及周围地区就有数十家茶馆,每间茶馆都有说书先生,书馆文化源远流长。2020 年,山海关书馆文化被认定为山海关区区级非物质文化遗产代表性项目。

作为第二代传承人的马维玲,时刻牢记恩师的教诲,积极带领并组织团队贡献精彩演出,并经常思索如何让更多人感受到山海关书馆文化传统艺术的魅力。为了解传承人的个人经历,探究山海关书馆文化入选非物质文化遗产代表性名录的原因,笔者带着钦佩之情,对马维玲女士进行访谈。本文依托其提供的资料,对该技艺的历史和现状进行了梳理,同时也表达了对这门传统技艺的期待与展望。

一、守护山海关的初心与匠心

"山海关书馆艺术已经取得了一定的成果,但我们仍在想办法继续让这门艺术发扬光大,让更多的人了解书馆艺术。"在采访中,笔者随时能够感受到马维玲对书馆艺术的热忱以及对传承传统文化的热情和责任。

马维玲,女,回族,1968 年出生,中共党员。作为山海关书馆文化的第二代传承人，她对说书、讲故事有很深的领悟力，曾先后在河北省第一届和第三届新故事大奖赛中取得佳绩，为国家级导游员，曾先后接待过多位党和国家领导人。在山海关浓厚的历史文化氛围中，她深切

地感受到山海关独特的地方文化特色和魅力，于1986年跟随山海关第一任文化馆馆长常毅老师学习表演，成为山海关书馆文化的第二代传承人。她不仅对说书等表演艺术有很深的造诣，同时也有一颗传承并发扬书馆文化的初心。

　　她多次主动带领相关人士整理、搜集遗存在山海关民间的曲艺形式，对濒临失传的曲种进行拯救性的保护、开发、推广。这项工作并不容易，说书艺人并没有统一的组织，要找到他们并不容易，需要多方打听、联系，并亲自去地方走访每一位民间艺人。个别戏种因为无人传承或者缺乏合适的形式宣传等原因，面临消失的风险，需要将艺人口述的故事、表演方式一点一滴地记录下来。她还组织演艺人员挖掘已失传多年的地方戏种，如大口落子、牛扇子骨数来宝、唱秧歌、小核桃喇叭等。另外，山海关地方流传的很多故事、传说通过口耳相传的方式在民间流传，并无现成的出版文献，这些从民间搜集来的田野材料需要及时整理成文字，搜集完之后，还需要将这些原始材料以人民喜闻乐见的艺术形式呈现出来，并且不同的文本采用的表演方式也不同，她带领子弟们编排了一些适合游客需求且具有地方韵味的民俗演出，有鼓书、数来宝、大口落子等。这些工作的背后处处体现着一位民间艺术家的匠心和初心。

2013 年山海关说书馆正式成立，这也是众多书馆文化工作者和爱好者们共同努力的结晶和成果。有了合适的场地、优秀的曲目之后，宣传更是艺术传承的重要方式，截至目前，书馆先后接待了中国曲艺家协会副会长崔凯，相声大师李伯祥，著名相声表演家李立山，河北省曲艺家协会主席崔砚君（冯巩御用编剧），河北省曲艺家协会副主席陈小平，著名相声创作家赵小林，著名小品演员刘晓梅，著名中音表演艺术家宋夫来，著名评书艺人王玥波，著名相声演员王声、苗阜等前来指导，此种形式的表演，也得到了他们的一致认可。说书表演艺术家们与同行前辈的切磋不仅增强了自身的表演技艺，同时让山海关说书文化从秦皇岛走向全国，走向全世界。这种艺术形式受到全国各地以及美国、德国、法国、瑞士、英国、意大利、埃及、巴西、希腊、马来西亚、韩国、日本等众多国外游客的好评。大口落子、数来宝等表演参与了美国地理频道的拍摄。

二、得天独厚的文化优势

山海关历史悠久，在遥远的新石器时期，就已经有人类祖先生存的痕迹。这里北靠燕山，南临渤海，地理位置非常险要，易守难攻，自隋唐以来就颇受重视。早在隋朝开皇年间，隋文帝杨坚下令筑造渝关关城。唐代贞观年间，为了抵御北方高句丽的搅扰，唐太宗亲征高句丽，随后自临渝返回关内。五代时期，渝关为契丹夺取，然而宋人对此关隘的重

要程度有深刻认知，《资治通鉴》中提道："初，幽州北七百里有渝关，下有渝水，通海。自关东北循海有道，道狭处才数尺，旁皆乱山，高峻不可越。"宋宣和年间，渝关被女真所得。明洪武年间，朝廷在古渝关东修筑了山海关，因其北倚燕山，南连渤海，故得名山海关。

山海关是北京北面重要的门户，且两地之间的地形以一马平川的平原为主，所以该地关系着明王朝京师安全，地位进一步上升，有"天下第一关"的美称。"第一"是指它处于万里长城的东端，表明它扼守华北平原的地缘政治特征。山海关凭借便捷的交通优势和地理位置，成为战争枢纽。作为中原帝国抵抗北方游牧民族的核心据点，在此发生过很多可歌可泣的保卫战争。明朝后期袁崇焕奉命镇守山海关，多次击败后金军的进犯。清朝时期，它又是清代皇帝去关外祭祀的必经之路。同时它处于中原农耕文明与东北游牧文化的枢纽，明清时期中原同少数民族商贸往来频繁。山海关也是文人雅士登楼览胜的场所，在此亦流传着很多文人墨客的作品和轶事。

山海关作为沟通关内外的重要通道，在这里汉族、回族、满族等20多个民族杂居，造就了多元文化的大融合。在这里，每一块石头，每一座城墙，都蕴含着沉甸甸的历史底蕴。因此，2001年8月10日，经国务院正式批准，山海关成为中国第100座历史文化名城。明清时，山海关南门外不远处就有说书胡同，附近的街巷里有很多茶馆，每间茶馆都有说书先生，这一带也被称为"说书一条街"。山海关说书内容是建立在山海关深厚的驿站文化、闯关文化、商贾文化、饮食文化基础上的，具有得天独厚的文化、历史优势。

三、书馆文化独具匠心

在山海关，一些老人至今仍能回忆起，当年福寿茶园里的评书先生醒木清脆一响，人们去听评书的壮观场景。著名评书表演艺术家袁阔成、田连元、单田芳等名家都曾在山海关表演过。在山海关一带流传的故事非常多，山海关曾一度被誉为"故事之乡"。穿行在古城的大街小巷，抚摸着古老的城墙，一股浓郁的怀古之情油然而生，人们不禁为古城墙的伟岸恢宏所震撼，为古城历史的悠远厚重所折服。山海关古城，山高海阔，景色秀美，人文景观更是比比

皆是，这里有说不尽的历史故事，有看不完的壮阔风景。

有很多山海关特色故事、评书曲艺段子在山海关一带流传。2008年，山海关说书馆（福寿茶园）得以恢复，其基本布局和设施得以改造提升，可以满足游客的需求。2009年山海关关源昌说唱团组建完毕，自此山海关各个散落的小团体得以整合。关源昌说唱团开始有针对性地选拔业务过硬的演员，整理和排练山海关特色节目。2010年，关源昌说唱团参与了首届山海关二月二龙头节的活动策划，组织演绎了《剃龙头》《传统叫卖》《再现传统提食盒特色小吃展示》等各色民俗表演，受到中外游客的一致好评。2011年，关源昌说唱团又应邀参加了秦皇岛市春节系列活动的展演活动，在乐购超市向本市市民演出三天6场次，演员阵容达50多人。同年，该团参加了山海关春节系列活动的表演，受到市区领导及广大游客的高度称赞，这些都是山海关说书文化的重要组成部分。

具体而言，这门艺术有如下特征：首先，地域特色鲜明。山海关书馆文化以流传在山海关一代的历史故事为依托，从事群众艺术工作的老同志将县志中所记载的发生在这一地区的故事进行加工整理，如2012年创编了《迎恩楼》故事、《君臣匾》情景剧等作品，均体现了浓厚的地方文化特色。其次，群众喜闻乐见的书馆文化形式。书馆文化这种表演形式在山海关几乎没有，2009年之后才在马维玲的积极倡导下逐渐建立并完善起来。

它包括评书、相声、数来宝、曲艺等多种形式。滑稽夸张的情态，诙谐幽默的语言，引人入胜的故事，古色古香的书馆摆设，让人能够身临其境地感受这种书馆文化的魅力。最后，展示内容丰富多样。在书馆文化的统摄之下，各种曲艺文化争奇斗艳，有将传统文化重新改良的民俗表演，还有题材广泛的小品，更有评书大家妙语连珠的历史评书。

总之，山海关书馆文化可以说是历史文化底蕴丰富，艺术形式异彩纷呈，对于弘扬和传承山海关特色地域文化、传承山海关历史文脉意义深远。

四、书馆文化的赓续与保护

近年来，随着时代发展，娱乐休闲方式也逐渐丰富，再加上外来文化的冲击，部分传统民俗艺术也有衰落的迹象。然而，有些传统艺术却通过搭载新的艺术形式和科技传播手段继续大放光彩。在访谈中马维玲也表达了对未来山海关书馆文化传播和发展的期待，并介绍了目前为传承此艺术所做的工作和未来计划。

第一，组建专业的团队。山海关书馆文化表演艺术离不开人，马维玲在演出之余也在联系更多的表演艺人来此地交流、指导，以此增强团队的专业素质。同时在已有的团队之中挖掘更具有表演潜质和对传统文化感兴趣的优秀人才。

第二，加强技艺创新。需要进一步结合山海关深厚的驿站文化、闯关文化、商贾文化、饮食文化，深度挖掘，并广泛搜集大量珍贵文献和民间遗存，继续创作真

正具有山海关特色的相声、评书等曲艺段子。同时也要在表演的过程中融入更多现代元素，探索更为多元化的表演方式。

第三，结合旅游产业。山海关地区是著名的旅游景点，这里素有"万里长城第一关"之称，有天下第一关、王家大院、古城、孟姜女庙、乐岛海洋公园、老龙头等一系列景点，每年慕名前往的游客众多，可以利用旅游优势扩大宣传力度，把山海关书馆文化发扬光大，为八方宾朋奉献一场文化盛宴，是马维玲近年来一直在着力推进的事情。

第四，丰富传播途径。互联网的发展日新月异，新技术的更新迭代让人目不暇接，5G、人工智能等技术逐渐成熟，短视频平台如抖音、快手等发展迅速，如何让山海关说书文化借助这些新的技术进一步发展也值得更多艺术家们思考。

"两京锁钥无双地，万里长城第一关。"登万里长城，看燕山峰峦如聚，东临碣石，观沧海波涛澎湃，雄伟壮丽的景观和灿烂多姿的山海关书馆文化是山海关的骄傲，这门艺术也必将在众多艺术家不断的努力下更加闪耀。

【知识链接】山海关书馆文化

山海关书馆文化是以山海关地域历史文化、故事传说为主要取材对象，集相声、评书、数来宝、唱秧歌等多种表演艺术形式为一体的曲艺文化形式。其历史可以追溯到明清之际的茶馆说书文化。现代以来，经文化馆馆长常毅及其弟子马维玲的整理和推广，将地方戏种大口落子、牛扇子骨数来宝、小核桃喇叭等也融合进来，成了极具地方韵味的民俗曲艺艺术。有《剃龙头》《传统叫卖》《再现传统提食盒特色小吃展示》等各色民俗表演，也有《迎恩楼》故事、《君臣匾》情景剧等作品。2020年，山海关书馆文化被认定为秦皇岛市山海关区非物质文化遗产代表性项目。

第六章　传统体育、游艺与杂技传承人口述史

太极文化绵延永续　太极拳法薪火相传
——姚式太极拳传承人张劲芳访谈

太极拳，作为我国世界级非物质文化遗产，历史悠久，文化底蕴深厚。它是以中国传统道家哲学思想中的太极、阴阳之辩证理念为核心，并结合阴阳五行变化、中医经络学、导引吐纳术等学问，集竞技对抗、强身健体、怡情养性等多种功能为一体的内外兼修、刚柔并济的中国传统拳术。

太极拳群众基础广泛，目前有传播范围较广的陈、杨、吴、武、孙等五大门派，还有很多传播范围较小的门派。各派传承有序，除共同遵守的太极拳基本理论外，还有自己独特的理论和招式。各派之间也相互借鉴，相互吸收、融合，呈现出百花齐放之势。由内家拳师姚馥春于民国初年创立的拳法"姚式太极拳"，即是中国众多太极拳种中非常具有特色和生命力的一支。其长、短拳兼备，攻防并重，素有"长拳不长，短拳不短"之称，并以其独特的招法、技法、心法著称于世。一百多年以来，姚氏太极拳一直在千年古县——遵化，绵延流传，并于2019年入选河北省第七批省级非物质文化遗产名录。

为了解传承人的个人经历，探究姚式太极拳入选省级非遗代表性名录的原因，笔者带着钦佩之情，同姚式太极拳第三代传人张劲芳老师进行了沟通和交谈。本文依托张劲芳提供的资料，对该技艺的历史和现状进行了梳理，同时也表达了笔者对这门传统技艺的期待与展望。

一、严冬松更劲，数九梅更芳

1976 年冬，张劲芳出生在河北遵化市苏家洼镇大刘庄村的一个武术世家。"严冬松更劲，数九梅更芳。迎春腊月生，取名叫劲芳。""劲芳"代表着父亲张利民对女儿殷切的期盼：如同松树般坚韧、梅花般清芳，能够闯出一片属于自己的天地。在习武家庭氛围的熏陶下，张劲芳对武术也产生了天然的兴趣，父亲严格的言传身教和她自己加倍的勤学苦练使她的武术技能不断提升，在青少年时期便宛如梅花般绽放，于各种比赛中取得佳绩。1991 年，在唐山市武术比赛中获得全能冠军；1993 年，在全国首届跆拳道比赛和全国第一届跆拳道锦标赛中获得第三名；1997 年，在山西省"三多杯"刀术竞赛中获得冠军。

张劲芳所生活的遵化市亦是姚式太极拳广为流传的地方。姚式太极拳由姚馥春所创，他是一位集太极、形意、八卦拳大成的著名武术家，创太极长拳，是遵化市第一代内家拳宗师。张劲芳对此亦具有浓厚的兴趣，并且拜姚式太极拳第二代传人孙德永、戴麟为师，常年研习姚馥春太极短拳、长拳、推手、形意拳及器械。

多年以来，张劲芳致力于武学钻研，精心研究武道，并取得了骄人的成绩。她毕业于北京体育大学武术系，并成为中国跆拳道协会考级官、国家一级裁判、唐山市武术协会副主席、唐山市散打研究会会长、唐山市武术进校园总教练、唐山姚式太极拳研究会常务副主席、遵化市武协主席、遵化市姚馥春内家拳法研究会会长，具有"唐山市十大武术

名家"的称号。2007年，在第二届香港国际武术大奖赛上，获得"长穗剑""陈式太极拳""猿鹰连环掌"三块金牌。同时致力于对姚式太极长拳的研习和钻研，在2017年的"盛世中国梦——2017香港回归祖国二十周年庆典演出大赛"中，她的团队获集体金奖，她自己获得"十佳武者"先进个人称号。

二、馥德忠孝义，培健继仁良

关于太极拳的最初起源可以上溯至南朝梁武帝时代，但"太极拳"这个名称则是晚清的称谓。根据《清史稿·卷五〇五·列传二九二·艺术四》记载："清中叶，河北有太极拳，云其法出自山西王宗岳……至清末，传习者颇众云。"这是较早的"太极拳"名称的记载。自古以来，传承太极拳的门派也异彩纷呈。作为众多门派中的一支，姚式太极拳亦独具特色。

姚式太极拳首创者姚馥春，是河北遵化东旧寨镇姚家峪村人。他自幼习武，13岁首拜徐明德为师习连环绵拳。民国元年（1912年）学太极拳、形意拳于汤士林先生，后往天津"武士会"拜津门张占魁、李存义两位大师学形意拳、八卦掌。太极拳得倪成玉、武氏太极传人郝为真先生指导，深得内家拳精髓，是一位集太极拳、形意拳、八卦掌大成的著名武术家。

姚式太极拳第一代传人以汪广生、汪广德为代表。汪广生一生酷爱武学，少年师承姚馥春先生学内家拳、太极拳。1938—1940年间，由于时局动荡、继母阻拦，汪广生遵守孝道，无缘投身革命。

但汪广生最痛恨侵华的日本人，其搭救
革命志士、反抗日本人的故事在遵化广
为流传。1974 年，汪广生曾带队参加
唐山市武术表演赛，在玉田赛场表演了
形意拳杂式捶、姚式太极拳，全场起立
为之喝彩。汪广生为姚式太极拳在家乡
的流传奠定了基础。

　　孙德永、戴麟、汪俊儒、陈保援等
人师承于汪广生，汪俊如、李术然等人
师承于汪广德，成为姚式太极拳的第二
代传人。其中，孙德永现任遵化市姚馥
春内家拳法研究会顾问，精通太极拳、
形意拳、八卦掌和器械，得师真传形意拳精蜇龙探爪和金鸡抖翎。时至今
日虽已 90 岁高龄，但仍坚持传拳授艺。戴麟，是随汪广生先生习武时间
最长的弟子，是当今姚馥春内家拳法研究会第二代传人中太极拳、形意拳、
八卦、拳械功套路内功学习最全者。

　　作为姚式太极拳第三代传人的张劲芳就是师从孙德永和戴麟两位先
生，同样为第三代传人的还有李晓明、崔恒、张海龙、闫宏伟、姚学武等。
张劲芳本出生在武术世家，痴迷武学，1995 年毕业于北京体育大学武术系，
1996 年开始随姚式太极拳第二代传人孙德永老师习练姚式太极拳及器械，
2009 年正式拜孙德永先生为师。后又承师命跟随师叔戴麟习练太极长拳，
精太极拳长拳、短拳及本门器械。2010 年，张劲芳组织成立了遵化市姚馥
春内家拳法研究会，专门收集、传承、挖掘、整理、传授姚式太极拳，为
姚式太极拳的发展作出了很大贡献。姚式太极拳的第四代传人王龙英、张
宏明、周然、刘成昊、贾宏明、杨静、王妥彤等都师承张劲芳。

　　姚式太极拳具有鲜明的理论和实践特色，姚馥春先生与姜容樵先生合
著了《太极拳讲义》，将形意、八卦、太极三种拳法之精髓融会贯通。姚

式太极拳分长拳和短拳。内部历来有"短拳不短，长拳不长"之说，短拳注重掌法技巧，长拳注重拳法运用。具体而言：第一，姚式太极拳具备国内流行的其他太极拳谱里所少见的 20 个字的为术之宝，即披、闪、擔、搓、欻、黏、随、拘、拿、扳、软、掤、搂、摧、掩、撮、坠、续、挤、摊，丰富了太极拳十三式的内容，突出了武技的要窍。第二，姚式太极拳是短拳，为高桩小架，以三七步为主，步法特殊，坚持三七三角摩擦步。进、退均为 X 形，进、退、顾、盼、定，处处弧形。第三，姚式太极长拳为遵化独有，其运动特点显著，虚实分明，主要步法以插步为主，五五值中，立身中正，融汇了太极、形意、八卦三种拳的精髓，内存十形，即龙、蛇、鹤、虎、马、鸡、鹰、熊、凤、猴，每一形都有各自的神韵和攻防内涵。第四，姚式太极拳传承了太极十三式和王宗岳太极长拳精髓，分为招法、技法和心法三部分。招法为套路动作。技法为套路中的动作拆招应用和实战推手技法。心法即为增补内力、养气长生之术，包含呼吸吐纳和内壮功法。第五，行拳功能有三："一为战，二为健，三为养。"正所谓慢练为己，快练敬彼，爽练击敌。练拳三要结合，随机应变。练拳要"形神合一，意气相随"，强调尊师重道，为人要德修仁义礼智信，武练身法精气神。姚式太极拳"谱系传承"可用十个字总结——"馥德忠孝义，培健继仁良。"

三、代代传道心，赓续太极音

张劲芳二十几年如一日，精心研究武道，热心培训学生，传播武道精神，以武技为根、理道为魂、育人为本。

1995 年张劲芳参加工作，任遵化市京东武馆总教练；2000 年，任清东陵武校副校长兼总教练；2000 年，随父在清东陵创建了文武兼修的学校——清东陵皇家武校，担任总教练。建校以来，武校学生参加各种比赛四十多次，获奖牌二百多枚。在所承办的唐山市第六届青少年运动会上，荣获跆拳道男女团体冠军、武术团体亚军。2002 年，唐山市体育局为清东陵皇家武校挂牌"唐山市跆拳道训练基地"。

2004 年，张劲芳创办飞龙武道道培训中心，并亲自担任校长至今，手把手教学生，传播太极武学。十几年来，为了更好地传播姚式太极拳这一技艺，她毫无保留地将自己所学通过收徒、办学、公益课堂、交流比赛等形式传给下一代。办学十多年来荣获省市奖牌 400 多枚，冠军 150 多个，培养学生 1 万多人。

随着网络、微信、微博、抖音、快手等新媒体以及新的传播方式的兴起，2014 年开始，张劲芳也重视通过新的科技手段和方式来推广姚式太极拳，并通过组织社会体育指导员培训班、公益课堂、交流比赛等活动传播推广姚式太极拳。其间，姚式太极拳进社区培训 3 000 多人，进机关培训 2 000 多人，进乡村培训 3 000 多人，进校园培训师资 100 多人。

自新冠疫情暴发以来，在遵化市委、市政府主要领导的大力支持下，张劲芳带领姚式太极拳研究会一班人开展了大规模的姚式太极拳进机关、进学校普及推广活动。短短半年时间，培训姚式太极拳学员 6 万余人，受到了社会各界的广泛好评，为增强人民体质、夺取新冠疫情防控的全面胜利作出了巨大的贡献。

张劲芳通过拜师、研习、传承、教学与推广，用 30 多年来的坚持和努力，充分理解了拳能修人、锻炼人、规矩人的说法。同时更深刻地理解了优秀传统文化的影响力，她今后工作中秉承"德修仁义礼智信，武练身法精气神"的宗旨，谨遵"馥德忠孝义，培健继仁良"的师训，无怨无悔地为非物质文化遗产的保护、传承、发展而奋斗终生，立志把姚式太极拳发扬光大。"习武之人，以武入道，躬身入局，直面挑战。"张劲芳以自己高超的武技和高尚的武德，正在为传播太极文化事业的大路上砥砺前行！

【知识链接】姚式太极拳

姚式太极拳由中国近代著名武术家、遵化内家拳宗师姚馥春先生所创，从民国年间开始在河北省遵化县内广为流传。作为太极拳的一支，姚式太极拳独具特色，其有长拳、短拳两套。素有"长拳不长，短拳不短"之说。短拳突出掌法技巧，分为三节，共 99 式。最为独特的是太极长拳，共四节 140 式，长拳者，如长江大河滔滔不绝也。太极长拳有气势、有节奏、有韵味、有灵气，因为太极长拳不仅如江河流水，气势磅礴，奔流不息，而且还含有龙、蛇、鹤、虎、马、鸡、鹰、熊、凤、猴极具灵性的 10 种禽兽象形，每一形都有各自的神韵和攻防内涵。肢体动作简朴精深，内涵丰富，如：披、拔、挟、缩、挣、蹬、拧、裹等身法。该拳运用无极变有极的阴阳转换原理，在训练中有招法、技法、心法之分，突出了内功心法的核心作用，适应了人身体的自然规律。练拳时强调上体轻灵中正，下盘沉实稳固，凝神聚气，祥和柔顺，打起拳来强调腰的主宰，环环相连、连绵不断。不分男女老幼均可学到身上，久练可以修身养性、增长智慧、强健身体。

让六合拳促进民族团结

——六合拳传承人石同鼎访谈

沧州武术（六合拳）为我国著名传统拳法之一，具备较高的文化历史与健身技击价值。六合拳起源于沧州泊头，传自泊头红星八里庄曹振朋。六合拳法分支繁盛，主要在沧州、北京等地流传。作为沧州八大拳种之一的六合拳，拳法基本功有桩、腰、腿、掌、气五功，技艺主张兼收并蓄、中正耿介、崇德向善、强体强国。

2006 年，泊头六合拳入选河北省第一批省级非物质文化遗产名录；2011 年，六合拳入选河北省第三批国家级非物质文化遗产名录。2007 年，作为六合拳第八代传人的石同鼎，被文化部命名为国家非物质文化遗产沧州武术（六合拳）代表性传承人。为了解传承的个人经历，探究六合拳入选省级非物质文化遗产代表性名录的原因，笔者带着钦佩之情，同石同鼎先生进行了沟通和交流。本文依托其提供的资料，对六合拳的历史和现状进行了梳理，同时也表达了笔者对这门传统武术的期待与展望。

一、从武术爱好者到六合拳传人

石同鼎，男，回族，1961 年出生于河北省泊头市，六合拳第八代传人，现任泊头市武术协会副主席、泊头市六合拳研究会会长、沧州市回族武术协会副主任，沧州市武术协会专家委员会委员、全国武术协会会员、世界搏击协会专家顾问，为泊头市人大代表、人大常委。1991 年在全国第四届

少数民族运动会上，他表演的六合传统练功法"耍石砘子"获二等奖。2002年，六合拳传承基地培养了大批优秀武术人才，多次在国内外武术比赛中摘金夺银。2010年10月，他率弟子参加第八届中国沧州国际武术节优秀拳种展演，获金牌14枚。同年，他创编六合拳进校园普及套路，携长子石增林在六合武馆对泊头市150余名体育教师进行了培训，使六合拳走进了泊头市的中小学校园。2014年11月，石同鼎被河北省委宣传部评为首批"燕赵文化之星"。2015年7月，他率弟子参加北京第五届国际武术交流大赛，获金牌20枚、银牌8枚，被大会组委会评为"优秀教练员"。2016年9月，他参加首届中国（安丘）非物质文化遗产武术项目展演大会，获六合春秋大刀金奖。同年10月，他率弟子参加第九届中国沧州国际武术节，获金牌7枚、银牌18枚，并获集体项目二等奖，他本人被大会组委会评为"武德风尚"教练员。2017年6月，他携弟子在中央电视台综艺频道演播厅录制了《六合神韵》节目。

石同鼎的父亲石光起是六合拳第七代传人。父亲石光起从1950年开始接过传承六合拳的重任，泊头清真寺一直是其传授习练拳法的主要场所。"文革"期间，石光起受到迫害入狱108天，出狱后，开始带着两个儿子在运河边习练六合拳。练功是需要勤奋加持的，石同鼎回忆说："那时我才6岁，每天都是天蒙蒙亮就跟着父亲去运河边，夏练三伏，冬练三九。"

经过数十年如一日的刻苦练习，石同鼎身受嫡传，深谙妙法，犹精六合劲力。除各门共有的武术基本功外，他还要练习六合拳还有一些根基功夫和特殊技艺，如功夫套路十三太保、五禽、仙天京、接抛沙袋、花样抓坛子等。六合拳法主要的手型有拳、掌、勾、明、暗等，主要拳法有劈、砸、冲等，主要腿法有弹、踢、蹬、勾、旋等。石同鼎坚持在继承中发扬光大六合拳法，不仅改良精进六合拳，还坚持传道授业。1985年，24岁的石同鼎有了新身份，从学员转变成了六合拳教练，所带弟子新秀辈出，至今已经培养出了马娜、徐海龙、李胜、李世文、石增林、吕洪志、王志刚和马强等20多个入室弟子，弟子们在海内外各种武术比赛中也都表现优异，获奖无数。石同鼎从父亲那里学来了精妙的传统武术，并在多年的勤修苦练、传道授业中不断提升，成为一名远近驰名的武术家和大家公认的优秀武术传承者。

二、从明朝至今：侠义精神代代流传

提起六合拳的历史，石同鼎如数家珍。据他介绍，六合拳在明万历末年传至泊头。据传，当时有一南方的侠士张明，四处游历，路过泊头清真八里庄（也就是当今红星八里庄）时，染上重病，奄奄一息，被一曹姓人家救活，遂将六合拳传授给了曹家儿子曹振朋，自此，六合拳就在沧州泊头生根发芽。后来，曹振朋将六合拳传给儿子曹寿，曹寿传给了泊镇的石金可等人。石金可在泊头清真寺开门授徒，前来拜师学艺的人非常多。六合拳先是在泊头回族群众中悄悄流传，后来又传到沧州，出现了如李冠铭、李凤岗、王正谊、佟忠义、李树亭、王子平等响当当的武林高手。

《沧州武术志》记载，六合拳传到河北泊头，至今已有400余年历史。曹振朋将六合拳传给其儿子曹寿之后，曹寿下传三个弟子：石金可、石长春、张茂龙。从第四代传人石金可一直到目前的第十代传人，六合拳在泊头当地的传承基本是以石家家族传承的方式流传的，一直到第八代传人石同鼎开始有了改变。在2007年6月，石同鼎被文化部命名为国家非物质文化遗产沧州武术（六合拳）代表性传承人之后，六合拳在海内外的影响力大大提升。石同鼎颇为骄傲地说："历史上六合拳的传人里面英雄辈出，据说，四世传人石金可用两个手指捻碎半擦铜钱；五世传人石金省能轻松举起大石磨，人称'黑旋风神力千斤王'；还有跟燕子李三、霍元甲、黄飞鸿等著名武师齐名的英雄'大刀王五'王正谊；创建'镖不喊沧'威名的李冠铭等。"侠义精神是六合拳的内涵，六合门极重武德，传承不分贵贱，在传授弟子方面，石同鼎也介绍说，六合拳门规有"十传十不传"，用以规诫门人弟子，如德艺兼备者可传、敬长孝悌者可传、不孝父母者不传、争强好斗者不传等。石同鼎牢记六合门规，开门授徒先了解品行，再传其要义。六合拳这门武术拳法能得到继承传扬，离不开一代又一代的传人秉承侠义精神，在艰苦年代勤修苦练，行侠仗义，使其美名远扬。

三、从修身立命到强身健体

泊头市位于河北省东南部，现隶属于河北省沧州市，北依京津，东临渤海，南与山东德州相邻，京杭大运河穿过市中心。沧州武术起源于隋唐，盛于明清。千百年来，沧州武林精英荟萃，豪侠云集，形成浓厚的习武、尚武民风，六合拳更是传统武术技艺的典型。

石同鼎介绍说，过去人们习练六合拳是为了求生存。比如《武术汇宗》记载："实则沧州一带，最出镖师，高人尽多也。"各地镖局为表示对沧州武界的尊重，"镖不喊沧"，成为南北镖行同遵之常规。但是现在，人们习练六合拳更多是为了强身健体，增强体质。

简单的一招一式却蕴藏着非凡的智慧。石同鼎介绍，传统六合拳以六合

为理论基础和技术核心。六合拳谱云："四方上下曰宇，往古来今曰宙，东西南北上下为六合。"拳法之基本理论，讲阴阳起落动静协调配合、心与意合、意与气合、气与力合、手与足合、肘与膝合、肩与胯合，这六合倘若运用自如，劲力便可发于脚、撑于腿、冲于胯、拧于腰、送于肩、开于手，称为六合劲。演练之时，心意为先，形化随意，势式相随，刚柔相济。技击实战时讲究后发制人，见招化招、以招破招、借力发力、以柔克刚、以快打慢、随机应变，使之化打结合、攻中有防、防中有攻，其招法灵活多变，攻防协调配合。

石同鼎经过多年的练习与教学，对于六合拳学习过程有很深的心得体会。他认为："六合拳的学习过程类似学校学习，也应该是根据年龄阶段和学习内容，分为小学、中学、大学和研究生阶段。"石同鼎非常强调基本功训练，指导学员们举砘子、抓坛子，基本功练扎实了，才教套路。传统武术练习不仅要练习套路还要练习功法，否则就会像他常说的一句老话："练拳不练功，到老一场空。"

可以说，六合拳是一门值得坚持深入习练的武术课程，将强身健体、磨炼意志和陶冶情操融为一体，妙趣横生。

四、从家传到打破民族界限

提到六合拳的发扬，石同鼎印象最深的就是父亲临终前对他的殷殷嘱托。从第四代传人石金可开始，六合拳主要在泊头回族传播，习练场所主要是泊头清真寺。受限于民族习俗，汉族同胞少有习练的机会，六合拳的传承范围极为受限，所以父亲希望石同鼎能够打破民族界限，促进民族融合。此外，作为传统武术技艺，六合拳的传承需要自幼习练扎实的基本功。石同鼎有些担忧地说："2010年以来，随着家长们对孩子学业的重视，课外补习的兴起，能专心学习六合拳的学员越来越少，学员的练习时长也严重缩水，传承无人成了六合拳面临的最大问题。"为此，六合拳第八代传人石同鼎做了很多扎实而有效的推进工作。

（一）建立六合武馆

2001年4月25日，石同鼎的父亲突发疾病去世，临终前嘱咐他，一定要在清真寺外面找一处练武的场地，六合拳要打破民族界限，才能发扬光大。石同鼎谨遵父亲教诲，倾尽所有创建了六合武馆。2002年9月6日，六合武馆正式开馆招生了。六合武馆的建立对于六合拳传承意义重大，背靠京杭大运河，面对国家重点保护文物单位泊头清真寺，地理位置优越。据石同鼎介绍，目前六合武馆招收的学生中2/3是汉族学员，1/3是回族学员，这也使得六合拳成了民族团结的纽带桥梁。

（二）成立泊头六合拳研究会

为了促进六合拳进一步发扬光大，2009年，石同鼎成立了泊头六合拳研究会。同年，石同鼎在广东珠海设立六合拳培训基地，向珠三角一带人群传扬六合拳。2019年，石同鼎在山东安丘设立了六合拳传承基地，并在老拳谱的基础上，整理编写了"六合拳系列丛书"，使得六合拳成为一门更加适合现代人练习的正规的拳法。

（三）积极参与国内外各种武术表演与比赛活动

石同鼎带领弟子们常年参与国内外各种武术表演和比赛，并不断取得佳绩，进一步扩大六合拳的知名度。石同鼎本人1982—1994年多次参加河北省少数民族传统体育运动会武术比赛，四次获得一等奖；1991年，在全国第四届少数民族运动会上，他表演的六合传统练功法"耍石礅子"获二等奖；2010年，在沧州市第八届国际武术节中，获得优秀传统拳种展演奖；2016年10月，在首届中国非物质文化遗产项目展演大会上，石同鼎带领六合武馆5名队员取得5枚金牌、2枚银牌的好成绩等。其弟子也是人才辈出：学生马娜，在1990—1993年连续四年获河北省武术比赛女子丙组、乙组、甲组金牌；1991年，获全国少数民族传统武术比赛器械第一名，拳术第三名；1993 年在全国首届武术之乡"中容杯"武术比赛中，获女子棍术第一名。学生徐海龙获 1991—1993 年河北省武术比赛男子丙组、乙组全部金牌；1992 年获全国少年"武士杯"武术比赛中，获剑术、枪术金牌。学生李胜在 2000 年河北省十运会武术比赛剑术、枪术金牌。2004 年在葫芦岛举行的全国传统武术交流大赛上，学生石增林等 6 名队员分获拳术、器械项目的 11 项二等奖。

（四）助力六合拳进校园

2010 年，在当地政府的支持下，石同鼎在六合武馆对泊头全市 150 余名体育教师进行培训，使六合拳在泊头市中小学普及推广，每年都有数万名学生参加学习。为了让孩子们更便捷地学习六合拳，石同鼎在六合拳原套路中精选整理了 36 个动作，制订了培训计划，录制了光盘教材，发放给各学校，并和儿子石增林定期到各学校进行指导。

悠悠运河旁，淡淡鸭梨香。泊头市是著名的"鸭梨之乡"，幅员辽阔，土地肥沃，泊头人世代成长在运河边，享受着运河漕运兴起带来的便利，形成了独特的六合拳武术技艺，这既是祖辈流传下来的精神财富，亦是全人类共同的精神遗产，正如石同鼎先生本人所相信的："六合拳的传承情况还是非常积极乐观的。"

【知识链接】沧州武术（六合拳）

泊头市位于渤海之滨、武术之乡沧州南部。泊头六合拳，自明朝万历末年一侠士张明授艺于泊头红星八里庄曹振朋，至今已有 400 余年历史，继拳武术大师曹振朋之后，传承至今已历九代。一度出现了"大刀王五"王正谊、"佟忠义"等武术名家。

该拳法基本功有桩、腰、腿、掌、气五功。拳套有前四趟、后四趟、回龙拳、行门八式梅花拳、五花炮、八折拳、关东拳、关西拳、十八趟截打拳、旋风掌拳，还有由大洪、小洪、太祖、关西、弹腿、拳之精华组成的六家式拳和手法变化多、技击含意深的形拳。器械套有大枪、花枪、十二连环枪、梅花枪、一百单八枪、春秋大刀、五路大刀、六合单刀、八步连环刀、凤目连环刀、如意连环刀、十二连环刀、金臂刀、六合剑、八仙剑、行者棒、六合双刀、六合双剑、六合双锤、六合月牙钺。对练套路有六合拳双练、六合拳对劈刀、双刀进枪、单刀进枪、单刀对双枪、三节棍对双枪、大刀进枪、手捎子对枪、棍术对打、双手带进枪、双手带对双枪等。

八极拳法称绝技　武林精神震天宇

——孟村八极拳传承人吴大伟访谈

八极拳，又称开门八极拳，是中国武术中的一种拳法。该拳法的"八极"一词原为古地理概念，源于汉《淮南子·墬形训》中"天地之间，九州八极"。如今的"八极"一词用于武术，取意为"发劲可达四面八方极远之地"。八极拳在中国传统武术界素有"文有太极安天下，武有八极定乾坤"之说。八极拳初创地为河北省孟村回族自治县孟村镇，发展至今已有 300 年的历史。据传八极拳由癞性道士传艺给沧州市孟村人吴忠，吴忠传其女吴荣，吴荣融合长拳招式，进一步提炼完善八极拳，后开门授艺，迄今已传承十四代，传人遍布全国，远播至日本、韩国、新加坡等国家，习练人数逾 10 万以上。

1988 年，八极拳被国家体育总局武术运动管理中心审定为中国传统武术十大优秀拳种之一，是中华武术的璀璨明珠。2007 年，孟村八极拳入选河北省第二批省级非物质文化遗产名录；2008 年，其入选河北省第二批国家级非物质文化遗产名录。目前，吴大伟之父吴连枝先生为该项目的第三批国家级非物质文化遗产代表性传承人，吴大伟为该项目的第六批国家级非物质文化遗产代表性传承人。为了解孟村八极拳项目的传承情况，笔者同吴大伟先生进行了深入的沟通和交流。本文依托其提供的资料，对孟村八极拳的历史和传承现状进行了梳理。

一、坚守：从枯燥到热爱

吴大伟，回族，出生于 1971 年 11 月 20 日，八极拳八世嫡传，武术六段，现为孟村县开门八极拳研究会总教练、孟村县开门八极拳研究会任副会长兼秘书长、河北省高级裁判、中央电视台《武林大会》专家评委、省级非物质文化遗产"沧州武术·孟村八极拳"传承人、孟村县政协委员、第十届沧州市政协常务委员、河北省人大代表、沧州市武协副主席、河北省武协副主席。

提及自己难忘的人生经历，吴大伟毫不犹豫地表示："自己最难忘、最珍贵的人生经历就是学艺和八极拳的发展。"吴大伟自幼便跟随父亲学习八极拳，潜心研究八极拳的拳理。但是生于武术世家的他，并不是从一开始就对这门艺术充满热爱之情的。由于家庭环境的特殊性，吴大伟从小就在练武的氛围下成长。回忆起年少学艺的经历时他说道："我家里比较特殊，好像来我们家了就都是在谈论武术，从我记事起就开始练武。刚开始是觉得这些东西比较枯燥，比如说一个招式可能是成千上万次不断地在练，所以也有过厌烦的时候，不过这种氛围还是在推着我往前走，从未想过放弃。"就是这样一步一个脚印，拳不离手，吴大伟逐渐爱上了八极拳，全身心地投入到了八极拳的事业中。

从青年时期起，吴大伟曾多次随父出国讲学，深悟八极拳理，多次在全国八极拳邀请赛获优异成绩，是当今孟村八极拳门八世传人中的佼佼者。1989 年，吴大伟开始收徒，先后培养国内外八极拳人才逾千人。其中，为北京体育大学、上海体育学院、天津体育学院、河北体育学院、西安体育学院、吉林体育学院、河北省体工大队等十几家院校和单位输送学员 30 余人，其学生在国内外大型武术比赛中取得优异成绩。弟子王赫获 2009 年中央电视台"武林大会"八极拳擂台赛总擂主；弟子吴生辉获 2010 年中国沧州"八极拳神州擂"60 公斤级擂主；2012 年中央电视台武林大会走进兴化，开门八极对战陈氏太极获团体总冠军；2012 年中央电视台"中英对抗赛"，开门八极获团体总冠军。无数闪耀的成绩和荣誉印证了吴大伟当初的选择和坚持是正确的。从枯燥到热爱，影响的不只是吴大伟本人的事业轨迹，更是影响了对八极拳的传承与保护。

二、发扬：拳理魅力　宣传家乡

吴大伟获得自身成就的同时，不忘以传承八极拳文化为己任。他坚持记录、收集、整理八极拳相关资料，使其得以传承，组织八极拳赛事、建立培训中心以提升家乡武术的知名度，创建《吴连枝八极网》，以数字媒体的方式传播八级文化，等等。

吴大伟自 1995 年至今，挖掘整理了大部分早期珍贵的视频资料，并重新整理、刻录；多次走访民间，录制大量民间视频资料，并予以整理与保存；先后撰写八极拳论文 30 多篇，其中，2007 年在国家级武术杂志《中华武术》上连载的《八极跃沧海》一文，颇具影响；自 1993 年至今，协助父亲吴连枝先生在国内外出版 DVD 教学光盘 40 余部，著作 5 部；2007 年起历时四年，组织国内外八极拳弟子第四次重修《吴氏开门八极拳秘诀传承大谱》，为孟

村八极拳这一非物质文化遗产留下了宝贵的文字资料。

从 2006 年起，吴大伟曾连续四年组织策划中央电视台"武林大会"八极拳擂台争霸赛及"中英对抗赛"，在央视体育频道创下收视率新高，大大提升了孟村八极拳这一非物质文化遗产在国内外的影响力，并被武林大会栏目组聘为专家评委。为了更好地继承、充实、完善和光大孟村八极拳这一优秀传统文化，吴大伟于 2006 年自筹资金 300 余万元，积极组织和筹建"孟村八极拳国际培训中心"。该中心拓展思路，2020 年还建成了一座占地约 36 亩，集展演、训练、传播、推广为一体的展演中心。根据专业化要求，展演厅分为比赛演出、训练展演、文化产业园和碑林四个区域，观演区可容纳 2 000 人同时观看演出。中心对孟村八极拳文化的传播与弘扬起到了不可忽视的重要作用，2012 年被河北省文化厅评为"首批非物质文化遗产传承示范基地"，2018 年被评为"河北省十大研学基地"。

为了顺应新时代的数字化媒体发展需求，吴大伟还组织创建了吴连枝八极网。网站将八极拳的拳法理论、历史渊源和知名人物等一一陈列，成了八极拳文化展示和输出的重要媒介。与此同时，八极网的一个重要作用就是招募有志之士，为传承八极拳文化提供源源不断的人才支撑。孟村八极拳国际培训中心和吴连枝八极网成了沟通八极拳爱好者感情的连心桥，展示八极英才的陈列室，探讨八极拳文化、交流习武心得的百花园。吴大伟以传播八极拳文化为己任，提升家乡武术知名度，促进良性交流，挖掘武术人才，为八极拳的传承作出了重要贡献。

三、传承：八极拳文化 名扬世界

为提升八极拳的国际知名度，向全世界传播中华传统文化，吴大伟自 1992 年起，先后数十次远赴日本、韩国、法国、意大利、比利时、荷兰、德国等十几个国家讲学，为八极拳文化传播起到了积极的推动作用。在国外讲学期间，吴大伟受到国外媒体广泛关注，并在法国成立"八极拳联盟"。

每年在欧洲不同国家定期组织举办八极拳欧洲会议，全欧洲的八极拳爱好者集中在一起共同研究、切磋八极拳技艺，使孟村八极拳在欧洲声名鹊起。提到外国的武馆，吴大伟介绍道："每一个馆相当于都是武术馆，它都有个负责人，负责人也都是我们的弟子出去的，有中国人，也有外国人，基本上都属于正式的弟子，曾经在我们孟村八极拳拜过师学过艺。"孟村八极拳在国内外的影响力可见一斑。

2013 年 11 月 1 日，吴大伟自筹资金在新落成的孟村群众健身馆成功举办了"八极拳国际武术展演交流大会暨八极拳对泰拳擂台挑战赛"。来自北京、天津、上海、广东、江苏、吉林、山东、辽宁、云南等地 51 个代表队的 700 多名八极拳选手，参加了这次盛况空前的展演交流大会。日本、韩国、比利时、法国、英国、意大利、阿尔及利亚等 12 个国家的八极拳爱好者，参加了这次展演交流大会。中央电视台国际频道、河北电视台、河北电视台杂技频道、沧州电视台、孟村电视台等多家新闻媒体，采访和录播了这次大会盛况。大会共分套路展演和挑战赛两个部分，各地选手都发挥出了较高水平。擂台挑战赛于当晚 8 点举行，参加双方分别是"孟村八极拳国际培训中心代表队"和"泰国职业拳手代表队"。双方各派出了 5 名运动员参加。经过激烈苦战，"孟村八极拳国际培训中心"代表队四比一获胜。"八极拳国际武术展演交流大会暨八极拳对泰拳擂台挑战赛"的成功举办，不仅提供了中外互动的平台，还向世界展示了中国传统武术文化的魅力，提升了沧州武术的影响力。

2023 年 2 月 28 日，"沧州市与中东欧国家武术交流大会"在河北省沧州市孟村八极拳展演馆举行，20 支国内武术队和来自中东欧国家的 20

个武术团体云端过招，以武会友，共襄武学。八极拳的展演也再次吸引了世界的目光。

近年来，孟村八极拳在吴大伟的带领下坚持"迎进来"与"走出去"。自 1985 年研究会成立至今，累计接待外国来华习武者 16 000 余人（次）；举办的"八极神州擂"，被评为河北省十大精品赛事之一。吴大伟同父亲每年都会应邀赴国外讲学授课、传播技艺。如今，148 家八极拳传习机构遍布以西方发达国家为主的 28 个国家和地区，让孟村的国际知晓度逐年提高。孟村八极拳无可争辩地成为河北武术文化走向全国、迈向世界的一张亮丽名片。可喜的是，吴大伟的儿子吴昊（八极拳九代传人）也于 2022 年获批孟村八极拳省级非物质文化遗产代表性传承人，孟村八极拳的传承后继有人。

八极拳从产生、发展到今天，已有 300 余年历史，已成为集力学、医学、生理学、哲学于一体，兼蓄儒、道、释和伊斯兰文化的多门类文化学科。它形象地演化了人在自然界那种抗争求生存、百折不挠、勇往直前的乐观主义精神。八极拳的价值，主要体现在增强国民体质和培养民族自信心。概括地讲，就是通过八极拳的训练造就民族精英，使更多的习练者具有"强壮的体魄、良好的技能、无畏的精神和优秀的品质"。八极拳具有较好的自然属性和社会属性，它不仅具有良好的强身、健身和防身功能，而且还寄托了浓厚的民族感情，是重要的文化遗产。其丰富的思想内涵和方便简捷的习练形式非常便于群众习练。吴大伟以做传承八极拳文化的推动者和践行者为己任，对八级文化的传播起到了重要作用，助力孟村亮相全国，走向世界，为促进中华优秀传统文化的传承与传播起到重要作用。

【知识链接】孟村八极拳

八极拳，全称开门八极拳，初创地为河北省孟村回族自治县孟村镇。八极拳发展距今已有 300 余年的历史，已传承十四代，传人遍布全国，远播至日本、韩国、新加坡等国家，习练人数逾十万以上。新中国成立之后，在第一次举办的全国民族式体育大会上，八极拳被列为全国正式武术比赛项目。1988 年，八极拳被国家体育总局武术运动管理中心审定为中国传统武术十大优秀拳种之一。"八极"意为发劲可达四面八方极远之处。其动作朴实简洁，刚猛脆烈，多震脚发劲动作。八极拳为中华武术拳种之一，取其以六种开法（六大开）作为技法核心、破开对方门户（防守架子）之意。八极的训练讲求头、肩、肘、手、尾、胯、膝、足八个部位的应用，所以八极之名是要求本门弟子将这八个部位的功能发挥到极致。在汉代刘安写的《淮南子》里记载："九州之外有八寅，八寅之外有八纮，八纮之外有八极。"这里八极代表了极远之处。八极拳之名也是要本门弟子将八极拳的劲道练到极远之境。八极拳历史悠久，经历代传人刻苦精研、以其独特的风格和练法，别具一格，自成一家，不断发扬光大，经久不衰，代代涌现出诸多的武术名家，在武术界影响很大。八极拳的演练不受场地、器材、年龄、性别等因素的限制，简便易学。长期练习不仅可以强身健体，而且可以达到内外兼修、净化心灵的目的。

坚韧不拔杂技魂　创新求变铸传奇

——吴桥杂技传承人于金生访谈

　　吴桥县位于河北省东南部，很早就是冀州大地杂技密集的地区。晋代墓室中已有宴乐杂技表演的壁画出现。到了宋朝，杂技走向民间，出现"勾栏""瓦舍"等演出形式。清代和民国时期，吴桥杂技达到鼎盛阶段。在 2 000 多年的变迁过程中，吴桥杂技文化不断丰富和发展，在表演、道具、管理以及传承等方面形成了独特的风格，构成了完整的行业文化体系，受到全国杂技界的推崇，素有"十方杂技九籍吴桥""没有吴桥人不成杂技班"之说。2006 年，吴桥杂技入选河北省第一批国家级非物质文化遗产名录。

　　于金生是吴桥杂技名家，全面地接触了杂技行业中各种门类的节目，上演过的节目包括顶技、杂耍、武术、驯象等，还创立了倒立书法技艺。2018 年，于金生入选第五批国家非物质文化遗产代表性传承人名录。为了解传承人的个人经历、探究吴桥杂技传承现状，笔者带着钦佩之情，同于金生先生进行了数小时的沟通与交流。依托其提供的资料，本文对该技艺的现状与发展进行了梳理。

一、勤学苦练，成就非凡技艺

　　于金生，男，汉族，1953 年 6 月生于吴桥县于集镇，民进会员，是我国杂技界颇具盛名的杂技企业家，被国内外杂技界誉为"中国杂技大王"。

现为吴桥群艺马戏团团长、吴桥杂技家协会主席、
中国书法家协会会员、中国硬笔书法家会员、衡
水野生动物园董事长。曾任河北省政协常委、河
北省文史馆馆员、中国杂技家协会理事。首批文
化强国智库专家教授级高工，全国第一批非物质
文化遗产创新人才。

　　于金生是于集镇于氏杂技的第十九代传人。
于集镇因杂技人才辈出远近闻名，该镇方圆不过
50多平方千米，鼎盛时曾拥有成规模的杂技团30多个，从业人员近千人。
当地流传的民谣云："小小铜锣圆悠悠，学套把戏江湖走，南京收了南京
去，北京收了北京游，南北二京都不收，运河两岸过春秋。"在这样的文
化背景下，于金生自幼就与杂技结缘，4岁起开始跟随爷爷练习基本功，6
岁就学会了空翻、吞剑等祖传绝技，12岁便登台演出。当年爷爷和父亲常
训导他以同乡杂技前辈、马戏大师孙福有为榜样，"苦练杂技，才有出路，
有饭吃"，其童年时就下定决心，选定杂技安身立命。

　　"功夫没诀窍，全靠汗水泡"。于金生记得小的时候跟随爷爷、父亲
和舅姥爷练习腰、腿、跟头、顶等基本功，"起早贪黑，早上起来就开始
练，白天一撂下饭碗，还是练功，别人睡觉的时候我还在练功，不管是大
太阳底下，还是刮风下雨，总是在练功"，庭院、田间、地头皆是他的舞
台，铁锹、扫帚、镂耙都曾是他的杂技道具。这样不问风霜雪雨、不舍昼
夜的练习，他很快在同辈学员中脱颖而出。除勤学苦练之外，还要经历无
数次的伤痛。在于金生的记忆中，6岁时他便受了一次伤。那是一个晚上，
在院子里做晃梯的动作时，他一不小心从梯子上摔了下来，摔断了腿。从
那以后，受伤也就成了家常便饭。

　　成年后，演出过程中也少不了伤筋动骨。1981年在济南表演马术时，
于金生扮演孙悟空，在马上翻飞，但他胯下的马被后面的马咬住了马尾，
并顺势踢中了他的右腿。"那时候，不是疼，就跟过电了似的，同时也听

到了咔嚓一声，我坚持把动作做完了，跑到后台一看，腿断了，骨头茬都出来了。"表演结束后，于金生被送到医院，医生给他包扎止血后，准备打石膏，可是一想到接下来还有一个月的演出计划，而全团的 13 个节目中，9 个节目都少不了他，不服输的于金生说服了医生，硬是不打石膏，只靠纱布包裹又坚持了一个月的演出。每次演出后伤口都会再度撑开、流血，于金生都要再度赶到医院处理伤口。那样的惨痛和辛苦，于金生回忆起来至今心有余悸。正是不计代价地付出和永不服输地拼搏，才使得于金生的杂技事业越走越远，越走越好。问起他是否后悔选择杂技，于金生毫不犹豫地说："我就是为杂技而生的，我享受舞台，享受表演，享受杂技艺术带来的成长。"

历经酷暑寒冬的练习，加上无数次演出实战经验的积累，于金生练就了一身杂技绝技，精通倒立、顶技、手技、硬气功、小武术、跟头、马术、水流星、杂耍、晃梯等高难技巧，一人能演两个多小时的杂技节目。1978年，他独立组建了以家族为核心的群艺杂技团。1979 年初夏，于金生率领吴桥群艺杂技团以全新的阵容在济南演出，表演《顶技》，顶羽毛、顶纸条、顶板凳、顶桌子；表演《椅子顶》，在 20 把椅子叠立起的 10 多米高空，双手倒立、单手倒立、翻转倒立。精粹的节目，火爆的场面，可以称得上是于金生杂技生涯的一个里程碑。初尝成功喜悦的于金生，之后更加用心管理团队，也进一步锤炼自己的表演技巧。1991 年，在第三届中国吴桥杂技艺术节上，他扮演"猴王"孙悟空，飞马奔驰，上下翻飞；吐火绝技，更是精彩绝伦。他表演的"马术"和"吐火"获得杂技节最具创新奖，因而一举成名。20 世纪 90 年代迄今，他多次代表中国参加国际杂技大赛。2019 年，在俄罗斯国际马戏院成立 100 周年举办的国际杂技大赛中，他表演的《顶技》获得俄罗斯皇家金奖。

二、学春典闯江湖，书写热血人生

谈及少时的经历，除了杂技艺术的千锤百炼，让于金生记忆同样深刻的还有他跟随父亲、舅姥爷等闯江湖的经历。所谓"江湖"是指传统中国的各种行业形成的社会。于金生介绍，旧时师傅看到徒弟技艺精湛、可以出师的时候就会开始传授"春典"（行话），以便徒弟行走江湖时被全国各地的杂技圈所认可。于金生十五六岁的时候，舅姥爷（朱连顺，当地非常有名的杂技行家，也是他的正式师傅）看到他节目表演非常精彩了，就开始教授给他小江湖话，比如：说话叫"团纲"，笑了叫"裂瓢"，翻脸叫"鼓盘"，吃饭叫"上恳"，睡觉叫"塔桥"，桌子是"平面子"，小车是"尖轮子"，大车是"海轮子"，饼是"翻张子"，鸡蛋是"滚子"，等等。那时候舅姥爷差不多一天教一句，每天还时不时考一下，直到他基本掌握了日常生活、表演常用的词汇。于金生说，旧时人们常说"能帮十吊金，不传一句春"，闯江湖的行话不能随便教授的，能够跟随舅姥爷学会"春典"，对他来说是莫大的肯定。

1968 年，练好了功夫也学会了行话的于金生开始跟随父亲、舅姥爷等外出演出。一直到 1979 年，十余年间，他每年约 2/3 的时间都在下关东表演。闯关东的生活给于金生留下非常美好的记忆。他说闯江湖的基本原则是"江湖义气第一桩"，亲人间的抱团、朋友之间的互助最为重要。当年他组织的第一个表演团——群艺马戏团，就是由家族人员——父亲、舅姥爷、姐姐、哥哥、弟弟、妹妹以及一些表亲组成，大家相互照应，在外面团结合作，回到家乡再去资助照顾更多的亲人，"互相拉拽着，推动着，总算大家都能吃饱饭，盖上房子，过上好日子"。凭着一腔热血，多年来跟随他闯江湖的老同事、老朋友、远亲、近邻组成的大家庭也一直没散绑，凡事大家都一起商量，绑着一起干，这才有今日杂技企业的成功。

于金生与在东北当地偶然认识但非常投缘的干妈一家更是江湖结义，胜似亲人。当年多亏干妈一家的帮助，于金生他们才能在东北立足，第一年就足足住了八个月。干妈有五个儿子和一个女儿，是个大家庭，日子并不富裕，却总是热情接待他们，极尽所能照顾他们的生活，也帮他们联系演出，他们回到吴桥时也常能收到干妈寄过来的粮票。后来事业成功的于金生也想尽办法回报他们，2003 年带干妈和妹妹去北京、南京、上海、杭州旅游，又帮他们翻新了房子，之后几乎每年都派人去看望老人家，或接干妈一家到吴桥做客。两家人至今亲如一家，不分彼此。

同样本着侠义，本着助人的精神，他这么多年担任吴桥杂技协会主席，总是自觉担当社会责任，每每自己贡献经费，资助国内外的艺术交流活动；也动员吴桥的其他杂技艺术家们、企业家们，共同完成各种公益活动，像关爱老艺人、组织节假日的惠民演出等；也积极为政府献策，与主管杂技艺术的文化部门联手推动吴桥杂技的发展。他说，早年的闯江湖经历和这些年做杂协主席的经验都教会他要有社会担当，要有奉献意识，"不讲义气，心胸狭隘，没那么大的胸怀，不服务社会，就不是一个称职的会长"。

三、执着逐梦，探索杂技产业化之路和艺术创新之路

（一）探索杂技产业化之路

执着于发扬光大杂技艺术的梦想，于金生和他的团队已探索出一条杂技艺术产业化之路。最初四五个人组成的吴桥群艺马戏团，经过数十年发展，已成为有数百名艺人的融杂技、魔术、马术、驯兽为一体的全国最大民营马戏团体。他旗下的产业包括河北衡水野生动物园、吴桥杂技大世界以及山东泰安野生动物园、山东曲阜野生动物园、江苏泰州野生动物园、浙江杭州动物园里的马戏团。

于金生头脑灵活，勇于探索，是我国改革开放初期第一个竖起杂技演出大棚，将文艺与经济融合的改革者。于金生说："每个刚开始闯荡江湖的人，都会有'作不完的揖，磕不完的头，说不完的好话'的感受。"1978 年，

他组建了群艺杂技团之后，最初几年的经营颇多困难。1981 年，他在福建某人民剧场演出，节目很受欢迎，但由于缺少经验，携带的是农村大队上的介绍信，未能提供正式的国家机关开具的介绍信，被当地文化厅工作人员扣押，并给予严厉的批评教育。他各种央求和解释都没有效果，眼看谈好的后续演出活动就要被腰斩，一筹莫展的于金生突然想起随身携带的《杂技与魔术》期刊上有中央领导盛赞吴桥杂技的话，才终于说服工作人员，获得演出的正式授权。

除了想尽办法克服各种艰难曲折，于金生杂技企业的发展壮大得益于其开阔的视野。除了祖辈杂技艺术的传承，于金生非常用心地吸取其他地区杂技表演的优胜之处，不断提升团队的杂技表演技巧。他经常聘请中国杂技团的老师、各个省市的杂技老师来到他的杂技团上门授课。他说："人拜三师武艺高，我们不能局限于我们这个家族的艺术小范围，我们要向大家学习。"多年探索之后，他认为古老的技艺表演已跟不上时代的发展，他独辟蹊径，以发展马戏驯兽与杂技融合为突出点，走出了一条成功之路。他相继添置了狮子、老虎、狗熊、猴子等大小动物并对其进行驯化，并且成功引进泰国编队大象作为特殊的"杂技演员"，开创了我国杂技界驯化大象的先河，成为我国唯一一支具有大象表演的杂技团体。

与此同时，于金生率先探索融合歌舞表演和马戏表演，将团队的一批青年男女演员送到济南歌舞团学习现代舞蹈表演和西洋乐器演奏，并很快在演出市场上大获成功。一次，于金生的马戏团在承德避暑山庄首场登台亮相，尽管设计容纳1 000 多人的演出大棚已扩展到3 000 个席位，原计划每天两场的演出增至四场，但仍是场场爆

满。随后，他们转战南方。1993 年，于金生和他的演出团队成了杭州动物园特聘演出的艺术团体。于金生说："每次我们在动物园的演出都是爆满，演出结束后，有很多小观众吵着闹着还要再来观看。"迄今他的团队已第 30 次与杭州动物园签约，并在济南动物园、吴桥杂技大世界、厦门大登岛、微山湖红河湿地、北京鸟巢、重庆等建立了 8 个分团，长年驻扎当地，贡献精彩的演出。

2000 年，于金生还接受文化部委派，率领中国国家马戏团，联合俄罗斯、朝鲜、加纳等国马戏团在国内外巡回演出，为国家级文艺团体走向市场闯出成功之路。2018 年，河北省衡水市设计打造了一个野生动物园，特聘熟悉动物习性又有管理和饲养经验的于金生来管理，并担任衡水野生动物园董事长。

（二）独创倒立书法，探索艺术创新之路

于金生先生介绍说，受父亲影响，他自幼喜爱书法。他杂技出师后，白天练习或者参加演出，晚上就专心练习毛笔字，写演出海报，常常一天只睡两三个小时。2000 年，于金生当了国家马戏团团长的时候，欣喜地发现在马戏团附近有个中国书画院，他兴奋地背起书包前往那里拜师学习，并于第二年正式参加中国书画函授大学的专业学习。经过教授们的精心指点，他的书法艺术精进了很多。但书法和杂技的交替练习让于金生觉得二者相互干扰，"我当时练倒立就影响练书法，练书法就影响练倒立"，"偶然的机会我尝试做倒立时，腾出一只手来能练书法，从此开创了倒立书法"。他的倒立书法成为杂技界一绝，也吸引了书法界广泛注意。他先后在北京荣宝斋大厦、国际杂技节剧场、衡水野生动物园和全国各地演出基地成功举办"于金生书法展"，还多次受邀表演倒立书法，被誉为"中华一绝"。回顾半生，于金生从未离开杂技舞台，毛笔也没离开过手，而倒立书法完美地结合了他的两大爱好。

当然，才艺背后尽是汗水，于金生先生总结说："人这一生的时间是有限的，但是你自己的付出，心里也有个小九九，就知道这个功夫不负有心人。"于金生的倒立书法也遇到了一些不解和非议，但他相信"老百姓喜欢看的，老百姓得意的，通俗易懂的，就是好艺术"。

四、勇于担当，推动杂技艺术的传承与国际传播

（一）紧抓人才培养，为杂技艺术未来发展铺路

于金生说："我作为吴桥杂技家协会主席，传承吴桥杂技重任在肩。"吴桥有不少杂技学校，于金生不定期地去各个学校观课、指导，他说："要把我们知道的都毫不保留地传授下去。有的需要是做理论方面的，就给他们做启发，有的是做实践方面的，我们要给他做示范，同时还要培训老师，告诉老师们这个功课该怎么上。"于金生非常关心吴桥杂技学校的生源和发展问题，2022年吴桥杂技学校获批的学校扩建和升级项目就是得益于于金生等杂技名家的大力呼吁和积极奔走。

为了更好地让青少年了解吴桥杂技的发展历史，于金生还自筹资金在于集镇建立了吴桥杂技非遗传承基地。这里有正房五间，东西厢房各两间，独门独院。有表演训练场、培训会议厅、书画室和杂技文化展厅等。杂技文化展厅陈列着过去杂技艺人表演使用的杂技道具——大铁缸、狮子头、石锁、石头磴、桌椅、板凳、木桶、铁刀等，也有百余张记录于金生等艺人表演经历的真实照片，立体地展示了吴桥杂技的前世今生和于金生等名家闯荡江湖的传奇经历。"吴桥杂技非遗传承基地"大字牌匾底下的副标题——"传承千年杂技文化，造福人民精神食粮，弘扬民族传统艺术流芳百世"和两旁的对联"以艺会友论江湖，杂技为媒迎宾客"，道出了于金生的心声。基地落成后，有不少省市领导、外国友人前来参观学习。

对于吴桥杂技的未来，于金生充满信心，他说："目前杂技表演的需求很大，各旅游景点、剧场、剧院、体育馆，以及各种庆典活动上都需要

杂技艺人的表演，目前杂技人才供不应求。"于金生自己的女儿、姑爷都在杂技行业从事表演或管理工作，孙辈也都在练习杂技艺术。他相信吴桥杂技学校升级后会更好地为杂技的传承与发展输送人才，吴桥杂技未来会有更大的发展空间。

（二）走出去，引进来，推动吴桥杂技艺术的国际传播

历史上，吴桥艺人沿大运河走出家乡，北上南下，进而远涉重洋闯世界，获得了国际声誉。民国时代吴桥走出的杂技艺人一度占据欧美大半个演出市场。今天从于金生的吴桥群艺马戏团走出去的杂技艺人也已遍布世界各地，而且新时代还有一个重要的新变化，那就是有很多慕名而来的外国友人加入于金生的团队，参加于金生团队在国内的巡演活动。于金生曾带领吴桥群艺马戏杂技团代表国家出访东南亚各国和我国港澳台地区，也曾带领俄罗斯国家马戏团、朝鲜国家杂技团和非洲加纳特艺团等国际杂技界有名望的杂技艺术团体，在我国进行巡回演出。

于金生本人同时也是"杂技外交"的形象大使和文化使者。早在1992年，莫斯科国家马戏院为建院70周年举行国际杂技邀请赛，受邀参赛的于金生获得大赛一等奖，赢得了各国选手的一片喝彩。自此，于金生团队与俄罗斯国家马戏院结下深厚缘分。1993年，几位俄罗斯艺术名家应于金生之邀到中国演出，俄罗斯姑娘们惊险奇特的高空节目，引起了轰动。于金生与俄罗斯马戏团的缘分一直延续到现在。2018年他应邀参加在俄罗斯召开的"2018圣彼得堡国际马戏论坛"，发表《让全世界更多民众欣赏到国际大马戏》主旨演讲，并与俄罗斯国家马戏总公司签订长期战略合作协议。

于金生也在中非杂技艺术交流中起到重要的纽带作用。从1993年开始，他的马戏团就有一些外籍演员作为固定班底加入，其中就包括来自非洲的威廉姆。威廉姆当时在表演舞蹈的同时也深入学习了各类吴桥杂技的招式和技巧。2022年，四名坦桑尼亚小伙子来到中国，成为吴桥群艺马戏团的签约演员，巧合的是，于金生通过交流得知他们居然是回到坦桑尼亚开办

杂技学校的威廉姆的学生，可见吴桥杂技的根已在遥远的非洲生根发芽。

吴桥国际杂技艺术节更是一个吴桥杂技与世界交流的大平台。2001年，第八届中国吴桥杂技艺术节期间，于金生在现场搭起马戏演出大棚，以强大的演出阵容和精湛的演技，赢得国际杂技界和杂技节组委会的高度称赞。2003年，当第九届吴桥杂技艺术节突遇"非典"侵袭后，大会组委会决定将动物和驯兽表演交付给于金生承办，这也是中国历史上首次由一个私营杂技团体来承办国际大赛的重要项目。本届杂技节动物马戏表演取得了空前的成功。之后于金生的团体又成功承办了六次艺术节马戏嘉年华活动，来自世界几十个国家的演员与吴桥当地的杂技演员同台演出，效果非常令人震撼，取得了重大的社会效益和经济效益。

【知识链接】吴桥杂技

中国杂技之乡有多个，就历史、国内外影响及民间基础而言，河北吴桥最负盛名。早在南北朝时期，吴桥杂技就已有了相当的规模，元朝以后在全国开始享有盛誉。明朝中叶，吴桥杂技逐渐形成两个流派：一派以北牟乡为中心，称为"东派"，后来该派逐步蔓延到宁津、南皮等县；一派以仓上乡、范屯乡为基地，称为"西派"。后来西派实力强大，流传到吴桥全县。民国六年（1917年），孙福有招纳各门精英，联合成为一个庞大的杂技集团。根据各门的特长，编为四大门类：一是武术，二是杂要，三是驯兽（其中包括马术），四是幻术和魔术。后来，吴桥杂技在这四大门类的基础上，细分为13种类型：武术、顶技、口技、蹬技、手技、车技、马戏、高空节目、踩钢丝、钻技、口捻子、魔术、其他（如踢毽子、抖空竹等）。现今吴桥杂技在原来的基础上，又创建和改进了许多新的节目，例如：狮子舞、龙灯舞、套圈舞、彩绸舞、中幡、飞钗、十字飞人、双层秋千、脑担子、大飞吊子、飞车走壁、大型魔术等。

在历史上，吴桥县产生过许多著名的杂技艺人。清末民国时期擅长要熊的程福先，赢得埃塞俄比亚金质奖章的姚振奎，多次在皇宫中献艺的民间戏法老前辈蒋德成，创办中国第一个大马戏团并享誉"世界近代马戏之父"的孙福有，杂技"北京班"创始人之一孙凤山等都是吴桥籍杂技艺人。如今，全国各地的杂技团体与世界28个国家的杂技团，都有吴桥籍杂技艺人，故有"没有吴桥人不成杂技班"之说。

吴桥杂技具有深厚的民间基础。古时，吴桥位于黄河下游泛滥区，土地盐碱瘠薄，不宜耕作，且水灾频繁，但交通便利，因此为养家糊口，百姓逐渐形成半农半艺的风俗。而且，吴桥是庙会胜地，庙宇林立，为杂技表演提供场地，逢年过节常有聚会和表演，而每年秋收之后，更会举办为期一个月的庙会，吸引全国各地的艺人团体。庙会结束后，当地团体亦会沿着运河行走江湖，他们或奔京津，或下江南，或闯关东，浪迹各地，这一风俗一直延续到20世纪50年代末。

基于吴桥杂技在海内外的深远影响，以及其广泛的群众基础，河北省于1987年开始举办中国吴桥国际杂技艺术节，每两年一届，至今已举办过18届，目前已有40多个国家和地区的近400个节目参加了比赛演出。此举不仅促进了中外杂技艺术的交流，也促进了河北对外经贸和社会的全面发展。

震惊世界蹬大缸　江湖儿女赤子心

——蹬大缸传承人魏春华访谈

　　"蹬大缸"始于汉代，发展至今已有 2 000 多年的历史，现已成为吴桥杂技最古老的传统节目之一，以其浓郁的地域色彩和强烈的与观众互动性，深受观众的赞赏和喜爱。2013 年，凭借其优秀的蹬大缸技艺，魏春华被河北省文化厅任命为第三批省级非物质文化遗产项目——吴桥杂技代表性传承人。魏春华老师始终铭记对这项杂技艺术的热爱和初心，积极带领蹬大缸表演团队贡献精彩演出，并深刻思考如何更好地传承这项技艺。2017 年，蹬大缸技艺入选河北省第六批省非物质文化遗产名录。为了解传承人的个人经历，探究蹬大缸项目的传承现状与发展态势，笔者带着钦佩之情和探索之心，同魏春华老师进行了沟通交流和学习。本文依托其提供的资料，对该技艺的历史和现状进行了梳理。

一、心中充满光与爱　千斤大缸蹬得快

　　魏春华，女，出生于 1974 年，吴桥县铁城镇八里韩村人，现为吴桥杂技大世界一级教练。魏春华父母都是以杂技表演为生，她自幼受到杂技艺术的熏陶，8 岁时开始跟随她的亲伯母——杂技艺人孙桂荣正式练习杂技。

　　孙桂荣出生在杂技世家，擅长表演蹬大缸、蹬桌子等重蹬技。此外，她还练就了绝活——空中吊小辫。孙桂荣嫁入魏家后，带着全家人组成小

型杂技团，四处演出。魏春华跟
着自家杂技团边学习、边练功、
边演出。看到身材单薄的魏春华
从不叫苦，孙桂荣格外喜爱，于
是手把手地教这个侄女学习各项
杂技艺术。当魏春华选定蹬技时，
伯母孙桂荣倾囊相授。魏春华认
真学习每一个动作要领，很快掌
握腿、腰、顶、平衡技巧等各项
基本功。不久，她就能蹬坛子、

蹬椅子、蹬桌子了，而所蹬器具的重量也从 20 斤到 50 斤、60 斤。在单车、
双车等轻蹬技掌握娴熟后，伯母开始系统教授她"蹬大缸"的技术。

　　魏春华回忆道："练习的过程非常的苦，需要练韧性，练基本素质，
练腿的承受力，承重的同时还必须掌握好平衡。平衡掌握好了才可以练习
其他技巧，而一旦承受不住重量，平衡不好，就要挨砸的。"在无数次的
练习中，魏春华"头砸破过，鼻梁也折过，桌子腿儿也砸在肚子上"，但
她从未退缩，"做杂技就是要重复的练，多练勤学，才能练好"。在多年
的研习和磨炼中，她不断提升技术，熬过了各种辛苦，挺过了各种风险，
才终于精通了各类蹬技，并在蹬重技上远近驰名，成为吴桥蹬技最卓越的
代表。2006 年她的蹬大缸表演获得第七届"狮城之春"艺术节优秀节目奖，
2007 年获得第二届吴桥杂技民俗艺术大赛一等奖。魏春华从 15 岁开始登
台演出，迄今她表演蹬技已有 30 余年，她的蹬技已是炉火纯青，她的蹬
大缸表演已被收进世界吉尼斯大全。

　　这位在吴桥杂技大世界国术园舞台上蹬大缸的女子魏春华，是吴桥"江
湖八大怪"之中的一员，以"千斤大缸蹬得快"闻名。每次魏春华上场表演时，
观众无不惊叹于其表演的"惊险奇绝"。她半躺在蹬技座上，双脚脚掌朝
天，数百斤的大缸在其小巧的脚掌上正转、反转、侧转、竖转，旋转如水。

她小巧的身材，甜美的相貌与粗粝的大缸形成奇妙的反差。魏春华说，她最多可以蹬到 1 000 斤，并因此常被业内人士戏称为"千斤腿"。为增添节目的趣味性，魏春华还常常会邀请一名观众坐在大缸里面，另一名观众坐在大缸外面，当大缸依然快速旋转于其脚掌时，观众不免错愕不已。

　　如何才能练就这样高超的技术？魏春华说天赋是一方面，更重要的是爱好，是内心对蹬技的喜欢和热爱。她说她会特别用心地爱护表演的道具，用心钻研每一个表演的细节。问起她最难忘的人生经历，魏春华毫不犹豫地说，杂技的学习和表演是她人生最重要的部分。正是对杂技艺术，特别是对蹬技表演的无限热爱，成就了她浸透汗水却也斑斓多彩的人生。

二、千年文化续传承　海内外舞台绽光芒

　　吴桥杂技艺术最早始于汉代，在 2 000 多年的历史沿革中，吴桥杂技博采众长，不断发展，其内容五花八门，丰富多彩，包含了十几个表演门类，上千个表演节目。其中，蹬技是整个杂技艺术中重要表演门类之一，而蹬大缸又是蹬技中的压轴大戏。

　　蹬技来自当地人们的生活体验，是从生产、生活中提炼出来的民俗艺术，在久远的传承过程中，形成了独具中国民间特色风格的节目内容和表现形式。蹬技演出用的道具，如毯子、扇子、伞、碗、盆、桌、椅、几、凳、缸等，大都来自人们的日常生活生产，又因道具重量的不

同和表演方式的不同，分为重蹬技和轻蹬技。像以毯子、扇子、伞等为道具的表演属于轻蹬技，而以大缸、八仙桌为道具的则属于重蹬技。

蹬大缸表演是由演员仰面躺在一张特制的条凳上，工作人员将一口百余公斤重的大缸抬放到演员的双脚上。演员脚蹬大缸，运用灵巧的双脚翻滚大缸，进行各种花样表演。魏春华介绍道，表演蹬大缸单凭力气不行，实则需要扎实的功底。按杂技"行话"说，"掌灶"要稳，不能有丝毫懈怠，否则整个节目完全"失托"。"稳，是练习蹬大缸的基石。所以说台上一分钟，台下十年功，要苦练基本功。还有就是演。演与蹬紧密相连，下蹬上演完美无瑕，才能获得观众的喜爱。"魏春华说："大缸虽然超级重，但是到了我们的双脚上就如同一个轻巧小盆、小罐。我们要把双腿双脚练得轻巧灵活，这样才能在翻滚大缸时，无论是正转、反转，还是侧转、竖转时都能自如。"

历经时代变迁，蹬大缸这一古老的传统节目，因其惊险性与趣味性并重，仍是吴桥各个演出团体排练和演出的主要节目。作为蹬大缸技艺的非遗项目传承人，魏春华积极通过各类线下线上演出舞台，向观众传递她心中对该项技艺的热爱，也将该项杂技的精绝之处传播到海内外各地。除杂技大世界组织的各类日常演出活动外，她还先后参加了中央电视台《相约》《五一七天乐》《走进科学》《生活圈》，天津卫视的《跨时代战书》，以及河北、山东、河南等10余家省级卫视著名栏目的拍摄，也曾多次随外交部、文化部或当地宣传部组织的文艺交流团登上美国、日本、新加坡、德国、澳大利亚等国家的大小舞台。

疫情暴发前，魏春华曾长年奔波在国内和海外各大大小小的舞台，很少在家休息。但她不觉得辛苦，她说通过她的表演，将传统文化的魅力展现给青少年，传播到海内外各地，正是她作为非遗传承人的使命。魏春华说印象最深刻的是，2020年在美国北卡罗来纳州某城市，观众非常喜欢他们的杂技节目，她所在杂技团体接连表演数场，而有一个小男孩对她的蹬技非常痴迷，家人带他看了每一场表演，每次演出结束后孩子都过来和她交流，她耐心地给他解释大缸翻转的"秘密"。她说，能够以自己的表演将中国文化的魅力传播到海外，令她"非常骄傲，也非常自豪"。

近两年，疫情原因，舞台表演减少了太多，为了留住观众，培养更多爱好蹬技表演的观众，魏春华和她的助手、徒弟们积极利用抖音等线上平台，推送之前录制的节目，也多次开展蹬西瓜、蹬球、蹬鼓、蹬小缸、蹬大缸、蹬车轮等各类轻蹬技和重蹬技表演的线上直播。

三、传统技艺焕新颜　吴桥女儿世代传

为了保护传承这一项目，吴桥杂技艺人和文化团体发掘、整理了大量历史和现实资料。据魏春华介绍，为了更好地保护蹬大缸这类蹬技项目，吴桥县杂技团投入很大的人力、物力，对一些濒临失传而又受人欢迎的节目深入挖掘，加入现代艺术元素，使其更满足现代人的需求。比如，为了突出女演员表演时的艺术美，在缸内、缸上增加了演员造型表演，使得女子柔术、女子双人、女子三人造型表演与蹬大缸表演融为一体。

传承与创新并举是蹬大缸技艺可以保持长久生命力的秘籍。作为省级代表性传承人，魏春华本人在道具使用和表演技术上都有很多新探索。为了增加表演的趣味性，她还自创了"双蹬技术，就是在所蹬的大缸上面放上架子和蹬技座，上面再来一个蹬技"。这样双蹬技术表演，比传统蹬技给了观众更多的惊喜。在多年勤学苦练蹬技的基础上，魏春华还独创了特色蹬杠节目。一根长约3米的铁杠，两端还要各坐上一个人，魏春华把它蹬起来，正、反方向旋转多圈，而受邀坐在铁杠上的观众可以享受到比游乐园的旋转飞车更稳更快速的旋转。

每一点小小的革新，背后都是不尽的汗水和无数次的苦练。魏春华回忆其自己当初的辛苦，强调说："练一个新的东西必须得练好多次，才能练出来，非常辛苦的，练新的东西需要每天坚持去练，自己还得有创意感，得在心里不断去想去设计。"魏春华总结道，传承，革新，再传承，是非

遗保护的重要路径。她说自己当年得益于伯母的亲传，伯母当年把祖辈传下来的蹬技以及自己创新的蹬车轮技术毫不保留地教给自己，而她现在也正在用心教授自己的徒弟和学生们，也将传统技术和新创技术的诀窍悉数传授下去。1991年出生的宋亚楠，是魏春华徒弟中的佼佼者，她技艺娴熟，已在蹬技表演上崭露头角。而她在杂技大世界培训中心、张硕舞蹈杂技艺术中心教授的学生中也不乏优秀的好苗子。对于蹬技的传承前景，魏春华信心十足，相信在吴桥杂技世界影响不断加强的今天，古老的蹬技不断焕发新的神采，也必将拥有越来越壮大的演出队伍。

令魏春华特别骄傲的是，蹬技表演队伍以娇小的女性为主。正是有了这些有韧劲、不服输、肯吃苦的吴桥女性演员，蹬大缸技艺才能传承到今天。她强调说，一代代女性传人成就了蹬大缸技艺，而蹬技艺术也成就了这些女性独立自主的人生。吴桥女儿格外自立自强，"有自己的技术，自己能把自己养活了，不用别人把你养起来，不去靠男人去挣钱养家糊口，自己都养起自己来就行了，有这门技术你就可以吃饭"。正如当地民谣所唱的："吴桥女儿真厉害，千斤大缸蹬得快，找个郎君不如意，一脚蹬出大门外。"

【知识链接】蹬大缸

蹬大缸这项杂技属于古老蹬技中的一种。

蹬技是以足蹬物的杂技项目，重点是展现双足的耍弄、平衡、表演、承重技能。表演者一般仰躺在小台上，双足向上，将各种轻重器皿家具置于脚上，靠脚的推动使其旋转、腾翻、改变角度，及至做出各种细致的难度很大的动作，表演种种技巧花样。蹬技所蹬物体包罗万象，除蹬物之外，还可以蹬人，或让人在所蹬的物件上做表演。按照表演道具重量及手段的不同，蹬弄纸伞、毯子、扇子、鼓、桶、板、积木等轻型物品称轻蹬技；蹬大缸、瓷坛、八仙桌、大木盆等称重蹬技。

蹬大缸这项杂技属重蹬技。追根寻源，它始于汉代。该项杂技表演形式、场所多样化，广场、剧场、街巷、客房均可，可以是多至百人大荟萃，亦可是小至一人的现场即席献艺。表演者运用双脚和腰部力量"翻滚"大缸，正转、反转、侧转、竖转，有很多精彩的招式。蹬大缸表演最精彩之处是让观众参与到其中，观众可以坐到大缸里面，或大缸上面，感受大缸旋转的魅力。

现如今蹬大缸都由女演员来表演，一般需要经过数年的腰腿顶基本功的训练。表演时强调险中求稳、动中求静、平中求奇。该杂技有严密的内向性，仍采用代代相传的方式。同时还有地域性，如河北省吴桥县就是有名的蹬大缸技艺之乡。

第七章　传统美术传承人口述史

憨态掬来艺有魂　匠手悠然捧世前
——曲阳泥塑传承人马若特访谈

泥塑这一古老淳朴的民间艺术，起源于距今 4 000 至 1 万年前的新石器时代，之后随着道教的兴起和佛教的传入，在两汉时期得到快速发展，之后在唐朝达到顶峰，流传至今，经久不衰。曲阳泥塑产生于河北省曲阳县太行山脚下的辉岭村，曲阳泥塑是在曲阳雕刻中衍生出来的一门技艺，最早起源于清代晚期，发展到现在，在历史的长河中也已经延续了 100 多年。2013 年，曲阳泥塑入选河北省第五批省级非物质文化遗产名录。作为曲阳泥塑第三代传承人的马若特，在继承传统技艺的基础上大胆改革与创新，运用原生态的艺术题材和泥塑语言，来反映人民追求返璞归真的情怀和向往，积极参与到泥塑的传承和保护中。

为了解传承人的个人经历，探究曲阳泥塑入选省级非遗代表性名录的原因，笔者带着钦佩之情，同马若特先生进行了沟通和交谈。本文依托其提供的资料，对该技艺的历史和现状进行了梳理，同时也表达了笔者对这门传统技艺的期待与展望。

一、"泥人马"的"塑形"

马若特，男，出生于 1965 年，河北省曲阳县辉岭村人，毕业于曲阳

县雕刻艺术学校，后来又到天津美院进修美术，是中国雕塑专业委员会会员、河北省民间工艺美术家，从事泥塑工作近30年，是曲阳泥塑的省级非物质文化遗产传承人。马若特自幼生活在山村，受其父亲马志国的影响，年幼时就对泥塑产生了浓厚的兴趣，带着一腔对泥塑的热爱辗转多地进行求学。马若特作为曲阳县灵山镇辉岭村土生土长的农民，出于对山村的风土人情的炽热感情，将许多的生活观察、思想感悟、感情沉淀和理想追求升华到"人间烟火"的层次，并通过泥塑作品表现出来。普普通通的泥土，经他轻轻一捏，马上就变成了一件件珍贵的艺术品，因此，当地人亲切地称为"泥人马"。"泥人马"通过一捧普通的黄泥塑造出一个个栩栩如生的泥人，泥人反过来也完成了"泥人马"的塑造。

专家评价马若特的作品："融入雕塑的经典式样，利用简洁夸张的艺术手法，对人物的比例特征进行调整，夸大身体底部的细节样式，突出了人物造型和面部特征，虽然没有繁复的设计，却简单大方、粗犷豪放，让人一看就马上能够融入意境，因此人见人爱。"马若特制作的泥塑人物表情和创作手法都比较夸张，极富感染力，类似大写意画。马若特的泥塑作品有一种独特的艺术感染力，会让欣赏者在欣赏的过程中不自觉地将内心的愉快流露出来，给欣赏者带来快乐和对美好生活的憧憬。

"艺术作品只有反映生活，才能打动人。"地方文化的浸润，深入马若特作品的骨髓。作为一个生长在大山里的汉子，左手拿锄头，右手玩泥巴，马若特认为家乡的山石草木、憨厚朴实的父老乡亲都是他创作的源泉。他塑造的人物憨态可掬、惟妙惟肖、千姿百态，展现了黄土地上生生不息的文化色彩和生命凝聚力。其泥塑形象主要以乡村人物和动物造型为主。《太行母亲》以马若特的奶奶为原型，紧缩的眉头和饱含沧桑的眼神，如太行山上层层垒砌的岩石一般的斑驳裂纹，表现那一代人经历过战争贫

穷的苦难，同时露出的慈祥微笑又表现出那一代人的乐观；《脊梁》的人物脚踏大地，头顶蓝天，表现出劳动者的体面与尊严；《老酒》将农村老汉开怀畅饮的状态表现得淋漓尽致，脸上洋溢着对新时代生活的满足；《山娃系列》是曲阳泥塑重要的组成部分，其中人物有咧嘴含笑的、有说悄悄话的、有帮着大人搬南瓜的、有张嘴唱着歌的，造型虽粗犷朴实，刻画却精湛细腻，真实地反映出农民这一朴实而庞大的社会群体的精神世界。透过这些散发着浓郁乡土气息的泥塑，仿佛乡里活生生的人物展现在你眼前，每一件作品都向人们讲述着一段山里人的故事，每件作品都是一段记忆的烙印，将民间画卷化为泥土来展现中国元素。

二、人梯攀爬匠意传

曲阳泥塑是在一代代人的肩膀上一步步成长的，技艺在一代代人的手中不断丰富，最终铸成曲阳泥塑今日繁荣。曲阳泥塑在马若特这一支流中经历了三代的发展与完善。马若特的父亲马志国在马若特爷爷的影响下，从一个"放羊娃"逐渐成为泥塑技师，并且在学习过程中立志成为一个泥塑大师，但是由于年岁已大，所以将这个愿望寄托在马若特的身上。马若特先后在曲阳县雕刻艺术学校、天津美院进修，之后又在于庆成先生的工作室待了一年，亲眼看到这位大师怎样生活、怎样创作、怎样做泥人，对泥塑制作产生了崇拜之情，并立志也要成为泥塑大师。这段学艺经历为马

若特指引了一个前进的方向，马若特也凭借自己对泥塑制作技艺的天资，熟练掌握了一整套娴熟技艺，并在传承传统技艺的基础上进行大胆改革与创新，探寻出一条独具独特艺术风格的创作之路。现在，马若特的儿子马天歌也表现出了对泥塑的浓厚兴趣。父传子，子传孙，代代相传，上代人做下代人的梯子，下代人踩着上代人的肩膀不断攀登，这是曲阳泥塑最基本的传承方式。除了家族传承之外，还有社会传承，据马若特介绍，工作作坊里现有学徒几十人，主要是由邻居、亲戚等群体组成。

曲阳泥塑技艺在马若特手中也经历了一个不断成熟的过程，在保存方法上，由一开始的风干到后面的烧制，经历了一个曲折的过程，因一场大雨毁坏了一年多的心血，也使马若特开始思考曲阳泥塑的保存技艺。马若特借鉴定瓷烧制的手法，通过烧制使泥人变成陶性作品。在自家修筑的土窑中经历过数次的失败后，最后终于总结出了不让泥塑作品在烧制的过程中炸裂的方法：先小火后大火，并总结了控制温度的曲线图，从点火到一小时内，温度控制在 50℃，五小时时温度上升到 500℃，八小时以后直接上升到 1 200℃，然后灭火降温，最后再降温三天。最后呈现的泥塑人物面部表情和衣服上的细节经过烧制表现得更加逼真，并且这个烧制技艺不断传承，成为曲阳泥塑的一个必经的、不可缺少的制造环节。经过多年的刻苦钻研，马若特制作的泥塑形成了一套成熟的工艺。现在曲阳泥塑坚固耐存，不怕潮湿，不受环境的局限，即使放置在潮湿的环境中也不会脱皮散架。

泥塑技艺的传承主要是通过口传心授，师傅带徒弟手把手地传承。马若特先生在采访中说道："中国的雕塑它是没有文字的，都是民间艺人口传心授，然后再传承，也没有什么理论，只要有兴趣就能够学习，凭借自己的审美感知力、艺术创作力、融会贯通力来进行泥塑的学习。"马若特指出，一个时代的泥塑作品和一个时代的绘画雕刻是共通的，是一种综合性的艺术，因此在学习泥塑技艺的过程中还要了解美术知识、文化理论以及绘画、雕塑、书法等艺术。

三、一抔泥土形诸物

曲阳泥塑从民间走来，造型纯朴，具有浓厚的乡土气息和深刻的思想内涵，土气中蕴涵着亲近，粗犷中蕴含着质朴，一笔一画、一颦一笑都展现着淳朴乡情。

曲阳泥塑的制作不需要特殊昂贵的材料，只需要泥、擀面杖、麻刀、样模等材料和工具，一般主要使用两种原料捏制泥塑作品，一种是选自当地特有的高岭土，一种是南方的紫砂泥，两种泥土制作出来的作品一个会呈现灰色，一个会呈现紫黑色，两者按照一定的比例掺和，优势互补，既不容易开裂，也容易成型。纯净泥土经磨碎、打浆、过滤、脱水、加以棉絮反复砸柔制作熟泥，用手工捏制成型。为方便保存，使泥人中空外严，阴干之后经高温、空心烧制，无彩无釉，呈现着粗犷朴实的样貌。

面部的表情是曲阳泥塑最关键的部分，"传神不传神，面部占八分，捏头要拿出百分之百的精力"。曲阳泥塑造型人物面部表情逼真，姿态生动，曲阳泥塑用写实的手法，将人物面部表情展现得栩栩如生，将人物脸上的皱纹和衣服上的褶皱刻画得细致入微。人物表情的塑造需要先在木板上撒上一层干土粉，把泥巴放在上面，将泥巴擀成片，干土粉与泥巴

表面的水分融合就形成了干裂纹，这种手法叫干裂法。面部皱纹的细节则是通过干皴法，用小毛刷蘸取少许干土粉，将干土粉附于人物面部，利用毛刷的毛尖与人物面部接触的力度，使干土粉渗入到毛尖扎出的小孔里，使人物面部迅速吸收表面的水分，使人物面部产生细微裂纹，自然形成面部皱纹。干裂法和干皴法是曲阳泥塑独创的塑造手法。

在形象的塑造上运用了写意的手法，通过夸张和变形突出局部，借助夸张的比例来展现人物风采，让泥土有了生命，有了与观赏者沟通心灵的意会。曲阳泥塑不使用任何颜料进行粉饰，通过对泥胎进行塑造呈现着原生态的泥塑之美。曲阳泥塑所具有的艺术感染力和生命震撼力，淳朴的精神与生动的雕塑语言相融合，具有极强的欣赏价值和极高的收藏价值。

四、山里物什世界传

当今，曲阳泥塑处在一个大变革的时代，如何使曲阳泥塑创作紧跟时代是马若特这一辈人面临的难题，如何作为一个时代文化的先知先觉者，表现对人民和社会的关心、对民族精神的发扬、对时代精神的把握，是目前曲阳泥塑传承者所面临的压力。为此马若特做了很多扎实而有效的推进工作。

首先，成立工作作坊和泥塑文化馆进行技艺传承。在国家提倡非遗传承和文化自信的号召下，从审美倾向和民族情感的角度来说，马若特希望更多的人来参与到曲阳泥塑的传承过程中来。技艺的传承是开放的，只要有兴趣就可以学习，马若特认为兴趣就是最好的老师。马若特有几十个学徒，

包括马志兰、马晓霞等一批卓有成就的泥塑艺人。在泥塑文化馆中，马若特的泥塑造作品为参观者提供了一个近距离接触泥塑作品的观赏机会。马若特希望人们在欣赏的过程中体会曲阳泥塑的魅力，让曲阳泥塑在人民心中保持一个鲜活的记忆，达到对曲阳泥塑的传承。

其次，参与各类活动，积极将泥塑文化推向世界。马若特先生每年都会到一些高校学校举办讲座，进行调研，积极参加各类比赛，曾在国家级及省级比赛中获奖 20 余次，其作品被多家博物馆收藏，相继被中央电视台、《雕塑》杂志、《世界华人》杂志、《河北日报》、河北电视台、《农村青年》、《河北科技报》等多家媒体刊载和报道。在对外传播中，马若特带着他的作品《山娃》《老伴》走出国门，参加西班牙艺术馆展出，令西班牙游客和外国专家叹为观止、流连忘返。除此之外，马若特的泥塑作品还畅销国内外多个地区，有的还被韩国、德国、日本、新加坡等众多国家的友人收藏。曲阳的泥土就这样承载着家乡的土风民俗，被塑造成一个个有温度的憨态可掬的形象，走出国门，并向国外友人展示着中国的传统文化，成为河北文化的一张独特名片。

再次，对时代脉搏把握下的技艺创新。马若特谈及泥塑传承的困难时，提及得最多的就是时代洪流中泥塑的生存困难。针对这一情况，马若特先生也进行了积极探索，紧跟时代动向，在 2020 年上海世博中，其作品《中国元素之兵马俑》完美地体现了中国元素，被中国元素馆永久收藏。马若特创作的反映民风民俗的泥塑作品《免交农业税了》由 10 个形态各异的山里人及一个装有喇叭的电线杆组成，准确地把握了党和政府这一惠农政策传到农民耳中的历史瞬间，达到了思想性和艺术性的有机统一。2022 年 4 月，马若特创作的《情系马兰》和《唱响冬奥》取材于邓小岚老师生前在阜平县马兰村义务支教的感人事迹，艺术地再现了邓小岚和马兰花合唱团的精彩时刻。马若特希望在保留传统特色的基础上，将曲阳泥塑融入一些现代元素，追求时尚个性与追求返璞归真相结合，同时借助媒体去宣传。

曲阳泥塑作为太行山脚下一朵灿烂的山花，从民间走来，又给山民留

了一份"特殊的生活档案"。马若特的作品在把握时代脉搏的基础上反映
人民生活，通过泥塑人物憨态可爱的形象获得更多人的喜爱，吸引更多人
加入传承和保护的队伍中，让全世界感受这项传统技艺的魅力。

【知识链接】曲阳泥塑

　　曲阳泥塑是在曲阳雕刻的基础上形成的，随着石雕技艺的日益精湛，
曲阳泥塑艺术也逐步成熟。曲阳的民间泥塑产生于河北省曲阳县太行山脚
下的辉岭村，最早起源于清代晚期，2013 年，曲阳泥塑入选河北省第五批
省级非物质文化遗产名录。

　　曲阳雕塑是以无杂质的纯净泥土为原料，经磨碎、打浆、过滤、脱水、
加以棉絮反复砸揉制作熟泥，用手工捏制成型。为保存方便，使泥人中空
外严，阴干之后经高温、空心烧制，无彩无釉，粗犷朴实。作品主要以农
村社会原生态为背景，以农民生活情感为主题，以社会发展为旋律，以对
农村文化进步的追求和对宁静淡泊的田园生活的留恋为冲突焦点，用泥陶
艺术形式反映山民这一原本极其朴实而庞大的社会群体。作品精犷朴实，
内涵深厚，刻画细腻，贴近人们生活。

笔墨相称　技艺相承

——"南宫碑体"书法艺术传承人冯克军访谈

"南宫碑体"书法艺术起源于清朝，发展至今已有200多年的历史，流布于大名县、南宫市等地。作为一种独特的书法艺术，它具有"里圆外方，内藏筋骨"的特点。2012年，"南宫碑体"书法艺术入选河北省第四批省级非物质文化遗产名录，作为第五代传承人的冯克军，时刻铭记恩师的谆谆教诲，运用自己所学的知识，不断补充和创新"南宫碑体"书法艺术的内容和形式，促进"南宫碑体"书法艺术的传承。可以说，冯克军为此倾注了很多心血与时间。

为了解传承人的个人经历，探究"南宫碑体"书法艺术入选省级非遗代表性名录的原因，笔者带着钦佩之情，同冯克军先生进行了沟通和交谈。本文依托其提供的资料，对该技艺的历史和现状进行了梳理，同时也表达了笔者对这门传统技艺的期待与展望。

一、幼时结缘，至今热爱

冯克军，男，出生于1966年10月，河北省邯郸市大名县人，现任大名县职教中心校长。出身于书香门第，自幼聪慧，酷爱书法，在父亲和舅父的指导下学习书法，1983年师承南宫碑第四代著名传人王乐同先生，先学唐楷，继而学习魏碑、二王和篆隶，最后才是学习张裕钊的南宫碑书体。跟随王乐同先生长达18个春秋，勤学苦练，每日临池不辍，领悟王乐同先生艺术真谛。

受父亲和舅舅的影响以及自身对书法的喜欢，冯克军 7 岁就开始接受非专业书法教育。在春节前夕，上小学一二年级的冯克军就开始撰写本家和邻居家的春联；随着技术越发精湛，三四年级时已经能够负责全村近三分之一家庭的春联，这给当时那个临近年关十分繁忙的鞭炮专业村来说无疑带来了很多便利，而冯克军的书法艺术天赋也在此时崭露。1983 年，16 岁的冯克军凭借优异成绩进入河北大名师范学校学习，遇到了他的恩师王乐同先生，也是"南宫碑体"书法艺术第四代传人。在这里，他按照王乐同先生摸索出的书法学习规律开始系统地学习书法。第一步从唐楷入手，先学柳，得柳体之瘦硬的笔力，再学颜，得颜体之筋骨和博大的气息，继而学欧，得欧体之严谨结构。学唐楷打下坚实基础后，第二步是学习魏碑，临写《张猛龙碑》《张黑女墓志》《郑文公碑》等。第三步学习二王。第四步学习篆隶。第五步才是学习张裕钊的南宫碑书体。如此十八年，不断领悟"南宫碑体"书法艺术的真谛。

作为"南宫碑体"书法艺术的代表性传人，冯克军从前辈那里学来了精湛的传统艺术，并在多年的研习、展示和磨炼中不断提升，时至今日，他仍旧秉承着对书法艺术的初心和热爱，培养了一批优秀弟子，成了优异的书法大家。

二、从古至今，技艺流传

"南宫碑体"书法艺术由晚清大书法家张裕钊创立，其生于湖北省鄂州市梁子湖畔东沟镇龙塘村张家湾的一书香世家。作为曾国藩的入室弟子，"曾门四学士"之首，他"独以治文为事"，并不热心于政治，故始终未得一官半职。最后终于绝意仕途，转而致力于教育、文学和书法的研究。张裕钊书法艺术造诣极深，其源于魏晋，突越唐人。济刚柔俊逸于毫端，创造出一种内圆外方、疏密相间的独特书法，具有劲拔雄奇、气骨兼备的特色。张裕钊在运笔、转指、用墨、用水等技巧方面，皆有其独到而突出的方法。以中锋运笔，饱墨沉光，精气内敛。"笔画以斜为正，结体似圆实方，匆匆落笔的手稿，更无意为方为圆而方圆自得。"可见，"南宫碑体"书法从清末发展至今已有 200 多年的时间，其历史十分悠久。

　　"南宫碑体"书法艺术世代相传，其形成了一个传承人谱系。王洪钧作为张裕钊入室弟子，1920 年将南宫碑书法传入大名县，是大名县第一位南宫碑书法传播者。之后，王洪钧将自己从创始人那里所学到精湛技艺教授给入室弟子卢辅臣。到了第三代，李松年，也叫李鹤亭，成为王洪钧的入室弟子，跟随其学习"南宫碑体"书法艺术。随后，李松年收了两个徒弟，其子李守诚以及入室弟子王乐同。到了冯克军这里，他作为王乐同入室弟子，已经是"南宫碑体"书法艺术的第五代传承人。

　　可以说，正是代代传承人的勤学不辍、不断创新才促成了"南宫碑体"书法艺术的流传。从创始人张裕钊开始，一种淡泊名利、超脱自然的文人气质就已经确立，在与冯克军的交谈中，笔者仍然能够清晰地感受到这种精神内质，其是促进"南宫碑体"书法艺术传承至今的支柱。

三、笔字章墨，尽显魅力

"南宫碑体"书法艺术作为河北省省级非物质文化遗产项目，在当代流派中，邯郸无疑是这一流派的重镇。南宫碑书法经过百年流布，在邯郸几乎妇孺皆知，成为当今罕见的一种文化现象。因此，"南宫碑体"书法艺术在邯郸的传承更具代表性，涌现出一批大家和代表性传承人。

"南宫碑体"书法既具有中国书法艺术的共性，又具有自己的特点。中国书法艺术讲究笔法、字法、章法、墨法四个方面。笔起行收，毛笔在蘸上墨之后，在纸上形成运动的轨迹，这个叫笔法。字的建架结构，即每一笔每一划如何组成这个字，这个叫字法。章法，即整篇布局，这一幅作品少到一个字独自成立，多到上千字。一幅作品里边它的整体安排布置，比如一副对联，或者一个横幅，或者一个扇面等，都有各自的章法。最后是墨法，墨分五色，焦、浓、重、淡、清，这就是书法里边的四法。

而"南宫碑体"书法艺术具有其独特魅力。总体来说，外方内圆，用笔以藏锋为主，字体挺拔劲健。每字横画竖画相接，和围转处，方中带圆，颇有风神，圆中见方，内藏筋骨。点画转折皆绝痕迹，撇、捺、啄、趯，尤忌露锋。每笔起止皆呈圆形，潇洒自如，柔中有刚，方圆适度，苍劲有力。每一个字都显得既充实，而又有余韵。按四法来讲，其笔法特征十分独特：逆锋起笔，回锋收笔，中锋行笔，运笔有提有按，笔笔藏锋；逆锋起笔时，锋在当中，不能使卷毫；回锋收笔时，不得用力下按，不要有提按痕迹。笔法口

诀：欲上而先下，欲下而先上，欲左而先右，欲右而先左，无往不收，无垂不缩，折笔处挫、顿、折同时进行，呈现内圆外方。

可以说，"南宫碑体"书法艺术集中国传统书法艺术特点于大成，更具有自己的独门特色，可谓精妙绝伦。

四、继承传统，创新传承

近年来，随着社会节奏的加快、外来文化冲击以及多种娱乐方式的丰富，书法艺术也呈现出发展缓慢的迹象，在与冯克军交谈的过程中，也能感受到他对这一传统艺术传承的担忧。因此这项技艺亟待保护和传承，为此冯克军做了很多扎实而有效的推进工作。

首先，对"南宫碑体"书法艺术技艺的创新。从笔法来看，张裕钊的书体线条骨多筋少，行进中整齐划一，变化不大。冯克军南宫碑书体的线条大胆吸收颜真卿书法的元素，而呈现出筋多于骨、雄浑厚重之势，线条行进中富于变化，如顿挫进行，轻重缓急交替，飞白穿插，侧锋、中锋、破锋并用等技法，线条格外富有质感，富有情趣和书巷的雅趣，有较强的时代感。从墨法来看，张裕钊的南宫碑书体的墨法单一，饱墨乌黑，几乎

没有飞白和枯墨。冯克军的南宫碑书体则墨象万千，浓、淡、干、湿，涨、飞白，枯墨大胆融入，虚实相应，吐纳自然，一派天成，更合乎现代人的审美情趣，走出了一条继承、发展、创新的路子。融百家于一炉，其字苍劲饱满、线条圆实、飘逸灵动、结构舒展，形成了雅俗共赏的艺术风格，创造出既不失南宫碑书体的基本特

征，又呈现出儒家"中和"思想的书风。

其次，传承和丰富"南宫碑体"书法艺术。冯克军大量阅读古典文学，并涉猎国画、篆刻、京剧、音乐等艺术，从中汲取营养丰富南宫理书法艺术。他还十分重视搜集有关南宫碑书法资料，搜集到的资料内容丰富，从第一代到第七代，从民国到现在。有作品、实物、书籍、文献、事迹等等。

最后，创办活动、开设课程。冯克军十分重视南宫碑书法的传承，早在 1990 年他就开始收徒传授南宫碑书法。2010 年他担任大名县职教中心校长后，在学校开设了书法课，他亲自担任书法教师，传授南宫碑书法艺术，现已有 1 000 余名学生学习南宫碑书法，把大名县职教中心办成了南宫碑书法教育基地。另外，他还依托展览等媒介促进"南宫碑体"书法艺术的传播。2011 年 11 月，冯克军作为主要组织者和主要作者举行了大名县书法晋京展，在中央党校展出。同年 12 月又举行了大名书法晋省城展，在河北省博物馆展出。

在今天，当我们到大名县，甚至到邯郸市旅游时，我们在公园的石刻上随处能看到南宫碑体书法的呈现，其传承已逐渐融入生活之中。在问及"南宫碑体"书法艺术的发展前景时，冯克军直言，如今科学技术迅猛发展下学习和娱乐方式也有多种选择，许多学生不愿再将书法作为主要学习的对象，这也造成了书法艺术传承的困境。但同时，冯克军对书法艺术的发展充满信心，他坚信在国家大力提倡文化建设、传承非遗特色的情况下，人们会突破精神困境，寻找到老祖宗留给我们的中华民族的根基，定会更好地保护和传承中华优秀传统文化，让我们一起努力吧！

【知识链接】"南宫碑体"书法

南宫碑刻于清德宗光绪十二年（1886 年），全称《重修南宫县学碑》，也称《重修文庙碑记》；通高 2.4 米，宽 0.89 米，厚 0.25 米，优质青石刻成。碑额雕二龙戏珠，中间阳刻篆书"重修文庙碑记" 6 个字。碑文楷书13 行，共 650 字。此碑系清末著名散文家、书法家张裕钊撰文并书丹，字体结构里圆外方，方中带圆，颇有风神；圆中见方，内藏筋骨，每一个字都显得既充实而又有余韵，堪称"柔峻相间，融而化之"，曾被誉为"在近代书坛上别开生面，独创一格"的"南宫碑体"，又被称为"文字双美"，刻镌兼优的艺术珍品。

滦河艺人滦河魂　滦河石雕蕴文心

——滦河石雕传承人王泳心访谈

石雕，是用各种可用于雕刻的石头，创作出具有可欣赏的艺术形象，并以此展现社会生活，传达艺术家的审美感知、审美体验、审美理想的艺术。石雕常用的石材有花岗石、汉白玉、青白石等，而滦河石雕则用滦河两岸边形貌各异的天然滦河石作为载体通过创意构思、加工打磨而成，它是一种精美的工艺美术品。艺术家王泳心生长在滦河岸边，从 1996 年捉刀刻石至今，已有 200 多件滦河石雕作品问世，其所用石材有黄蜡石、白蜡石、玛瑙石、砂岩石等。艺术主题多样，涉及历史典故、神话故事、花鸟鱼虫等。其作品既保留了滦河石本身的原始美，又蕴含着浓厚的人文精神，形成了独特的石雕风格，成为河北的审美意象与文化符号。

2019 年，他的作品《千秋风骨》入选第十三届中国美术作品展。2019 年，滦河石雕入选河北省第七批省级非物质文化遗产名录。项目代表性传承人王泳心凭灵心秀手，以技进道，用一柄刻刀、一块石头，"幻化"出万千"世界"，被誉为"河北省工艺美术大师"。

为了解传承人的生平经历、技艺特点，以及"滦河石

雕"入选省级非遗代表性名录的原因，笔者带着敬佩之情联系到了第一代传承人王泳心先生，同其进行了沟通和交谈。本文依托其所提供的相关资料，对该"滦河石雕"的创立过程、发展现状、未来愿景进行了梳理，同时也表达了笔者对这门传统技艺的期待与展望。

一、幼痴绘画到情系石雕

王泳心，号释墨，男，1969 年出生于河北省迁西县新集镇，滦河石雕开创者奠基人，河北省工艺美术大师，河北省高级工艺美术师，唐山学院客座教授，河北省非物质文化遗产"滦河石雕"项目传承人。王泳心出身于书画世家，母亲擅长绘画，浓烈的家庭艺术环境氛围在其年幼的心中埋下了一颗艺术的种子，也培养了他对艺术敏锐的感知能力与浓厚的兴趣。他小时候便很喜欢画画，并展示出极丰富的想象力，花鸟鱼虫、飞禽走兽，都在他的笔下栩栩如生，活灵活现。初中毕业后，王泳心在迁西县文化馆从事工艺美术工作。

后来，他开始对木雕产生兴趣，从对原始木材的拣选，到除湿、砍削抛光粗坯，再到细雕、打磨、抛光等，他一边学习一边实践，慢慢地掌握并熟练木雕的每一道工序，寒来暑往，岁岁年年，一件件饱含着独特艺术价值的木雕作品是他的勤奋与执着的最佳写照。然而，王泳心并未就此止步，他生活在燕山脚下、滦河岸边，山的雄伟浑厚与水的纯净清冽又赋予他了更多的灵感。漫步在滦河岸边，看到那被河水冲刷的或圆或扁、形状不一、五颜六色的河卵石，他逐渐萌生了雕刻滦河石的想法。"滦河石外表朴实无华、不及玉石华美贵重，然而厚实而凝重，得天地之造化，吸燕山之精神，纳滦河之灵韵，若取石造型，量体赋形必能成美器。"于是，他便开始尝试石雕。

石雕不同绘画和木雕，石头质地坚硬，对雕刻工具、雕刻技艺都提出了更高的要求，南朝画论家谢赫提出"六法"，其中有气韵生动、骨法用笔、应物象形、随类赋彩、经营位置、传移模写等六个方面，单单是应物象形、随类赋彩都已经很难，而更高一层的气韵生动更是难上加难。但王泳心通过数十年如一日的努力做到了，背后是数十吨甚至上百吨滦河石的拣选，是刻刀日日夜夜的雕刻与琢磨，更是他对艺术执着的追求与饱满的热情。1987 年，王泳心有幸与根艺大师何春生和央美雕塑家刘勇交流，并经其师央美教授吴竞和根雕会长屠一道亲自点拨，受益颇深。后经数十次游历，学习惠安石雕、曲阳石雕、寿山石雕和青田石雕，最终融汇南北石雕技艺和文化精髓于大成。王泳心根据石头天然的质地、纹理、构造，或圆雕，或高浮雕，或浅浮雕，赋予其独特的表现形式。在此基础上进一步精雕细刻，注入浓厚的人文底蕴，使其气韵生动，形神兼备。由此，一个新的雕刻品种诞生了，滦河石雕诞生于世，并跻身中华传统艺术宝库，其石雕作品《禅悟》于 2003 年荣获"中国名家艺术精品邀请赛"特别奖；石雕作品《佛性》于 2008 年荣获"河北省旅游商品大赛"银奖；2014 年，滦河石雕作品《赤壁怀古》获河北省首届文化创意大赛金奖；2019 年，他精心完成的作品《千秋风骨》成功入选第十三届中国美术作品展。

作为第一代滦河石雕开创者与传承人，王泳心通过自己的努力成为一名远近驰名的艺人和公认的优秀民俗传承者。

二、切磋琢磨蕴灵心

"我要赋予每个独一无二的作品'思想'，实现人与天然的石头融为一体的境界。"可见，王泳心孜孜以求的并非一般匠人所能达到的惟妙惟肖的"形似"境界，而是借石雕悟"道"，并将自己对天地万物道性的理解融入石雕之中。他雕刻的虽然是滦河石，但说他雕刻的是人生也未尝不可。每一件作品中所承载的是他对天地、人生、历史的理解，从绘画、木雕到石雕，可以看出他从个体出发不断进行精神远游的历程，这些作品亦是他生命力的彰显。

　　在他的工作室中有色彩斑斓、造型奇特的石雕作品，涉及的题材也多种多样，如宗教人物、历史典故、神话传说、花鸟动物、民间风俗、乡村风景、居民器皿等等，其中，有沙洲中长途跋涉的骆驼、张牙舞爪的小螃蟹，也有慈眉善目的观音、喜笑颜开的布袋和尚，更有泛舟江渚的苏轼、清风朗月中的诸葛亮等等。中国当代画家周尊圣对王泳心的作品赞赏有加，称赞其"奇石妙想赋灵魂"；词作家郝立轩赞叹他"巧思神功见真韵"；唐山美协主席么顺利则认为王泳心的雕塑融汇东南西北，走出了一条既不同于传统雕刻艺术传统，又非移植西方工艺造型的创新之路，路途上留下更多的是工艺艺术的精神遗产和设计精神。

　　事实上也是如此，王泳心的作品以独特的艺术构思、精妙的雕刻手法、厚重的人文底蕴成为滦河的审美符号。其作品《赤壁怀古》以滦河石、小叶檀、古槐以及金属装置而成。众所周知，《念奴娇·赤壁怀古》是宋神宗元丰五年（1082 年）苏轼被贬谪到黄州时所写的，苏轼因以诗文讽喻变法，被其他官员罗织罪名而被贬，内心忧愁愤懑，于是借游山玩水排遣心中愁苦，赤壁的风景使苏轼感触良多，更让他追忆当年三国时期英雄豪迈，同时也感受到时光匆匆，继而写出"大江东去，浪淘尽，千古风流人物"

的名句，该词气势磅礴，雄浑壮阔，并承载着作者有志报国却壮志难酬的感慨。该石雕作品以一块扁平的白色石为主要材质，石里质地呈现灰黑色，通过浮雕将石头下半部作为一叶小舟，石头上半部有苏轼和友人、随行者以及撑船者，船上的凉棚、船竿都细腻可见，甚至人物的动作、神态以及凉棚的纹理都无比清晰传神。有的人站在船尾，眺望远方，有的人并排而坐，似乎是远方的惊涛骇浪引发了他们对历史、人事的思考。在船的下方是一块檀木木雕，厚重的纹理又渲染出浓厚的历史感，正应和了诗歌中的"千古风流人物"，在木雕的右下方由三根弧形的白色金属线条，一直延伸到船的上方，构成了三分之一个弧形，将小船环抱，线条尾端也有一大块古檀木，圆弧上还有几块小型的古檀木，正迎合了那句"乱石穿空，惊涛拍岸，卷起千堆雪"。整个作品浑然一体，展示出苏轼泛舟游览赤壁的场景，同时又运用木雕凸显出强烈的历史意识，更借助三条灵动展开的圆弧金属将画面由表层引至深层，从有限引发至无限，点出诗词背后传达出的深沉厚重的时代兴亡色彩、志在千里的雄心和此志难酬的忧愤。2014 年，滦河石雕作品《赤壁怀古》在河北省首届文化创意大赛中荣获金奖。

　　王泳心的作品不仅有浓厚的历史底蕴，同样有对现实的关切，展示出一位艺术家的良心与品位。2019 年的新冠疫情在全国乃至全世界肆虐开来，四海临危，全球恐慌，举世抗疫。中国政府始终坚持人民至上、生命至上，因时因势不断调整防控措施，疫情防控取得重大战略成果，在此过程中也涌现出数不尽的无名英雄和"逆行者"，中国人民心连心，手拉手，共同抗疫。在此背景下，王泳心不忘人民艺术家的初心与使命，创作出抗疫作品《共生》，王泳心将其解释为："共，荣辱与共；生，万物共生"，其名称用意既指向了当下中国人民抗击疫情的事实，又密切呼应了当下"人类共同体"的倡导理念，可谓一语双关。作品主体是蓝色的球体，左边以 2020 图样贯入球体，镌刻着庚子之年的人类命运之转关，周围浮动的数个球状病毒象征着病毒之肆虐，球体的最上方是一块灵石，灵石不加雕琢，素朴简雅，所谓"大人者，不失其赤子之心也"。作者以原生态的石头象征着人的本性初心以及万物的生生不息。作品在河北省抗疫雕塑大赛（大师组）中获进取奖。

三、传道授业与宣传保护

自1996年尝试石雕创作至今，王泳心潜心研究、认真学习、精心雕刻，搜遍滦河石材，创作出多种材质的滦河石雕作品200余件，经过多年对传统美术的理解感悟，他依据滦河石的质、色、形将其划分为蜡石、俏色石、叠层石、玄武石、墨石、火山容积石、玛瑙石、蛇纹石等八种系列。滦河石雕特色在于保留滦河石天然形态的同时，还被植入了古典文化与滦河流域周边的人文、历史、民俗的文化元素，雕刻者采用浮雕、圆雕、高浮雕、浅浮雕多种技法进行雕刻，成为滦河文化中独具地方特色的文化产品。

如今，53岁的王泳心在潜心创作的同时免费为6名学生授课，他说："我要将石雕艺术传承下去，希望滦河石雕被更多人了解和认知。"王泳心被誉为"河北省工艺美术大师"，目前在唐山学院担任客座教授，承担相关领域的研究和教学工作。同时王泳心也将自己的创作心得写成文章，《王泳心滦河石雕原创艺术》一文被各级报刊转载，并选登在《中国当代民间工艺名家名作选粹》上；《大美无言　返璞归真——对雕刻艺术的审美

认知兼及滦河石雕原创艺术的创作》发表于《中国工艺美术》，进一步将这门艺术发扬光大。

为了让非物质文化遗产滦河石雕艺术技艺得以传承，王泳心自筹资金550万元创立了"滦河石雕艺术博物馆"。

展馆面积约2 732平方米，建筑面积985平方米，其中有专业的艺术创作室、作品展示厅、画室以及授课培训教室，展厅向公众开放，以期让更多人接触并欣赏滦河石雕艺术作品。此外，王泳心还积极接受电视台的采访，参与艺术展览以及比赛等，借助大众传媒宣传该门艺术，扩大滦河石雕作品的影响力。在王泳心的努力下，滦河石雕也逐渐形成系列并系统化。

如今，王泳心实现了让精美的滦河石"唱歌"的目的，他的作品《佛性》《陆羽品茗》《禅悟》等深得人们的喜爱和收藏，王泳心的成功来源于他不受功名利禄沾染的一颗初心。他用新颖的创意点石成金，他不仅是一位石雕匠人，更是一位用精心打造不朽艺术的艺术家。希望他和他的传承者们能够将滦河石雕这门艺术进一步发扬光大！

【知识链接】滦河石雕

滦河石雕是用滦河石雕刻而成的工艺美术作品。它是以滦河石为载体，通过构思创意，加工打磨制造而成的一种艺术形式与文化符号。相传，滦河的起源距今已有9 000年，她用甘甜的河水哺育着滦河流域世代的燕赵儿女，以她雄厚的历史积淀和丰富的人文底蕴，汇聚成独具特色、自成一脉的滦河文化。王泳心凭灵心秀手，以技进道，根据滦河石的形态特征，用一柄刻刀、一块石头，"幻化"出万千"世界"，"滦河石雕"也成为河北省第七批非物质文化遗产名录项目之一。

花灯绚烂凝芳姿　灯舞蹁跹闹新春

——洒河桥花灯传承人刘玉环访谈

洒河桥花灯由古老的河灯演变而来，花灯本身是集编织、配色、绘画、漂染于一体的综合艺术品，绚烂夺目的色彩和灯光以及出神入化的"跑花灯"舞蹈为春节和元宵节平添了节日的喜庆与热闹，花灯也为迁西人民的节日庆典带来一场视觉盛宴。2013 年，洒河桥花灯入选河北省第五批省级非物质文化遗产名录。

为了解传承人的个人经历，探究洒河桥花灯入选省级非遗代表性名录的原因，笔者带着敬佩之情联系了洒河桥花灯手艺传承人刘玉环的家人，并与当地政府宣传部门进行了沟通，本文依托他们所提供的相关资料，对该门传统技艺的历史、发展和传承进行了梳理，同时表达了对该门技艺逐渐发扬光大的期待。

一、坚守匠心　花灯绽放

如今已年过花甲的刘玉环老人是洒河桥花灯的传承人，从 20 岁开始她便对花灯这门手艺产生了浓厚的兴趣，每年春节时期，她都会坚持制作手工花灯，这一做就是整整 48 年。也许，一颗传统手民间艺人匠心就蕴育在这一折一叠、一剪一粘的鲜活灵巧的动作之中。

河灯和地秧歌可以说是"洒河桥花灯"的最初创意来源，花灯的创始人是时建华。他的父亲时金城就十分痴迷于放河灯，经常和一些民间艺人又受到了秧歌的启发，于是便萌生了将在河里放的花灯改为在手上持的花灯，并试图与秧歌舞蹈相结合，经过多次尝试和努力，成功将河灯改造成了能够在大街小巷即可观赏的跑灯。耳濡目染，时建华对花灯的制作、花灯舞也产生了兴趣，子承父业进一步发展了花灯，经过多次的改良，终于有了现在看到的半圆形的花盆样式的花灯雏形。时建华在世时又将这门制作花灯的手艺传给了刘玉环、鲁金二人。据刘玉环本人介绍，花灯制作过程非常复杂，涉及多种工艺，从对花朵的创意构思到对花朵尺寸的考量，再到选择颜料、纸张，以及后期的造型设计、绘画、配色、

漂染等等，一步也马虎不得。刚开始学习的时候，手有时会被材料刺到，都是血泡，但就是凭着对这门艺术的喜爱与一股子不服输的劲头，刘玉环咬着牙坚持了下来。

在相关新闻视频中，我们能够看到她的家中挂满了形态各异、造型多种多样、颜色绚丽的花灯，宛如花的海洋，只见她熟练地运用锥子、剪刀、浆糊，手指灵活地上下翻动，折、翻、捻、挑、粘、染，时而扎个圈儿、时而剪个花瓣儿……不多时一朵花就完成了，反复几次之后，在灯笼骨架之上，一束色彩娇艳的鲜花就绽放开来。

作为洒河桥花灯的代表性传承人，刘玉环从前辈那里继承来了精湛的艺术，并在多年的打磨与研习中不断提升，同时也注重对该门技艺的传承，她经常在闲暇之余教授自己的女儿、孙女制作花灯，艺术的种子就在迁西县洒河镇洒三村的这座普通的农家小院中萌芽，将来必定会成为参天大树。

二、古老技艺　精妙绝伦

"花灯制作很有讲究，一般人还真做不了。"刘玉环自豪地说。事实上也是如此，看似普普通通的花灯，里面的"学问"可真不少。首先需要使用木板若干块、铁丝若干，将其制作成花盆，之后便是最具有创造性以及艺术性的各色花卉的制作，花卉做好之后要将其组装到两个花盆上，再放上蜡烛，完成后两手拿起，可以舞动使用。它既是花团锦簇的花盆，也是一件精妙绝伦的艺术品。

制作花灯上的花卉的工具就是我们日常可以见到的小刀、剪子、浆糊、锥子、颜料等，材料也并不特殊，用于制作花灯底座的是木板、蜡烛、纸张等。但是当你看到那鲜红的牡丹、紫色的芍药、橘黄的向日葵、淡粉的海棠花等等不下数十种，你就会被这多种多样的颜色所震撼。再仔细看，

花瓣也是形态各异，真可谓惟妙惟肖。而且这些全是由人工用剪纸制作并粘贴完成的，花瓣要一片一片制作。为了达到效果，匠人们需要熟知不同花的整体形态以及具体花瓣的形状、花蕊样子等细节，再根据真实的花朵进行制作，有的花瓣如伞状，有的花瓣是椭圆形，还有的是卵形，这些都需要在剪纸的过程加以留心。另外，将花瓣粘起来也并非易事，不同的花朵

整体形状也不同，有碟状、碗状、杯状、球状、叠球状等等，这也给整朵花的制作增加了难度。刘玉环以制作牡丹花灯为例做了详细的演示，做一个牡丹灯前后需要有5道工序，要粘贴4层花瓣，最外面的一层要粘贴14个花瓣，向内每层花瓣的数量不一，都要有严格的考量。像那些更为复杂的花灯，比如梨花灯、菊花灯要有10多道工序之多。从选择扎花灯的底座、染纸、糊纸、剪纸到成型完工，全部需要手工一点一滴完成。

女儿赵志双继承了刘玉环的衣钵，从打花灯骨架开始学起，再到印染纸张、剪花灯纸、粘贴，她努力学习效仿，付出了常人难以想象的艰辛，有时候经常通宵达旦制作花灯，拿着剪刀累得直接躺在炕上睡着也是时常有的事情，长时间用眼、低头扎花灯也造成了颈椎不舒服的"职业病"，但如同她母亲一样，对花灯这门技艺的无比热忱和坚强的毅力让她坚持了下来。如今，她制作花灯的水平也已经炉火纯青，甚至青出于蓝而胜于蓝。将花灯上的花朵全部粘贴至花篮骨架之上，最后再放入蜡烛，这样一枝花灯就彻底做好了，这也是母女二人最为欣慰的时刻。

做花灯讲究的就是慢工出细活，既要花心思，也要有巧手，这是赵志双对此门手艺多年的心得体悟。在这些传统花灯艺人的眼中，每一盏绽放的花灯都是她们心爱的宝贝，她们是在用一颗真心在守护这门传统技艺。

三、花灯舞蹈　摇曳生姿

对迁西人来说，年味儿也意味着"跑花灯"，也就是花灯舞蹈表演，从春节开始"跑花灯"就拉开了序幕，一直到正月十五元宵佳节，村民们身穿鲜艳的舞蹈服装，手持两盏璀璨花灯，跟随着音乐的鼓点儿，踩着欢快的"之"字形步，穿梭往来，用这样的方式表达一年丰收的喜悦和祝福祖国繁荣昌盛的美好愿望。

花灯是一人一对，左右手持花灯，可以理解为其中蕴含着"成双成对""好事成双"之寄托。花灯制作好之后，由洒河桥村里的小伙子和姑娘们，每人手持两个花灯，有序组成花灯队伍进行舞蹈表演。花灯舞蹈来源于当地秧歌的舞蹈，但节奏要更慢一些。花灯表演者们身着节日的盛装以行进的速度边走边扭，人们既能够欣赏花灯的精美造型，同时能够领略表演者们的舞姿，花灯里面置有蜡烛，随着夜幕的降临，蜡烛会被点燃，蜡烛的光亮透过不同颜色的花朵、花瓣，发出的光芒也略有区别，黑夜中明亮的花灯队伍及舞蹈为春节、元宵节的夜晚平添了生机与热闹。

洒河桥花灯舞蹈表演大致可分为"过街"和"打场子"两种门类。"过街"表演是所有的表演者共排列成四路纵队，人人手持花灯，以行进速度边走边扭；相对于"过街"，"打场子"表演则花样更多，观赏性也更强一些。"打场子"是在店铺商铺、住户家门前或是在广场等地做定点表演，表演时演员举灯跑动，并变换队形，大概有编花寨、椅子圈、四面斗、二龙分水、对灯、卷华山、龙摆尾等十二三种花样。

四、技艺传承　非遗保护

近年来，随着社会节奏加快、娱乐方式的丰富，民俗文化也呈现出衰落的迹象，尤其是新冠疫情暴发以来，大规模的聚集活动逐渐减少，"洒河桥花灯"这一民俗也开始式微。因此这项技艺亟待保护和传承，为此洒河桥镇政府和刘玉环本人都做了很多扎实而有效的推进工作。

一方面，加大宣传力度。通过新闻、视频、网站等方式将这门技艺的采访宣传出去，让更多人了解接触到这门艺术。短视频软件如抖音、快手等平台也方兴未艾，可以利用网络将洒河桥花灯制作和舞蹈视频通过这些软件分享给更多人。另一方面，组建队伍。洒河桥花灯艺术离不开人，为了让这门手艺不失传，刘玉环将手艺教授给她的女儿以及孙女，让她们也参与到花灯设计与制作中来。面对其他对洒河桥花灯技艺感兴趣的年轻人，刘玉环等人也毫无保留地将制作花灯的技艺展示给大家。每到节假日，村里也号召年轻的男男女女都手持花灯，参与到花灯舞蹈表演队伍中来。

洒河桥花灯是河北迁西县的一种传统工艺品，它和"跑花灯"舞蹈共同组成了中国传统文化的一部分。花灯绚烂多姿，光彩夺目，花灯会舞蹈种类繁多，舞姿优美，百姓百看不厌，它象征着人们对美好幸福生活的向往，希望洒河桥花灯能够走出河北，走向世界，让更多人感受到这项传统技艺的魅力。

【知识链接】洒河桥花灯

洒河桥花灯舞，俗称"跑花灯"。洒河桥花灯由古老的河灯演变而来，又吸收了地秧歌要素，是花灯造型艺术与花灯舞蹈的完美融合。花灯制作是集绘画、造型、配色、漂染于一身的综合性艺术，首先要用木板、铁丝制作成花盆，之后便是各色花卉的制作，花卉做好之后要将其组装到两个花盆上，再放上蜡烛，完成后两手拿起，可以舞动使用。绚烂夺目的色彩和灯光以及出神入化的"跑花灯"舞蹈为春节和元宵节平添了节日的喜庆与热闹。

第八章　传统技艺传承人口述史

初心煮岁月　咫尺蕴匠心
——"杨肠子"火腿肠制作技艺传承人杨静环访谈

"杨肠子"是河北省秦皇岛市的一个广受好评的老字号香肠品牌。该品牌最早是创始人杨庭珍的艺号，后逐渐发展为品牌名，距今已有100余年的历史。"杨肠子"是北戴河海滨最为驰名的特产，主要产品是火腿肠，外表呈玫瑰红色，长约35厘米，重约0.5公斤左右。此外，该品牌还出售腊肠、熏肠、腊鸭、茶肠、小对肠、火腿、板肉等多种品类。其产品肉质鲜嫩，清香可口，品质优良。

"杨肠子"火腿肠制作技艺在2019年入选河北省第七批省级非物质文化遗产名录，杨静环是第三代传承人。为了了解传承人个人经历，研究"杨肠子"入选非物质文化遗产的原因，笔者怀着敬佩之情与杨静环进行访谈，并通过文献收集等方式，对"杨肠子"的历史和发展现状进行梳理，让大家对"杨肠子"这个非遗品牌进行更全面更深入的了解，同时也表达笔者对该品牌的展望与期待。

一、匠心传承，不忘初心

"在衰落遗失的边缘坚守，在快捷功利的繁荣里坚持。"

杨静环，女，1968 年 5 月 23 日出生于秦皇岛市北戴河区，北戴河区工商联副会长，秦皇岛市北戴河杨氏肠子肉制品有限公司总经理，1985 年起随父学艺，一直从事肉制品行业。

杨静环是"杨肠子"第二代传承人杨德厚的女儿，也是现在"杨肠子"品牌的

主要负责人。说起为何传承家族的这份事业，杨静环告诉我们，或许是因为耳濡目染和父亲的需要。"栉风沐雨，薪火相传；筚路蓝缕，玉汝于成。"时间裹挟着家族的发展史和杨静环的岁月，浩荡向前，三代人的苦心造诣以品牌"杨肠子"出现在大众面前，三代人"坚守初心，打磨匠心"的精神浓缩在品牌"杨肠子"中。

20 世纪 80 年代初，初中刚毕业的杨静环没有选择继续读书而是加入父亲杨德厚的"杨肠子"事业中来。她坦言道："没有喜不喜欢，只是父亲需要我，我就来了。并且一干就是一辈子。"成为第三代传承人，是杨静环自己选择的道路，对此她心无旁骛，以苦作舟。在波涛汹涌的时代潮流下，生存才是人的第一目标，人不过是时代里的一叶扁舟，被生活推着前进。就这样，年纪尚小的杨静环开始跟随着父亲学习配料、蒸煮、熏制、晾晒。当时正值杨德厚创业阶段，人手不足，资金不够，事事得有人干。杨静环站了出来，初长成的身体挑起了家里一半的大梁。累不累？答案是不言而喻的。细皮嫩肉的小姑娘穿梭在逼仄狭小的房间里，日复一日，年复一年。怎么不累呢？可是咬着牙，日子也慢慢过下去了。父亲手上的老茧，脸上的刻痕，头上的白发，让杨静环知道上一辈的接力棒最终将交到了自己手里。

如果问杨静环对父亲的印象是什么，她会笑着告诉你，她的父亲是一个抠门的小老头。正如人们传统印象中的父亲一样，杨德厚对于杨静环来说就是这样一个对自己抠门但对别人大方的形象。他的文化程度不高，但他对社会的认知程度很高，他清楚地明白自己想要什么，不坑人、不害人是他的准则，踏实可靠是他一辈子的标签。杨静环觉得父亲的这种精神是最值得敬佩的，在不知不觉中，她自己也将这份纯粹的坚守刻在心中。用料要选最好的，环境保持最优的，细节处理最精的，过去几十年来，"杨肠子"火腿肠从未因为质量、经营问题被相关部门询问，所有检验报告均为良好。即使在新冠疫情期间，猪肉价格居高不下的时候，杨静环依旧坚持保证肉肠的口感，绝不"掺水造假"。质量不变，价格未曾发生改变，即使利润低得可怜。压力大吗？当然大。"只有好的产品才能在人民间走开，"杨静环淡淡地说，"父亲传承给我的不仅是技术，更是一种'匠人'精神，我只是在保持罢了。"在杨静环眼中，保证产品一如既往的优秀只是一件很普通的事，甚至不值得一提。她只是一直坚持下来了，坚持住了抵抗纷纷扰扰的诱惑，坚持住了不忘初心，坚持住了在诱惑中淬炼品格。在深不可测的人心包围下，杨静环和她的父亲像是挖井人，两耳不闻窗外事，一心只做好产品。不让喜爱他们产品的人失望，哪怕自己吃亏，一条看不见的线将父女俩紧紧缠绕，那是他们的纯粹之心。"择一事，终一生""干一行，钻一行"，人事莽莽，世事匆匆，"杨肠子"传承人归来仍以匠心守初心。

新冠疫情重重地打击了杨静环的事业，生产和销售情况都不乐观。作为一项非遗技术，"杨肠子"火腿肠对于杨静环来说，不仅是谋生工具，更是一种情怀、一种坚守、一种信仰、一种责任。她绝不会让这项事业在她手里衰落。纷扰浮嚣的世界，她坚持以技养身，以心养技，十年磨一剑，百回攻一关，在慢行中以热爱对抗寂寞，雕琢岁月的光影；在继承中以创新发展技术，振兴家族企业；在守与破、退与进、留与弃中披荆斩棘；在精与工、匠与心、品与行中乘风破浪。即使在外工作，杨静环也心系工厂，在她眼里，细节决定成败，分寸间影响的就是产品的口味。

除了将家族传承下来的最原汁原味的配方应用到产品上来，杨静环还决心跟上时代的潮流，拓展事业边界，扩大工厂规模，升级机器设备，依托网络平台提高产品知名度，将"杨肠子"打造为秦皇岛一张闪亮的名片。她决心在数量跟上的情况下，让质量也在"如切如磋，如琢如磨"中更上一层楼。未来是充满挑战的未来，但绝不会是让"杨肠子"发展脚步停下来的未来。"不会停下的，我们会一直生产、一直发展下去的。"杨静环作为第三代传承人，真正做到了心心在一艺，心心在一职。

怀匠心方能践匠行，践匠心才能出匠品。杨静环在衰落遗失的边缘坚守，在快捷功利的繁荣里坚持，她是"杨肠子"品牌最闪亮的坐标。

二、匠心如磐，心无旁骛

"生活本就是一餐一饭，一生专心做好一件事。"

（一）极深研几，勤劳刻苦学习制肠技术

品牌的发展离不开先辈，杨静环的成长离不开爷爷。

第三代传承人杨静环回忆起小时候爷爷总爱和她讲自己学艺时候的故事，也许是爷爷的故事让她从小便养成了吃苦耐劳的品质。杨静环的爷爷杨庭珍，于1901年出生在山东省济南市齐河县杨井村，是家中的独子，在他的成长时期，时局混乱，战争频繁，家庭基本生存难以维系。于是19岁的杨庭珍孤身离家来到济南市，经人介绍在德国人马斯沙兹开设的石泰岩旅馆帮厨。杨庭珍自从做了马斯沙兹的学徒后，每天起早贪黑，对工作勤勤恳恳，对师傅处处细心周到，只为早日学得手艺，养家糊口。石泰岩饭店是济南最早的西餐厅，以德式菜为主，而该店最出名的是香肠。那里的大厨马斯沙兹，有一手制作德国香肠的绝活，尤其是他制作的黑森林火腿肠，这种香肠呈玫瑰色，切成薄片，平整坚挺，吃到嘴里鲜香醇厚，回

味悠长。马斯沙兹严格保守制作秘密配方，每次制作香肠时，他都把所有的原料、配料、调料等拿到自己的房间里，关上门配制，配好后再交给杨庭珍去灌、烤、熏、煮。杨庭珍把马斯沙兹每次拿去的各种原料、配料、调料等，拿去多少、剩下多少，一样一样都暗自记在心里，十年如一日不断地配比演练，知道了马斯沙兹制作各种香肠香料的投放比例以及灌、烤、煮、熏等工艺。

（二）兢兢业业，手艺高超美名传向四方

杨静环说，1928 年是爷爷生命中的第二个关键的转折点。那年，杨庭珍听说天津德国人开的沙卫饭店正在招聘做香肠的师傅，同时他对自己已臻炉火纯青的制肠技艺自信满满，便前往应聘。回忆起面试的那天，杨庭珍十分紧张，饭店老板邀请了很多当地名流显赫，要求他当场试做 4 根对肠。原料在他手中变成一根根红亮丰润的火腿肠，肉质紧实，香肠在烟火气中苏醒，均匀脱水，表面逐渐转变为焦糖色，由表及里凝敛风味，散发着果木熏香气息，一切开，大块的精肉丁，引人食指大动，而且口感独特，有韧劲，越嚼越香！连挑剔的德国老板品尝后都大拇指一伸说"顶好"，现场品尝的人们更是无不伸出大拇指连连叫好。从此，杨庭珍高超的制作技术便在天津民众之中口口相传。

（三）开基创业，审时度势落户渤海之滨

杨静环说起爷爷的发家之路，可以用"勇敢与专注"来概括。

杨庭珍一年多之后就离开了沙卫饭店，与人合伙开办了"胜利肠子铺"。到 1941 年，他想到之前多次夏天到北戴河为这些饭店供应火腿肠的经历，更是审时度势携家人将肠子铺迁到了北戴河海滨，落脚在西海滩路与剑秋路交叉口东侧。北戴河这座滨海小城的国际化便是自 1898 年被辟为旅游避暑地开始的，大批中外政要、富商巨贾和西方传教士纷至沓来，购地建房，风尚一时。旅馆饭店业也随之兴起，各地的风味美食相继涌来。20 世纪 40 年代，北戴河海滨已有很多外国人开办的餐厅，食用西餐颇受年轻人和中外名流的喜爱。杨庭珍小小的门市上悬挂着各种熏烤的香肠，来此避暑的中外游客品尝之余，纷纷将这美味带往四面八方。

新中国成立后，杨庭珍以独有的制肠手艺被北戴河商业局暑期供应站录用，在商业局的工作期间，杨庭珍深耕制肠技术，除保持原有制肠工艺外，精益求精的他又在西式风味和种类上进行改进，如以牛油、猪肝为原料的肝肠，以猪血为原料的血肠，还有腊肠、茶肠、小对肠、火腿、板肉，逐步形成了自己独特的杨氏风味。杨庭珍常说："天上飞的（禽类）、地下跑的（兽类）、水里游的（鱼类），都能做出杨氏风味来。"由于杨庭珍制作火腿肠的技术高超，品质优良口味独特，且易于保存，几十年里，到北戴河的各界人士，都纷纷购买"杨肠子"作为北戴河的特产，带往全国各地送给亲朋好友。

三、匠心无畏，雄韬伟略

"若是一心一意地做某一件事，总是会碰到偶然的机会的。"

谈起父亲，杨静环的敬佩与骄傲都溢于言表。20 世纪 50 年代末，杨静环的父亲杨德厚刚刚 17 岁，以学徒的身份，跟随着杨庭珍在北戴河区肉食加工厂学习"杨肠子"的制作工艺。耳濡目染之下，他不仅出色地习得了这门手艺，更延续了杨庭珍的"工匠"精神——心无旁骛、脚踏实地。

杨庭珍退休后，杨德厚便正式成为"杨肠子"第二代传承人。

"多亏了父辈的坚持，杨肠子发展得才越来越好。"杨静环如是说。20 世纪 80 年代初，"杨肠子"被冠以"莲蓬山"的商标。在杨德厚的带领下，"莲蓬山"牌火腿肠 1981 年被评为省优质产品，1982 年又被当时的国家

商业部评为名牌产品。1985 年，个体、私营经济受到国家鼓励、开始茁壮成长。身为北戴河区肉食加工厂技术副厂长的杨德厚，面临着时代带来的选择与考验。

（一）艰苦创业，当机立断顺应时代浪潮

1985 年，杨德厚已过不惑之年，不想继续在厂里干一辈子活的他决定开创自己的事业。即便上级主管再三挽留，他还是毅然决然地选择了自动离职。

杨德厚回到老宅，重新挂起了"胜利肉食加工部"的招牌，仅有一口大锅、一个熏炉，三四间小房。"我的父亲带着一家人，一步一步地开启了艰难的创业之路"。如今，杨静环回忆起这段日子，唯有"苦"字方可概括。

改弦易辙、从零开始的勇气，来源于"长风破浪会有时，直挂云帆济沧海"的自信；不畏艰苦、迎难而上的意气，来源于"雄关漫道真如铁，而今迈步从头越"的信念；高屋建瓴、审时度势的智慧，来源于"滴水石穿，非一日之功"的积累。

（二）业精于勤，事必躬亲打造品牌特色

"那时候真的很苦，起早贪黑，每天的产量也不高。"杨静环叹息道。由于纯手工的家族作坊的局限，每日的产量十分有限。同时，为了追求高品质，价格也没有竞争优势。创业初期，一家人面临的压力与挑战可想而知。

但是杨德厚踏实肯干，不妄想。即便资金短缺，他也从未选择过贷款，而是一家人节衣缩食、省吃俭用，一步挨一步地迈过了艰难期。他认为有多大本事就干多大的事，这不是轻视自己，而是正视自己。

"他特别会过。在细节上能省则省，但是在产品用料上却用的都是最好的。"杨静环回忆说："父亲在产品的选料方面却从未节省，严格控制用料的品质、不掺假不作假，追求高质量产品。"

从手到心，以技艺立道；随物赋形，以情怀入心。杨德厚以身作则、言传身教，在潜移默化中影响着第三代传承人——杨静环。杨静环现在回忆道："严格要求原材料的卫生与产品的质量，各个环节不掺假、不作假，这是我父亲对我影响最大的一个方面。"

也正因此，杨德厚树立起了高品质口碑、赢得了顾客的信任，"杨肠子"迎来了蓬勃发展期。

（三）不忘初心，长年累月坚守工匠本色

在杨德厚的严格把控下，"杨肠子"的名号逐渐恢复了，规模逐渐扩大了。

1995 年，"胜利肉食加工部"家庭作坊发展为"胜利肉食加工厂"，坐落在北戴河区剑南路，建筑面积达 700 平方米。同时迎合社会的发展浪潮，引入了现代化技术。1998 年，成功注册了"杨长子"商标；2000 年，北戴河杨氏肠子肉制品有限公司成立。

几十年如一日，杨德厚坚守匠心工艺，以不懈的奋斗精神、坚定的理想信念，在平凡的岗位上干出了不平凡的成就。"杨肠子"获得了广泛的认可度，先后获得"河北省非物质文化遗产""河北省著名商标""燕赵老字号""秦皇岛市十佳风味名吃""北戴河区十大旅游纪念品"。2001 年，经省商标评估事务所评估，"杨肠子"估价为 2 666 万元，是当时秦皇岛"老字号"商标估价之冠。

久久为功，以苦练精技术，以信念坚守初心。规模扩大，产量增加，生产现代化，"杨肠子"稳步发展、精益求精。不变的是"杨肠子"的品质，是"杨肠子"的色（淡玫瑰色）、香（鲜香浓郁）、味（味道醇厚）。

杨静环说："他现在虽然年纪大了，但对待工作的态度还是一如既往。"如今，杨德厚老人仍然亲力亲为，不仅在车间里指导技术、调配秘方，也在"北戴河杨肠子食品旗舰店"的抖音平台发挥余热。

四、匠心永恒，不负光阴

"吾等本为匠人，匠者本无旁骛，唯技艺得以传世。他日，盛不可忘本，衰不可失技。"百年传承，匠心独运。"杨肠子"从学艺到突破、挑战再到发展、传承，凝聚着杨氏家族的真诚与匠心。百年如一日，传承的是技艺，更是传承耐得住严寒守得住寂寞、不为俗世侵扰专注于卓越品质的匠魂。坚守平凡本身就是非凡，或者说，平凡比非凡更有价值，平凡乃是非凡的极致。

【知识链接】杨肠子

杨肠子，是在北戴河极负盛名的一种火腿肠，呈玫瑰色，鲜香可口，回味悠长，具有西式风味。

这种火腿肠是一位名叫杨庭珍的老艺人创制的，时间长了，名气大了，人们就给他起了个艺名叫"杨肠子"，他制作的火腿肠，也被叫作"杨肠子"。

杨庭珍祖籍山东，19岁时在济南的一个德国人开的旅馆里学厨艺。这家旅馆的德国老板有一手制作火腿肠的绝活从不向人传授，每次做火腿肠时，他总是要把材料拿到自己的房间里一个人调配，配好后再拿出来，让徒弟们加工。当时学徒的有好几个年轻人，顶数杨庭珍心细，每次师傅拿到房间里的料和剩下的料他都记在心里，时间长了，就把师傅配料的绝活给偷学来了。加上自己的创造，杨庭珍做香肠的手艺越来越精。

1928年，杨庭珍听说天津一个德国人开的饭店想要请一个做香肠的师傅，他就赶到那里，当场做了4根，那位德国老板一尝，伸出大拇指连连叫好。第二天，他做了20公斤香肠，往外一摆，很快就销售一空，名声立刻传了出去。

过了一年多，杨庭珍又与人合资开了一处"胜利肠子铺"，在天津很有一些名气。1941年，"胜利肠子铺"迁到北戴河海滨。后来，杨庭珍的儿子杨德厚继承了他的手艺，在北戴河的百姓家中，仍能常常闻到"杨肠子"

那独特的味。

第三代传承人杨静环，在继承手艺的基础上，又迎合时代发展的浪潮，用新媒体技术将"杨肠子"推向又一个新的发展高度。

让千年铸造技艺传承下去

——泊头传统铸造技艺传承人冉祥娣访谈

河北省沧州市泊头传统铸造技艺历史悠久，有文字考证的历史距今1 300多年，近代以来泊头就成为我国著名的"铸造之乡"。千百年来，泊头铸造工匠的足迹遍布大江南北，"哪里有铸造，哪里就有泊头人"的俗话广为流传。从古老的干模铸造，发展到硬模铸造，又发展到金属模铸造，再到十几米高的冲天炉，泊头传统铸造技艺作为现代铸造工艺的基石，日渐精湛。2006年，泊头传统铸造技艺入选河北省第一批省级非物质文化遗产名录，作为泊头传统铸造技艺的第四代传承人，冉祥娣在秉承传统铸造技术的同时，大量引进了先进的设备工艺及技术，将产品市场拓展到国外，针对国外客户的需要量身打造庭院、教堂、公园所需的铁艺品，使泊头传统的铸铁工艺在国外市场大放异彩。

为了解传承人的个人经历，探究泊头传统铸造技艺入选河北省非遗代表性名录的原因，笔者带着钦佩之情，同冉祥娣进行了沟通和交谈。本文依托其提供的资料，对该技艺的历史和现状进行了梳理，同时也表达了笔者对这项传统技艺的期待与展望。

一、兜兜转转结下与泊头铁艺的不解之缘

冉祥娣，女，1968年生于河北省衡水市阜城县大白乡冉庄，却与泊头铸造技艺结下了深厚的缘分。清末以及民国时代，大量的泊头人远赴天津

开设铸造坊。1930 年，在天津三条石创办的铸造厂已发展到 40 余家，冉祥娣的老姥爷年轻时就是在那里的一家铸造坊习得铸造技艺的，接着回乡开设作坊的老姥爷将手艺传给冉祥娣的姥爷，后来她的姥爷又传给她的母亲。冉祥娣自幼就看到家人每日在作坊的劳作，着迷于千锤百炼下灵巧生动的铁艺品，从十几岁开始在家里的作坊正式跟随母亲学习铁艺品的制作。而当她 1988 年嫁到泊头市郊区后，欣喜地发现这里才是铸造业的大本

营，铸造是当地多数人的谋生手段，几乎家家户户都开设作坊，这里的铁艺品种类更为丰富，式样更为精美，而当地有非常稳定的生产规模和销售市场。在深入吸取当地传统铸铁工艺的精华后，冉祥娣正式加入泊头铸造行业，1992 年，冉祥娣成立了泊头市华艺工艺铸造有限公司（2008 年更名为泊头市祥地铸业有限公司）。经过 30 多年的发展，如今冉祥娣的公司积累了丰富的经验，已具备现代企业规模，现有职工 50 余人，其中专业技术人员就有 10 余人，产品的订单源源不断，企业发展势头强劲，是泊头铸铁业的一面旗帜。冉祥娣本人亦是不断成长，2017 年冉祥娣当选泊头市人大代表，2018 年被评为泊头市十大巾帼建功人物。

2022 年获评泊头铸造业省级非遗项目传承人，是最让冉祥娣感到骄傲的事情。回望自己年幼时对铁艺品的痴迷，成年后对铸铁行业的热爱，以及这几十年在传统工艺上的钻研，在铁艺品生产、营销上的苦心经营，冉祥娣意识到自己兜兜转转大半生都在围绕着铁艺品的技艺发展，所有的心酸和所有的成果都是泊头铸造业的馈赠，她与泊头铸造业早已铸就了不可拆解的缘分，传统铸造技术的传承与发展亦将是她后半生工作的核心。

二、胸怀世界格局、紧跟时代发展的乡镇企业家

采访时，冉祥娣非常谦虚，说了好几次自己不善言辞，但作为成功的企业家，她在铸造厂的发展和技艺的传承中，却是视野宏大、独具匠心、紧跟时代潮流的，颇具现代企业管理者的胸怀。

冉祥娣说非遗的传承不单需要提高项目的社会影响，更要通过实干，通过开拓市场，谋求企业的发展壮大来实现。非遗技艺的产业化发展才是技术保持活力、保持创新发展的密钥。从 21 世纪初开始，冉祥娣的公司在秉承传统铸造技术的同时，多次派员工赴国内外先进铸造企业实地考察，引进先进的设备及技术，并通过直销和外贸公司包销多种方式，大量承接国外订单，产品包括用于室内外装饰的仿古工艺品、西方人物、各类动物及喷泉、花盆、壁炉、护栏以及球墨铸件等等，目前主要销往英国、意大利、法国、比利时、爱尔兰、美国、巴西、日本等多个国家和地区。在企业良性运营的过程中，也将完美的泊头铸造工艺品带出国门，实现了传统工艺与西方审美需求的有效融合。

冉祥娣紧跟社会发展需要，特别注重企业生产中的环保要求。她先后投入 400 万元资金对工艺、环保、厂区总体进行提升整改，确保以环保绿色的方式继承传统铸造工艺，将青山绿水留给后世子孙。与此同时，多年来她坚持参与社会公益活动，是颇具社会责任感的企业家。每年的六一儿童节、建军节，她准时将慰问金、慰问品送给贫困儿童和退伍军人；每个传统节日，她亦准时看望孤寡老人；汶川地震、新冠疫情等救灾慈善活动，也从不缺乏她的身影。

最让人钦佩的是冉祥娣独立自强的精神。铸造业是以男性为主的行当，从业者中女性很少，但冉祥娣从不服输，她说："男人能干的，我一样也差不了，男人不能干的，我也一定琢磨赶出来！"冉祥娣早些年也曾将主要精力放在照顾家人和孩子身上，后来她意识到只有靠自己才能带领企业走出困境，也才能更好地将孩子们抚养成人。她的不服输，她的坚韧和爽

快使她很快成长为一名优秀的企业管理者，也成为孩子们心目中的英雄。在她的影响下，大儿子也很早开始学习铸铁工艺，现在已经成长为技法全面精湛的工艺师和优秀的企业管理者。

三、从"照片"到"实物"：十几道工艺用心制作

据冉祥娣介绍，目前泊头的传统铸造主要分为机械件铸造和工艺品铸造。其中，机械件铸造业规模庞大，机械化程度高，效率也更高。工艺品的制作没有工业铸件要求的精密，但是制作工艺更加传统繁杂，耗时更长，更依赖人工，目前从事工艺品制作的传统铸造公司只有三四家。

一件成功的铁艺品往往要经过十几道工艺、十几天反复锤炼方可成型。据冉祥娣介绍，其铸造的铁艺品主要包括动物摆件、人物雕像等，制作都是从一张照片开始的。根据客户提供的照片，第一步手工制作一个符合尺寸要求的泥塑，这个泥塑就是雏形。待到客户满意之后，第二步将泥塑翻成一个外模是石膏的硅胶模具。第三步倒蜡型。有经验的技工可以使蜡型薄厚均匀，待到十几分钟后蜡型冷却，继续浇凉水使之冷却变硬。第四步修蜡型。这一步同样对工艺师要求很高，需要在合适的温度环境下，使用恰当的力度，对蜡模进行毛边修整。第五步粘水口。在蜡模上粘上水口为倒铁水作准备。第六步涂挂，俗称挂沙子。用泡花碱混合石英粉做成的浆水把蜡模包裹起来，再放到石英砂里使

蜡模外表挂上一层石英砂。第七步使砂浆硬化。挂沙子后将模具放到氯化铝溶液中，通过化学反应使得蜡模表面沙子硬化。第八步反复涂挂。挂沙子和沙子硬化需反复操作六七遍方可成壳。第九步蒸蜡模。砍掉水口，将模具放到锅里蒸，等达到蜡的熔点，蜡模融化，从水口处流出。第十步烘干。蜡全部流尽后，将壳子放到胚烧窑里烧到 700℃ 以上进行水分烘干。第十一步化铁水。待到水分全部烘干，把壳子取出，向里边注入铁水。第十二步去壳。待到铁水冷却，将其外壳敲掉，工艺品铸造成型。

可以说，泊头传统铸造技艺是一门完整严谨的手艺，对工艺师的审美、耐心、细心都有颇高的要求。而冉祥娣所带领的工艺师们多年来精益求精、一丝不苟的做法才使得这样的传统技艺保持了经久不衰的活力。

四、从"效益"到"公益"：传统铸造技艺的传承

随着工业化的发展，追逐效益成为铸造业的核心目标，越来越多的公司为追逐效益提高机械化程度，不断发展新工艺，传统铸造技艺因人工成本高、生产周期长逐渐面临后继无人的困境。此外，学习传统铸造技艺制作工艺品需要技工坐得住、能吃苦，但是现在的年轻人工作选择多，缺乏继承手艺的耐心，因此传统铸造技艺的保护和传承迫在眉睫。为此，冉祥娣从专注效益转向关注工艺传承，并做了很多扎实而有效的推进工作。

在传承中创新。据冉祥娣介绍，随着技术的发展，传统铸造过程中许多对手工要求很高的步骤，都得到了改良。比如泥塑制作逐渐被 3D 打印取代，修蜡型和粘水口由酒精灯烧工具刀改用了电烙铁，挂沙子从纯手工改成淋沙机，去壳由手工敲打改成抛丸机碎壳清砂，铁工艺品精修由锤子、錾子、锉刀改用电磨等。合理地运用机械化，可以提高人工的效率，效益提升了，人们从业的热情也能提高，技艺的传承才能后继有人。

积极参与艺术节展览活动。为了提高泊头传统铸造工艺品的知名度，

冉祥娣从 2016 年开始，带着传统铸造的铁艺品参与国内各种艺术节和展览活动。2016—2019 年间多次参加非物质文化遗产艺术节，如保定非物质文化遗产艺术节、淮安非物质文化遗产艺术节等。2016 年冉祥娣担任景德镇陶瓷大学暑期艺术创作活动技术顾问，并于 2016 年 11 月在江西景德镇举办了熔铸—铸铁当代艺术展。

成立金属艺术铸造培训基地。冉祥娣在技艺传承方面注意到了校企合作这一可延续的方式。2018 年与河北艺术职业学院签订非物质文化遗产实习实训基地协议，为金属艺术铸造行业职业教育提供教学实践基地及技术指导，为行业培训和输出技术人才。此外，冉祥娣的大女儿董隽也为传播泊头传统铸造技艺作了巨大贡献。董隽就职于景德镇学院陶瓷美术与设计艺术学院，除了讲授传统的陶瓷工艺学、动物雕塑、陶瓷成型技法、浮雕等课程外，还专门结合泊头传统铸造技艺开设了一门金属雕塑课程，让传统铸造技艺这项非物质文化遗产走进课堂。如今祥地铸业不仅成了河北艺术职业学院非物质文化遗产实习实训基地，还是沧州市非遗扶贫就业工坊示范基地。

悠悠运河旁，淡淡鸭梨香。泊头市是著名的"鸭梨之乡"，幅员辽阔，土地肥沃，泊头人世代成长在运河边，一代又一代的铸造匠人继承铸造技艺，走出泊头，支撑起了新中国成立后天津、长春、沈阳、北京等地的铸造厂。如今铸造业依然是泊头的龙头产业，传统铸造技艺不仅是泊头人谋生的手艺，更是全人类共同的精神遗产。

【知识链接】泊头传统铸造技艺

泊头市，现隶属于河北省沧州市，北依京津，东临渤海，南与山东德州相邻，京杭大运河穿过市中心。根据泊头传统铸造传承人冉祥娣女士介绍，泊头铸造历史悠久，距今已有 1 300 余年的历史，享有"中国铸造名城"的美誉，是中国近代工业的发源地之一。据明史料记载："交河东，乃九河之交，十有九涝，黎民多有外出谋生者，以冶铁为最，近至州府郡县远到南洋文丽。"1987 年在泊头市富镇出土了一尊 3 米高的铁佛立像，经鉴定为五代十国时期铸造的，成为泊头千年铸造史的有力佐证。

在泊头传统铸造技艺史上，能工巧匠辈出，其中秦玉清是比较有代表性的一个。清朝中晚期，天津三条石第一个铸造坊秦记铁铺为原东辛店乡西望江店人秦玉清创办。接着，他又在全国多地开办分厂。他的后人从事铸造业多有发明创新。弟子王露奎创造了硬膜铸锅，开创了这个工艺的先河；儿子秦连生创造了翻砂技术用以做炉子、灶具管子等。千余年来，泊头传统铸造技艺都是沙模工艺。直到 160 年前，秦玉清的弟子们经过无数次实验，才发明了硬模工艺。新中国成立之初，泊头是国家建设事业中铸工劳力的重要来源。千余年来，泊头铸造工艺日益精湛，由最初古老的干模铸造发展到硬模铸造和金属模铸造，后又建起十几米高的冲天炉冶铸生铁。

目前，泊头有铸造企业 1 000 余家，从业人员近 2 万人。泊头铸造企业从原来只能做拖拉机钣金、农用车等零部件，到现在已经可以完成高档轿车的产品设计、车身整体模具加工以及汽车冲压件等整个生产过程。目前，泊头已成为全国汽车模具行业中规模群体最大、产业聚集度最高的地方。

泊头传统铸造技艺的传承者们随着时代发展，不断打磨技术，更新工艺，让传统铸造技艺持续焕发新的生机。

匠心交织梦想　坚守装裱人生

——线装书工艺传承人谷秋生访谈

线装书工艺是一种传统手工装裱技艺，它是我国传统书籍艺术不断演进的标志和形式。我国古代的纸本书，经历了卷轴和册页两个阶段。卷轴由卷、轴、缥、带组装成。晚唐以后，卷轴书向册页书过渡，其装订方法又有多种多样的演变，大体经历了轻折装、旋风装、蝴蝶装、包背装，到了明代才正式出现了线装本的册页书。其中不少古旧线装书，可视为文物，非常珍贵。"线装书"装订技艺在经历500多年的沿袭发展过程中不断改进、变革与完善，历代匠人在线装书工艺保护中发挥了重要作用，谷秋生就是其中一位优秀的代表。谷秋生，1983年开始学习印刷，2006年创办了江北最早的古籍印刷厂——吴桥金鼎古籍印厂，2013年被认定为河北省线装书工艺非物质文化遗产传承人，2015年兴建完成了中国首家线装书博物馆。在线装书工艺的传承和保护中，谷秋生始终以他纯粹的初心、坚韧的恒心守护着这珍贵的传统文化。

为了解传承人的生平经历、技艺特点以及线装书工艺入选河北省第五批省级非物质文化遗产名录的原因，笔者带着敬佩之情联系到了传承人谷秋生先生，并进行了沟通和交谈。本文依托其所提供的相关资料，对线装书工艺的历史和传承现状进行了梳理。

一、三代传承印初心，线装文化结佳缘

谷秋生，男，1965年11月出生于河北省沧州市吴桥县的一个印刷世家。

谷秋生的爷爷在吴桥县于集镇开刻字印刷门店，父亲于吴桥县印刷厂上班。用谷秋生自己的话说，他是"闻着墨香味长大的"，从小就对印刷行业充满向往。18岁高中毕业之后他如愿进入了印刷厂工作，至今已在印刷行业打拼40余年，对线装书工艺的传承与保护作出了重要贡献。

从初入印刷厂工作到有了自己的印刷公司，谷秋生一路不忘初心。18岁进入印刷行业，从学徒工做起，他摸爬滚打于制版、印刷、装订、打蜡各个车间，在各个部门拜师学艺，谷秋生很快熟悉了印刷的整个操作流程。由于业务精湛、勤奋好学，他很快便成为厂里的业务骨干，从学徒做到团委书记，又做到主抓生产的副厂长，他愈来愈坚定自己对印刷业的热爱。后来，虽然经历了国企的股份制改革和破产，谷秋生并未放弃初心，决定留守在印刷行业。

谷秋生先是成立了一个门市部，做复印、制版方面的工作，2005年又在吴桥县开发区建立了属于自己的印刷厂。幸运的是，印刷厂成立不久，谷秋生正为铅版印刷业务的不稳定而困惑时，有朋友引荐了中国国家图书馆与齐鲁书社联合推出的雍正版《钦定古今图书集成》影印版图书再造工程，要求宣纸印刷，古法装订，原汁原味地复原。由于印制成本昂贵，技术要求高，很多企业望而却步。但谷秋生敏锐地意识到，从现代印刷转到古籍复原制作，这是巨人的挑战，更是难逢的机遇。为了还原最古老的工艺，谷秋生查阅了大量资料，并多次到江苏、扬州等地求教最好的师傅，到安徽泾县搜寻最好的宣纸，定制适合宣纸印刷的设备。虽然历经艰辛，没日没夜地奋战，但谷秋生在学习探索中越来越确定线装书工艺的重要意义，他意识到借助古籍传承中华文化是他"此生最重要的使命"。

2006年，谷秋生将新建的印刷厂命名为吴桥金鼎古籍印刷厂，也自此将自己的一腔热忱全部投入线装书工艺中。他组织团队"对有关线装书制作工艺的文字记载，一字字琢磨、一遍遍试验"，"围绕着它的整个的生产原料、工艺流程、具体的制作方法，就一点点摸索着干"，"又从扬州广陵特聘了一位老师傅负责工艺指导和质量检验"，他们一边生产，一边招工和培训，从研究生产工艺、生产原料到实地完成线装书的制作，用了2年零8个月的时间。最终，谷秋生带领团队以匠人精神攻克了一道又一道难关，成功采用古法印刷，每套520函5 040册，印制了100套中国最大的百科类书——雍正版《钦定古今图书集成》。

从2006年到今天近20年的时间，回望当初的决定，谷秋生庆幸自己当年的果敢，也慨叹自己与线装书工艺冥冥中既定的缘分。正是古籍印刷这一正确的方向，让他找到了企业的生存之道，更找到了自己人生的目标，找到了将服务社会与企业发展结合的最佳路径。

二、四方之志成大业，线装书艺得发展

《钦定古今图书集成》印制完成后，企业往日的忙碌恢复了平静。面对厂中近200位无活可做的员工，谷秋生的愁思不免涌上心头。如何保证200名员工不失业，新建设的企业如何走下去，成了一个现实且棘手的问题。谷秋生没有坐以待毙，而是主动出击，用尽办法，跑遍全国各地，为自己的印刷厂拉订单。

今天，互联网和广告能做到的事情，在当年就需要人们付出更多的精力和时间。绿皮火车从吴桥到西南各城市的时间，到东北各地区的时间，谷秋生如今还记忆犹新。他一方面派业务员拿着自己厂生产的样书走访全国各地的图书馆、史志办、文史办；另一方面派人每天到邮局、档案局查各地企业和史志办的地址信息，再将自己工厂的宣传小报邮寄至全国各地。慢慢地，经过两三年的宣传，吴桥的线装书有了名气，社会面订单逐渐多了起来，谷秋生的事业迎来了好转。在后续的工作中，谷秋生保持着他勤

奋好学的品质，不断为线装书工艺注入更有力、更新鲜的血液，才使得线装书工艺得以更好的传承和保护。

业务慢慢有了起色后，谷秋生的重心开始转向宣纸的研究，包括宣纸的工艺、来历、经营企业等。在工作中他出差到哪就去当地的史志办、档案局、国家图书馆等部门学习，请专业人士来到厂里共同探讨业务，进行影印制作等。谷秋生回忆起到上海、北京以及南京、苏州、西安等地出差，每到一个地方他都要先去当地的古籍书店，把各种书店里自己喜欢的各个版式、各个类型、各个年份的古籍书都要买回来。购买古书的花销从上千元到上万元，谷秋生也慢慢地从一个手艺人变成一个读书人，变成了一个爱收藏的人。这个过程是很痛苦的过程，也是一个慢慢学习、提高自己的过程。在这个过程中，谷秋生对线装书有了更深刻的了解。

如今，来自吴桥金鼎古籍印刷厂的线装书已经多种多样，遍布各地。第一是方志学方面的书。志书是按一定体例，全面记载某一时期某一地域的自然、社会、政治、经济、文化等方面情况或特定事项的书籍文献，有独特的写作体例和格式，有严格的选材要求，有各种研究参考价值。由于清朝以前的县志是使用宣纸，谷秋生便进行复刻，在原汁原味的标准要求下生产地方志。第二是家谱制作。家谱是一种以表谱形式，记载一个以血缘关系为主体的家族世系繁衍和重要人物事迹的特殊图书体裁。家谱以记载父系家族世系、人物为中心，是由记载古代帝王诸侯世系、事迹而逐渐演变来的一种特殊的文献。就其内容而言，是中国五千年文明史中最具有平民特色的文献，记载的是同宗共祖血缘集团世系人物和事迹等方面情况的历史图籍。盛世修志，吴桥金鼎古籍印刷厂为许多来自福建、安徽、浙江等地的家族进行家谱的修缮与制作。第三就是宗教类书籍，包括一些佛学类、道教、儒教等方面的书籍。第四是个人的名人传记以及个人出版的书法、诗词等版本多、品种多、数量少的印刷订单。其中包括中国最大的一套佛学巨著——线装古籍版《乾隆大藏经》《四库精编》《中国历代碑刻书法全集》《金刚经》《四书五经》《沧州风物吟》《口北三厅志》《徐宗先诗词选》，郭沫若学生怪夫子撰写的《甲骨文——释书国学精句手稿》等。

如今，经过多年来对线装书文化的深入研究，谷秋生已经成了国内该行业的领军人物之一。2019 年，谷秋生主持起草了国标《线装书工艺要求》，参与制定了国标《印刷技术色彩打样系统要求》《骑马订装订工艺》，以期促进线装书工艺的传承与发展。正是谷秋生的不畏困难、坚持不懈和勤奋好学的精神，成就了吴桥金鼎古籍印刷厂的今天，也成为线装书工艺的保护与传承的重要原因之一。

2020 年，吴桥金鼎古籍印刷厂还被命名为沧州市首批非遗扶贫就业工坊。谷秋生带领大家在开展非遗保护传承的同时，也特别注意带动当地农民就近就业，并将折页、装光盘等零散活儿分发给附近农民去做，帮助困难家庭实现增收和脱贫。

三、五典三坟守文脉，线装书艺永传承

线装书的生产越做越大，谷秋生习惯每笔订单完成后都要留几本样书以便客户加订，逐渐地样书越来越多，在仓库堆积如山。样书数量繁多，品类多样，如何快速分类并找到样书就成了一个难题，谷秋生萌动了一个建立线装书博物馆的想法。一次，领导来厂里调研，翻看线装书，并称赞线装书为高端的奢侈品。谷秋生接到消息后临时布置了一个简易的展厅，领导们挤在夏日炎热的临时展厅夸赞线装书的珍贵，这给了谷秋生不小的鼓励，也使他更加坚定了建立线装书博物馆的想法。

为了更好地展示线装书以及造纸术、印刷术整个历史演变过程，让更多的人了解中国的古典文化和传统工艺。2015 年，谷秋生作了一个重大决定，筹建线装图书博物馆。2016 年，谷秋生投资 2 000 多万元兴建的我国

首家线装书博物馆落成。2017 年博物馆正式开馆，展厅总面积 1 800 平方米，以陈列展览印刷工艺流程和古籍图书为重点。博物馆分为印刷馆和古籍馆两部分。印刷馆由古籍印刷的起源、古籍印刷的工艺流程、古籍印刷与古代中国社会组成、古籍印刷与现代印刷、古籍印刷与世界传播、古籍印刷演示互动区 6 部分组成。古籍馆全方位反映中国木刻板印刷的历史沿革、机器在世界印刷史上产生的深远影响，包括《馆藏线装图书》和《吴桥书画精品展》2 个展览，陈列线装图书 15 000 册，吴桥书画展品 1 000 余件。

建成后的博物馆成了非物质文化遗产传承的重要平台。博物馆陆续开展了一系列非遗培训与展示展演活动，中小学生可以来到博物馆进行沉浸式游学体验，近距离参观线装书的印制工艺，还能亲手缝制属于自己的第一本线装书。学子们在这里跟随师傅的指导完成裁纸、印刷、折页、齐栏、压平、定捻、裁切、打眼、扣面、缝线、贴书签、印传统工序的过程中，可以真切感受中国印刷术和造纸术的博大精深，坚定对中华优秀传统文化的传承和热爱。谷秋生的目标还不止于此。公司还正在积极推动古籍数字化加工，希望能够让中国博大精深的传统文化在新平台上得到展示和传播。

三代人的心手相传引领谷秋生走进了印刷行业，过程中难免遇到低谷与挫折，他不忘初心，坚守本心，以四方之志成就了吴桥金鼎古籍印刷厂，也保护和传承了线装书工艺。他投资兴建的我国首家线装书博物馆也带动了吴桥印刷和文化产业的发展与繁荣。谷秋生始终坚持以弘扬祖国传统文

化为己任，以做中国"最美的书"为宗旨。对于谷秋生个人来说，坚持做线装书已不仅仅是为了企业经济效益，而是从这些古籍中获得人生感悟，通过古籍印刷来实现对几千年中华文脉的保护、还原和传承。

【知识链接】线装书工艺

线装书工艺是一种传统手工装裱技艺，它是我国传统书籍艺术不断演进的标志和形式。金鼎古籍线装书工艺，在继承传统工艺的同时不断开拓创新。一本精美的古籍线装书的装订制作需要经过理料、折页、配页、检查理齐、压平、齐栏打眼穿纸钉、粘封面、配本册、切书、包角、复口、打眼穿线订书、粘签条、印书根字等一系列环节。线装书一般只打四孔，称为"四眼装"。精装及较大的书在上下两角各多打一眼，就成为六眼装。根据需要还有八眼装、十眼装等。讲究的线装，除封面用绫绢外，还用绫绢包起上下两角，以资保护。线装书装订完成后，多在封面上另贴书笺，显得雅致不凡，格调高贵。金鼎古籍线装图书与众不同的一大特点是：印刷采用宣纸手工印刷，纸页折好后先用纸捻订书身，上下裁切整齐后再打眼装封面。金鼎古籍线装书一般分简装和精装两种形式。简装书采用纸封面、订法简单，不包角，不勒口，不裱面，不用函套或用简单的函套。精装书采则用布面或用绫子、绸等织物裱在纸上作封面，订法也较复杂，订口的上下切角用织物包上（称为包角），有勒口、复口（封面的三个勒口边或前口边被衬页粘住），以增加封面的挺括和牢度，最后用函套或书夹把书册包扎或包装起来。"线装书"装订技艺在经历500多年的沿袭发展过程中不断改进、变革与完善，其更吸引人的恐怕是它承载了众多的中国传统文化，以致它本身就成了一种意象。

一刀一木祈安乐　百年传承自雕心

——山桃木雕刻技艺传承人邢士海访谈

桃木文化源远流长，是中国民间流传已久的特色吉祥文化之一，对我国民间文化和信仰影响重大。几千年来，桃木一直被视为可以镇宅辟邪、吉祥纳福的"神木"。桃木雕刻也大量渗透了《论语》和《孙子兵法》的精髓，工艺技术和表现能力极强，在原材料的选材和处理上更有独到之处。滦平县火斗山乡孙营村传统技艺"山桃木雕刻"溯源于清初，至今已有百余年历史，邢氏家族历代传人在继承传统工艺的同时，不断推陈出新，赋予了这一传统工艺以全新的艺术生命。2017 年，山桃木雕刻技艺入选河北省第六批省级非物质文化遗产名录。第八代传承人邢士海更是利用塞外独特的山桃木资源，根据不同的纹理特色进行设计创作，雕刻出各种自然与人文有机结合的吉祥饰品、工艺礼品，以此传达深厚的桃木文化内涵与现代社会的精神气节。

为了解山桃木雕刻技艺传承人的个人经历，探究其入选省级非遗代表性名录的原因，笔者带着钦佩之情，对邢士海进行了访谈。通过文献搜集、田野调查等方式，对该技艺的历史和现状进行了梳理，让人们更加深入地了解这项包含民族特色和民俗精华的非遗项目，同时也表达了笔者对这门传统技艺的期待与展望。

一、缘起滦平：浮华归处始见真

邢士海，男，满族，1969 年生于河北省承德市滦平县，承德市民间文

艺家协会副主席、承德市工商联常委，承德桃木神文化发展有限公司经理。2015 年被评为省级工艺美术大师，2019 年被评为省级非物质文化遗产传承人，作品多次获得国家、省、市大奖，还曾获得"中国乡土文化杰出贡献奖""非物质文化遗产一等奖"，"防滑按摩保健鞋"获得了国家专利。近年返乡创业，带动贫困村发展经济，助力乡村振兴，并得到了省扶贫办和省工商联的认可。2021 年用非遗文化培训了 70 多人，还荣获"承德市最美科技工作者"称号，作品获得了"传承非遗手工技艺、助力乡村振兴"银奖，被评为"2020 年承德年度文化产业人物""2021 年度承德市文学艺术界优秀文艺工作者""省级工艺美术大师""省级非遗传承人"。

据了解，每逢端午时节，滦平当地乃至整个承德地区的人们都有上山折桃枝回家插在门上以祈求平安吉祥的民俗。春节的时候，部分地区也仍沿袭着在门口挂桃符的习俗。邢士海向笔者介绍，其祖父是一位周易风水研究师，因其特殊的身份，长期用桃木和柏木给乡邻雕刻一些吉祥饰品，摆放家中以去灾避祸。邢家几代人均有此项技艺，代代相传，流传至今。邢士海自幼就喜欢跟着祖父学习桃木小饰品的雕刻，满地的天然山桃木更是成了他取之不竭的灵感来源。

　　1995 年，一直经商的邢士海到邢台出差，无意中他看见了一款以桃木小木珠串成的门帘，童年的回忆涌上心头，他也因此大受启发：家乡的山桃木木体清香，木质细腻，木纹美观，用其雕刻而成的工艺品是否也会成为人们理想的家居装饰用品呢？从此，邢士海疯狂地痴迷于此。光阴二十载，他将全部的心思都放到了桃木文化和桃木工艺品的研究开发上，并逐步将传统文化内涵与实用性、工艺性相结合，经过多年潜心研究和实践推广，制作出了一大批深受百姓欢迎的桃木制品。

　　作为邢氏山桃木雕刻的代表性传人，邢士海将桃木传说、文化创意与设计相结合，推出了新、奇、特的"桃木神"系列产品，不仅赢得了消费者的喜爱，也填补了我国木珠工艺品和旅游纪念品的空白。他表示，这些桃木工艺品全部以桃木文化为创作内涵，承载着人们美好的愿望，而他自己也抱着对传统文化中桃木文化的信仰和钟情，继续承担着对承德桃木文化的传承责任。

二、雕木塑魂：一枝一叶总关情

随着时代的变化，许多传统手工艺已趋向于机械生产，而山桃木雕刻技艺依旧保留着传统的制作工序。邢士海先生向笔者介绍，滦平邢氏"山桃木雕刻"的主要工具包括锯、刨、斧、凿、刻刀及操作台等，雕刻前的选料处理也十分讲究，一方面需选取木质细腻、木纹美观、木体清香的山桃木为原料，另一方面还需对其进行浸泡、沸煮、风干、定形等处理步骤，如此一来，方算是做好了准备工作。雕刻时首先设计图案，确定草稿，随后进行雕刻。采用的雕刻技法有沉雕、浮雕、圆雕、通雕等。经过打胚、粗雕、细雕一系列流程后，桃木产品初具雏形，接下来需顺着纤维的方向，先修后磨，直至理想效果。打磨好的作品最后还要通过上桐油或打蜡的方式进行保护处理。

此外，滦平邢氏山桃木雕刻技艺，具有浓郁的当地满族特色，是满族文化的重要体现形式，具有满族传统手工艺品的粗犷、自然、随性的特点，并且实用性极强。一件手工山桃木工艺品，从选才到成品，必要经过上述所说的十几道工序，每一个步骤都见证着手艺人那份执着的热爱，每一件手工雕琢的成品都独具匠心。

邢士海从最初对桃木文化感兴趣，到切身投入桃木工艺品的研发制作中，经历了一段桃木文化从挖掘到发展的过程。他认为，独具地方特色的山桃木工艺品，既有工艺性又有实用性，还与养生保健相结合，能够完美贴合现代人的审美与需求。因此，他积极开发了一系列桃木产品，主要有吉祥装饰品、工艺礼品、生活用品、养生保健等，并在国家注册了商标品牌。精湛的工艺、精美的包装，无论是馈赠亲友，还是自己收藏，都不失为极富巧思的上等佳品。

在纷飞的木屑中，邢士海想到了自己的家乡，致富不能忘本，何不打造一个属于承德自己的品牌符号和文化形象呢。因此，他开始将注意力转向桃木民俗文化及旅游纪念品的开发上，与承德避暑山庄强强联合，致力于开发生产承德特色的山桃木工艺品，如桃木剑、桃木斧、桃木如意、桃木挂件、风水摆件等上百个品种，将承德与桃木一起推向更高更广的平台。

桃木雕刻作品兼具艺术性与实用性，把雕刻艺术融入大众的日常生活，达到装饰性与实用性的完美结合，在古朴中蕴含现代，在豪华中凸显文化，在实用中展现艺术。

三、振兴家乡：山花落尽山长在

有道是："有源之水长流，有根之树长青。"邢士海在苦心钻研山桃木雕刻的同时，并没有对这门家传技艺秘而不宣，相反，他积极招收学徒，以最传统的手工技艺传承方式，悉心栽培出市级工艺美术大师两名、学徒技师十一名，为山桃木雕刻的继承和发展培养了大量后备人才。

2014年，邢士海成立了滦平县康乾满族特色工艺品有限公司。邢士海始终致力于传承传统手工技艺，不断发展、不断完善，其作品华丽细腻、造型别致，一件件桃木制品构思精巧，散发着迷人的人文艺术魅力，也体现了当地民族手工技艺的发展变化水平，成为滦平乃至承德地区的一张文化名片。从民间工艺发展到非物质文化遗产，从单纯的观赏到打开市场，邢氏山桃木制作技艺走出了一条文化产业经营之路。现如今，公司已是省级科技型企业、河北省家庭手工业"巧手创富"示范企业承德市扶贫龙头企业，也是全国民族特需商品定点生产企业。

在邢氏山桃木雕刻这门技艺现代化产业化的同时，邢士海所成立的企业发展也不忘根植乡土。作为少数民族县和深度贫困县的滦平本土企业，滦平县康乾满族特色工艺品有限公司通过发展建设山桃木雕刻项目，带动村民们种植山桃树、发展手工制作等产业，从曾经的家族传承到如今村民乡邻参与制作，让更多的人了解、感受到山桃木雕刻技艺这项非物质文化遗产的魅力，同时也为扶贫工作作出了突出的贡献。仅仅是种植山桃树这一雕刻原料，就直接带动80余户贫困户实现脱贫，成为"非遗带动扶贫的典范"。

非遗助力乡村振兴，其核心要义则是产业振兴，这是文化自信的体现，也是新时代文明实践的重要抓手。邢氏山桃木雕刻将技艺与中华吉祥文化相结合，通过打造文创工艺品、特色人文旅游资源、非遗文化多媒体传播等方式带动了滦平县的多种产业，形成一条非遗文化产业链条，不仅为当地村民提供就业机会，让更多人通过自己的手艺实现增收，从而推动当地经济高质量发展，也为传承弘扬优秀传统文化、促进乡村振兴注入新的活力。

随着乡村振兴战略的实施，山桃木雕刻技艺产业的发展虽然迎来了新的机遇，但也面临一些问题：

1. 市场竞争力弱。山桃木雕刻技艺本身的发展和壮大需要一个漫长的过程，目前其产业化发展水平较低，工艺品种也较为单调。主要原因在于：山桃木雕刻技艺工艺复杂，成本高。目前，市场上销售的山桃木产品主要是以木珠手串、桃木剑挂件、编织等小件为主。而大件的产品如桌椅板凳、茶台茶盘、根雕摆件以及家具受限于材料资源、加工过程与运输条件等，使得山桃木雕刻技艺的发展受到了限制。除此之外，有大量廉价粗糙桃木雕刻制品挤占旅游市场，导致真正富有技艺性与文化底蕴的非遗文创的市场认可度不高。因此，如何将非遗项目与旅游产业相结合、让非遗项目成为推动地方经济发展的新动力是摆在当地政府面前的重要课题之一。

2. 对传统工艺的传承和发展存在瓶颈。如诸多非遗项目一样，山桃木雕刻技艺也面临着传承人缺失的问题。由于年轻人外出打工，导致很多老艺人的手艺逐渐失传，而社会愈发严重的逐利与浮躁风气，也使得需要精雕细琢的传统工艺门前冷落。如何将传统工艺与现代生活相融合，又是一个问题。山桃木工艺品的古香古色往往与现代装潢市场上较为常见的极简风格格不入，木珠手串等饰品的主要消费群体也是以老年人为主，无法引起年轻人的兴趣，至于寓意辟邪的桃木剑，在许多城市会被人当作一种落后的迷信产物。

3.缺乏资金支持、人才支撑和平台传播。滦平县的县域经济虽有起色，但依然薄弱，没有形成规模效应，导致非遗传承人难以获得稳定的收入，无法吸引年轻人加入传承队伍中。此外，非遗的传承和发展需要大量的经费保障，而当地政府对非物质文化遗产的保护投入严重不足。同时，县内也没有专业的文化机构从事非物质文化遗产的保护工作。在这种情况下，"传帮带"成为邢士海继续坚守的动力。尽管包含央视在内的多家媒体平台对邢氏山桃木雕刻进行过采访宣传，但是由于缺乏一个长期的宣传推广平台，山桃木雕刻技艺并没有真正走入大众的视野当中。因此，如何让更多的人了解非遗文化、保护非遗文化也成了一个难题。

四、继往开来：风物长宜放眼量

山桃木雕刻技艺是我国民间传统艺术的瑰宝，近年来，山桃木雕刻技艺受到广泛关注和重视，在国家和社会各界的支持下，其发展也逐渐步入正轨。随着社会经济的快速发展，传统手工艺行业也面临着转型升级的重要时期，对于传统手工艺来说，只有顺应时代潮流，不断进行创新和改革才能得到更好地发展。而山桃木雕刻技艺这一类的非物质文化遗产，如何将其生产性保护并传承下去是一项值得深入研究的议题。

首先，传统产业规模逐渐扩大。在这个过程中，政府应发挥主导作用，深入贯彻落实党的二十大精神和习近平总书记视察承德重要讲话精神，以文塑旅，精心打造体现文化内涵和人文精神的旅游精品，持续推进承德特色文旅产业高质量发展。所以，政府应制定科学合理的规划，依托当地自然资源和人文资源，打造地方特色产业品牌，实现产品的差异化。例如：将山桃木雕刻技艺与旅游相结合，发展乡村经济；将山桃木雕刻技艺与休闲娱乐相结合，打造非遗特色小镇；将山桃木雕刻技艺与传统农业相结合，促进乡村经济发展。

其次，产业结构不断优化，助力乡村振兴。在新时代下，要促进传统工艺振兴，将传统工艺与现代社会的需求相结合。山桃木雕刻技艺逐渐由单一的工艺品转变为文化产业、旅游产业以及新媒体营销等多样化产业结构，在继承传统文化的同时也要跟上时代的步伐。山桃木雕刻技艺作为国家非物质文化遗产，它不仅体现了我国劳动人民的智慧和创造力，也展现了中华民族自强不息的精神品质。因此，在产业化过程中应该进一步挖掘其文化价值、经济价值和社会价值。只有把山桃木雕刻技艺与其他产业相结合才能让它更好地传承下去，也只有这样才能实现其文化价值和经济价值的双赢。

再次，要加强人才培养，发挥非遗传承人的作用。传承是中华传统文化的精髓之一，在非遗文化保护中，我们不仅需要保护好非遗项目本身，更要注重对非遗传承人的培养与扶持。近年来，随着大众非遗保护意识的提高和社会各界对非遗保护的关注，越来越多的人加入到非遗传承人队伍中来，但也有部分传承人因年龄偏大、学习能力有限等原因导致传承困难。政府部门应该为这些老艺人提供相应的帮助，如通过政府协调或向上级部门申请资金支持等方式对老艺人进行一定的经济补偿；建立非遗传承人档案，制订非遗传承人梯队人才培养计划，注重年轻一代传承人的培养，可以根据当地实际情况，采用政府培训、校企合作、师傅带徒弟等方式开展山桃木雕刻技艺培训工作，同时建立完善的考核制度和激励机制，不断增强传承人的责任感和使命感；在农村地区，更应加大对非遗传承人的培养和扶持力度，让其在传承传统技艺的同时带动当地经济发展。如通过开展山桃木雕刻技艺传习活动、加强山桃木雕刻技艺培训基地建设、建立山桃木雕刻体验馆等方式，让更多年轻人了解和学习山桃木雕刻技艺。

最后，要加大宣传力度，弘扬非遗文化。随着我国社会经济的不断发展，人们对精神文化的需求越来越高。为了满足人们对文化产品的需求，山桃木雕刻技艺也应做到不断创新发展，将传统产业由单一逐渐转变为多元化。在互联网时代，网络平台成为信息传播和交流的重要媒介，通过线上线下相结合的方式不断加强宣传力度，同时加强媒体合作，定期开展宣传活动等方式将山桃木雕刻技艺推广出去。如通过直播带货、短视频营销等方式销售山桃木雕刻技艺产品；利用微博、微信公众号等新媒体平台开展宣传活动；通过直播形式将非遗技艺展示给大众；通过微电影等形式让更多人了解非遗文化。以"中国民间艺术之乡——永嘉县"为例，"中国民间艺术之乡"的创建工作从 2014 年启动以来，已成功举办四届永嘉县非物质文化遗产展演展示会及多期培训班、系列讲座，并先后组织 30 余场大型文艺演出和非物质遗产展演展示活动，让更多群众了解并喜爱上传统文化。

【知识链接】滦平邢氏"山桃木雕刻技艺"

滦平因乾隆御笔"滦水无患，民得平安"而得名。"客窗松自伴，旅榻月为邻。峰峻白云缀，林红叶逶皴"，这是嘉庆皇帝写给滦平的诗句。这里自古便是皇家的供奉之地，传承至今的民间技艺也记录着滦平厚重的历史文化。

源于清初的滦平邢氏山桃木制作技艺至今已有 200 余年的历史。"山桃木制作"主要传承人邢士海，自幼便与祖父一起从事山桃木工艺制作。在继承传统工艺的同时，不断推陈出新，利用塞外特有的废旧山桃木资源，根据不同的纹理特色进行设计创作。

山桃木雕刻工具主要是锯、刨、斧、凿、刻刀及操作台等，主要有沉雕、浮雕、圆雕、通雕等雕刻技法。邢氏制作技艺、选料处理讲究，选择木质细腻、木纹美观、木体清香的山桃木为原料，经过浸泡、沸煮、风干定形等步骤。雕刻前首先设计图案，再进行雕刻。经过打胚、粗雕、细雕。雕刻完毕后要顺着纤维的方向，先修后磨，直至理想效果。打磨好的作品还要采取上桐油或打蜡的方式进行保护处理。

滦平邢氏"山桃木雕刻技艺"的传承人将山桃木雕刻技艺不断发展、

不断完善，坚持非遗文化的传承，作品华丽细腻、造型别致，一件件桃木制品构思精巧，散发着迷人的人文艺术魅力，体现了当地民族手工技艺的发展变化水平，已成为滦平乃至承德地区的一张文化名片！

碎布成佳画　非遗守情怀
——布糊画传承人郝如香访谈

布糊画源于"补花"技艺，是集绘画、堆绣、浮雕、布贴画等传统制作技艺于一体的传统美术项目，已有200多年的历史。滕氏布糊画是河北丰宁民间艺术家滕腾发明的新画种，被誉为"中华百艳，华夏一绝"。其工序复杂，用料繁多，画作设计兼具油画透视之效果和国画气韵生动之特点，既有工笔之观感，又具有写意之风格。2014年，布糊画入选河北省第四批国家级非物质文化遗产代表性项目名录。作为第五代传承人的郝如香，时刻铭记恩师滕腾的谆谆教诲，坚定家国情怀，促进布糊画与扶贫、研学等的结合，彰显了非遗巨大的应用价值，并深刻思考如何让全世界感受到这项传统艺术的魅力。可以说，郝如香为此倾注了很多心血与时间。

为了解传承人的个人经历，探究布糊画入选国家级非物质文化遗产代表性名录的原因，分析布糊画技艺对于乡村振兴、学校教育的独特意义，笔者带着钦佩之情，同郝如香进行了沟通和交谈。本文根据访谈内容和布糊画发展相关资料进行梳理，希望通过文章可以让更多人了解布糊画、传承布糊画，同时坚定文化自信，从传统文化中习得精髓。

一、缘分始：与布糊画一面定情

郝如香，女，1981年出生于河北省沧州市，2002年毕业于河北工艺美院。系中国工艺美术大师滕腾先生嫡孙媳，国家级非物质文化遗产布糊

画第五代传承人（市级），中国民间文艺家协会会员、承德市政协委员、丰宁满族自治县三八红旗手，现任河北滕腾布糊画科技有限公司总经理、龙腾艺术馆副馆长。说起和布糊画的缘分，郝如香坦言，偶然的相遇让她对布糊画着迷。作为艺术院校毕业的学生，她一直专注于美术创作与设计。在一次偶然的布糊画展览中，她见识到布糊画的精美彩绘，布糊画独有的民族风格以及与其所学专业的呼应让她对布糊画产生了浓厚的兴趣。

从那一刻起，她就对布糊画一见倾心。同时因为具有良好的美术功底，其得到了滕腾先生的赏识。在完成学业后，郝如香开始学习布糊画的设计和制作。作为滕腾的弟子，她不仅学到了滕腾独创的布糊画技艺和工序，更从滕腾的言传身教中学到了手艺人应该具备的工匠精神。不管是团队创作还是个人创作，她都尽心尽力，极具耐心和创新力，力争将每幅作品都做到完美。2011 年郝如香开始自主设计并制作了《一本万粒》，活字印刷毛泽东诗词《沁园春·雪》《不忘初心》《松鹤延年》等，这些作品不仅承继了中华优秀传统文化内涵，其中还增添了郝如香自己的创意。郝如香还于 2017 年首创布糊画全立体糊制技法。2018 年成功研制长城风景题材作品，代表作有《万代辉煌》《众志成城》《万山红遍》等，此项研发填补了布糊画在风景题材上的空白。2021 年 12 月，以独创的批毛植入法创作作品《虎虎生威》等。全立体糊制技法和批毛植入法的诞生，使布糊画

从 7 项制作技法成功升级为 9 项。

郝如香秉承将中华优秀传统文化与现实生活相融合的理念，实现了布糊画技艺的创造性转化和创新性发展，顺应时代发展，积极开发各类文创作品，如饰品、化妆镜、团扇、箱包、升斗、家具等，将非遗融入现代生活，让非遗之花绽放出更加绚丽的时代光彩，做到见人见物见生活，让中国非物质文化精髓得以传承和发扬。多年来，郝如香受邀参加了俄罗斯、塞尔维亚、北京、天津、新疆、长春、成都、深圳、杭州、石家庄、廊坊等国家和地区的展览，并受到了高度评价。曾带领团队代表河北省赴俄罗斯和塞尔维亚展演，并且布糊画入驻钓鱼台国宾馆，走进了北京恭王府。郝如香设计的布糊画作品获得众多奖项，2017 年参加第五届河北省特色工艺美术精品大赛获得二等奖及优秀奖，同年在第六届河北省特色文化产品博览交易会，特色产品最佳网络人气评选中，郝如香设计的作品荣获优秀产品奖。2018 年，其作品在中国特色旅游商品大赛中荣获银奖。2019 年，郝如香参加了人民大会堂河北厅装修工程，主持制作了布糊画《和平昌盛图》，受到人民大会堂和河北省相关领导的一致好评。2021 年，在承德市第三届文创和旅游商品创意设计大赛中，荣获银奖。2022 年，在承德市"传承非遗手工技艺、助力乡村振兴"非遗手工艺品大赛中，荣获金奖；在山东省牡丹文创大赛中获得二等奖；同时获世界非遗大会传承大奖。同年，郝如香也因为自身的优秀作品和对布糊画传承作出的突出贡献，在喜迎二十大庆祝建团百年之际被授予"幸福新丰宁 青春建新功"先进个人荣誉称号和最美青年创业者称号。

二、技艺承：独特艺术源远流长

布糊画源于满族独有的传统艺术"补花"。"补花"起源于女真时期，是具有时代性、民族性、地方性的民间工艺。当时的女真族所在地多毛少丝，尚无刺绣条件，人们采取"补花"的技艺进行缝补黏合。滕氏布糊画是河北丰宁民间艺术家滕腾发明的新画种，集绘画、堆绣、绢人、浮雕、唐卡、刺绣、建筑、裱糊、布贴画、景泰蓝等众多工艺之精华，坚持对民族传统工艺的继承与创新，避类似工艺之不足，集众家艺术之特长，以补改糊及其堆积法独成一家。一画作成，须经绘样、分解、制版、整型、配料、布糊、组装、装饰、成画等 12 道手工工序。用料繁多，以绫罗绸缎等面料为主，其他如木料、纸板、海绵、绢花、首饰等材料多达百余种。代表作有《龙凤壁》《天下第一布糊寺》《凤凰宝相瓶》《大威德怖畏金刚》等。

同样是利用碎布进行创作，布糊画与传统布贴画有些许不同。同样是使碎布浮于画作，贴是浮于小平面；而糊的特点为浮于大面积并且是立体的。据郝如香介绍，滕腾老爷子及向上推演的两代人首先学习传统"补花"艺术（因为历史原因技巧等大多失传），利用其整体框架创造布糊画，因此"滕氏布糊画"大体是滕氏家族首创。郝如香还讲述了滕腾先生最开始的创作，这个总体以家庭传承的非遗技艺在滕腾老爷子前两代便开始在家庭里发端。滕腾先生作为长辈，他时常制作布糊画的小玩意儿给自己的孩子孙子把玩，布糊画在热爱和亲情中传承。

"滕氏布糊画"在最开始属于家庭式传承世代相袭，在滕腾老爷子之前，滕氏家族中已有前辈拾起"补花"技艺，开始进行布糊画创作，向上追溯，再发展至今，共有五代：滕坤—滕从周—滕腾—滕天达、滕天一、滕天欣、滕天杰、滕天晓、刘海艳—滕光宇、郝如香、李林璐。而在如今的发展中，滕氏布糊画逐渐由家族传承转变为社会性传承。艺术馆、工作坊等吸纳了更多的学员参与其中，越来越多的人开始学习布糊画这一传统技艺。社会群体的广泛参与使布糊画的流传范围不断扩大，布糊画技艺在当下的以家族式传承为主体，社会性传承为广大分支的情况下发展壮大，展现出前所未有的巨大魅力。

"布糊画作品设计严谨，用料考究，制作精巧，格调多变。有浮雕立体之效果，但不失布糊画之特点；有工笔、写意之观感，又不离传统工艺之风格；阳春白雪与下里巴人融为一体，上可入庄严大雅之堂，下可进寻常百姓之家。"郝如香这样说道。在与布糊画相联系的十几年里，郝如香继承传统技艺，不断钻研和创新，更新了布糊画的工序，增添了以前所没有的材料，使当下的布糊画创作更加多姿多彩，更加符合当代潮流。

三、发展新：非遗技艺多层面融合创新

在滕氏布糊画诞生开端，滕腾老爷子主要将布糊画制作当成自己的兴趣爱好。他使这种传统民族技艺重新问世，不断增加其中技巧和工序，给后辈们留下了布糊画技艺的框架和模板。发展到郝如香这代，一方面滕腾老爷子的家国大义流传下来，郝如香将布糊画与扶贫、学校教育结合起来，布糊画不再属于家庭的私属品，更成为民族的和中国的品牌，成为民众的艺术；另一方面为顺应时代潮流，郝如香促进布糊画与商业融合在一起，

布糊画的样式更加符合年轻人的审美，逐渐出现在大众生活之中。

（一）非遗助推乡村振兴

布糊画所在地区是承德市丰宁县，在如今国家大力推进乡村振兴的背景下，丰宁县内农村设置了"非遗扶贫布糊画就业工坊"。就业工坊的主体主要是农村妇女，年龄从三十岁到六十岁都有。她们有些是几个孩子的母亲，有些甚至已经成为奶奶、外婆，到了该颐养天年的年岁。她们的共同点是文化程度不高，相比于男性又缺少力量优势，因此她们都缺少稳定的工作，难以有机会实现个人价值。而布糊画就业工坊的建立充分展现了女性的优势，创造了实现女性就业的平台。在工坊内，我们能够感受到大家工作都十分认真，她们携带着装有免费工具的手提袋，珍惜这来之不易、能够挣钱改善家庭状况、实现个人价值的工作。工作坊内的氛围也十分融洽，她们相互学习，向同伴们展示自己制作出来的小物件，尽管这些物件还难以组成成型作品，但的的确确为自身创造了兼具物质和精神层面的价值。

在就业工坊内，隔一段时间便会出现郝如香的身影，她将布糊画的基础技艺教授给工坊工人，亲自指导她们制作作品。在 2018 年，郝如香创办了"非遗扶贫布糊画培训班"，培训农村学员 300 余人，其中有 30% 的建档立卡贫困户，同时非遗扶贫就业工坊的建立使贫困户年收益增加了5 000 多元。她表示经过培训后，大部分的学员可以制作出基本的半成品物件，有些甚至可以做出

成型的作品。而其中的半成品还需要再进行加工以达到出售标准。在每年的生肖类布糊画的销售中，很多作品的"零件"出自工坊中的农村妇女之手，她们用勤劳双手摆脱了贫困。"非遗＋扶贫"主要是将这些初级产品进行加工后投入市场，郝如香她们做的便是筛选物件进行整合的第二步，随后，需要配合专业人士的市场评估，选择合适的销售道路，并要求这些作品更加符合现在的市场需求，进一步拓宽布糊画产品的销量，同时也让布糊画这一传统技艺流传度越来越高。

2019年，郝如香等人率先带领团队进行旧房改造开发，建设"国家级非遗——布糊画主题"民宿，其位于将军营镇的两间房村，是全国独一无二的布糊画主题院落。走进民宿里面，院内充满文化气息，它不仅仅是一个休闲的世外桃源，更是展现非遗文化的窗口，是现在农村与文化融合的典范，让文化与旅游相得益彰。激发乡村振兴内生动力，让非遗文化和农村传统文化在流动升值中得到传承发扬。

"非遗＋扶贫"让非遗文化所在地区人民的日子越来越好，收入增多，生活情况得到进一步改善，为农村妇女创造了实现自我价值的平台，促进了农村建设与文化、旅游的深度融合，同时布糊画技艺也得到了进一步流传和传承，一举多得。

（二）非遗进校园

到中小学、大专院校去，这是郝如香做出的实际行动。2019年开始，郝如香异常忙碌，丰宁第七小学、丰宁特教学校、河北民族师范学院、河北石油大学、承德应用职业技术学院等都有她的身影。

直到我们采访之时，还能从郝如香口中了解到她针对学校非遗学习教育的计划和实践。她直言小学生学东西特别快，大学生结合自身专业能扩展滕氏布糊画的发展路径，随着不断地推广，传承的路径日渐清晰，在孩子心底种下一颗认知布糊画的种子，在高校学子身上能找到"专业＋传统"相融合的可能。郝如香将布糊画技艺带进校园，同时将校园里的学生带出

传统教学，带领他们来到布糊画制作工坊、艺术馆，实地了解布糊画的制作工序，领略传统手工艺与众不同的魅力。在她的朋友圈，隔一段时间便可以看到名为"非遗正青春"的图片展现，在她的相机里，充满了这些年轻的身形。郝如香说："这些年轻人和十几年前的我一样，他们深知布糊画的独特魅力，乐意将这一民族的传统技艺传承下去。"

对于学校而言，非遗项目进校园，是学校传承非遗文化，根植文化自信的重要举措。承德市应用技术职业学院的"郝香布糊画大师工作室"已被纳入河北省高等职业教育创新发展行动计划，确立为省级技术技能大师工作室。在学校内建立布糊画非遗文化大师工作室，搭建非物质文化遗产人才研修平台，有利于增强非物质文化遗产的创新竞争力。学校引进非遗项目，让学生们了解到传统工艺项目的独特魅力，感受到中华优秀传统文化的典型意蕴，在体验和生产性、服务性劳动中培育学生们的工匠精神。

从"非遗进校园"这一举措来看，郝如香正努力发掘新生力量，促进布糊画向更加专业化的方向发展。布糊画技艺不再拘泥于传统家族式的创造，而是将基本技艺发散出去，让更多有能力有兴趣的青年人接触到这一传统艺术，集思广益，充分发挥学子设计才能，为非遗的传承推广助力。在学校里的年轻人他们更懂得未来时代的发展趋势，促进布糊画工序的进一步革新和样式的转变，能够带动布糊画技艺的时代转型。同时民族传统技艺使他们更多地了解民族文化，增强民族自豪感和文化传承意识，相辅相成，相得益彰。

（三）非遗与商业融合

郝如香在采访时直言，不仅要提升布糊画制作技艺，还要紧跟时代潮流。在传统布糊画中增加时尚元素，才能吸引更多年轻人的关注，如此一来，不仅使更多的人了解到了布糊画这一传统技艺的独特韵味，增加了布糊画学习传承的隐藏群体，还扩大了布糊画相关产品的市场，在增值的同时反过来更好地带动乡村振兴。因此，郝如香带领龙腾艺术馆的手艺人不仅仅局限于制作传统的布糊画作品，而是针对当下市场，将传统布糊画元素应用到产品制作中，这些新品能满足不同年龄、不同群体的审美需求，拓宽了非遗的影响范围。"虽然东西材料本身的价格不高，但市面上很难找到，因为它有着独特的魅力。"郝如香与相关校企合作，从高端艺术品到日常装饰品，越来越多的年轻人开始喜欢并加入制作布糊画的队伍当中。

值得注意的是，郝如香促进布糊画不断与国际接轨，与高定服饰等艺术品不断融合。盖娅传说2023春夏系列的灵感来源于佛教神圣的宫殿，正如西方的天空之城在秘鲁，中国的天空之城是西藏。佛教圣地之中，鳞次栉比、雕梁画栋的建筑为一大特色，而布糊画所呈现的雕刻肌理，符合设计团队对工艺技术的预期，同时双方有着传承中国传统文化的共同信念，盖娅传说与滕氏布糊画不谋而合、完美碰撞。在整个合作过程中，郝如香团队和盖娅传说设计师首先以传承为基本，固守布糊画工艺技术、质料、匠心精神等核心内容，从工艺本体出发，深入挖掘布糊画的立体特性，通过堆叠、浮雕、缝缀等工艺的穿插运用，远观织物片片，近看

点线齐全，形成元素构成的合理匹配。其次，进化原有的二维形态，以人体骨架为本，以建筑骨架为魂，将其转变为 3D 立体展示，让工艺、服装、人体互相成就，360 度无死角地呈现出震撼之感。通过"非遗 3D 丝雕"技术，还原了层层殿宇，是打造"中国范式"和"中国风格"的一次成功尝试。这是非遗与服装设计相得益彰的典型案例。一方面，布糊画提供了精妙绝伦的核心技术和造物思想；另一方面，盖娅传说致力于挖掘中华传统文化中的民族基因，打造独属于中国的原创服饰品牌，为服装工艺的创新转化开辟了一方广阔天地，最终实现品牌文化赋能及传统工艺的转化、交流、宣传。

在品牌设计方面，郝如香表示和"怡达"的合作，也促进着布糊画的宣传。怡达品牌重视传统工艺的传承，促进非遗文化的当代流传和永存。"博采众长，大胆创新"是怡达和滕氏布糊画非遗历程的默契之处。二者都一如既往地继承和发扬中国传统工艺，在传承中以创新的思路迎面挑战，"怡达果子单 × 滕氏布糊画"联名礼盒，让传统穿越时空，非遗花开、凤凰来仪。

同时，郝如香积极利用现代媒体加强对布糊画的宣传。进入龙腾艺术馆，可以看到郝如香团队在进行网上教学，这是为了让更多人了解传统的手工艺，并将布糊画技艺更好地传承下去。他们运用当代

年轻人普遍使用的网络媒体进行视频展示和直播。在直播现场，郝如香向观众介绍布糊画悠久的历史、工序与画作种类等知识，详细演示了制作方法和流程，使网友们远程了解到这一非遗项目的独特魅力。

四、未来展：国家非遗走进民众生活

在与郝如香交谈的字里行间，无不透露出她对于布糊画的热爱，也许从她初见布糊画的那刻起，她就认定了与布糊画的缘分和羁绊。在这无数传承的日夜里，郝如香创新技术，促使布糊画技艺和工序在崭新的时代有了新的发展；加强融合，使布糊画与研学、商业结合，焕发出别样的生机和活力；坚守情怀，使民族的艺术走向世界，利用传统的技艺帮助他人。郝如香将做人和传承真正做到了极致。谈论起布糊画未来的发展，她早已有了新的规划，希望非遗能够真正走进民众生活，让布糊画艺术"活"起来，让传统民族技艺变得更加有意义。如此，布糊画不仅只是立体的静态画作，更是民族的大众的能够创造巨大价值的活态艺术。

2020 年 8 月，郝如香团队创办首届"青年潮流布糊画体验节"。2021年 7 月，为献礼百年华诞，举办"百年心向党，百人共非遗"党史学习教

育活动，现场所有领导、观众一起用布糊制作建党 100 周年庆祝活动标识。在这些活动中，成百数千人参与其中，民众利用艺术馆提供的碎布，向布糊画的工匠们学习，依照布糊画的工序和技巧创作各式各样的布糊画作品"零件"。这些参与者中有小孩、老人、不识字的妇女，还有文化水平较高的大学生，他们都被这个传统艺术吸引，投入自己的创作之中。郝如香直言，布糊画的工序复杂、技巧多样，需要花费足够的耐力和时间，这样短暂的参与不足以创作出合格的作品，但民众的广泛参与让布糊画这一国家级非遗项目不再是高高在上、只能由工匠们制作的民族文化遗留物，而是能够接触到的传统手工艺创作，布糊画不再过分神秘，而是在日常生活中有迹可循，这对于布糊画传承具有巨大意义。

对于布糊画的未来发展，郝如香有着各方面的规划，但主要方向便是让非遗走进民众生活，走向国际市场，这也是郝如香一直在做的事情。布糊画作为非物质文化遗产，它是民族的更是民众的，它是中国走向世界的民族品牌，也是当今民众靠近传统民族文化的典型艺术。在后续发展中，郝如香将进一步加大对于布糊画的宣传力度，维持现有路径的同时，拓宽其他领域道路，促进非遗在民众生活中的魅力展现，使更多人了解到布糊画的工艺创作和独特魅力，投入布糊画的学习制作中，使传统布糊画焕发出崭新的力量。

【知识链接】布糊画

"布糊画"之名，为有别于布贴画而命之。贴、糊之别：浮之小平面谓之贴；浮于大面积而且是立体的，谓之糊。布糊画由丰宁满族自治县滕腾及家人研创，发明专利为滕氏全家所有，故命其名曰"滕氏布糊画"。因滕腾所在县为承德市所辖，因而又称为"承德布糊画"。承德布糊画一经面世，即引起轰动，业内业外赞不绝口，公认其为中国一支光彩夺目的新花。

滕腾给"布糊画"的定位是"老、好、巧、少"四个字。"老"，就是坚持民族传统，产品即便放在异国他乡，也要让人见而知中国；"好"，是要有较高的观赏价值，赢得客商的欢心与喜爱；"巧"，是充分展示"布糊画"的独特技巧，表现出真功夫、真艺术；"少"，是不贪多，以精为魂，适应市场不同层次需求，上进高雅之堂，下入寻常百姓之家，不断创新，与时俱进。

第九章　传统医药传承人口述史

仁心仁德　传承百年
——潘氏针灸传承人潘英超访谈

"凡大医治病，必当安神定志，无欲无求，先发大慈恻隐之心，誓愿普救含灵之苦。若有疾厄来求救者，不得问其贵贱贫富，长幼妍媸，怨亲善友，华夷愚智，普同一等。"（孙思邈）

潘氏针灸第八代传承人潘英超说，孙思邈的这些话一直在他的家族中传承。针法自然，仁心仁德，这是家族"乐善堂"能够传承百年的主要原因，也是潘氏针灸术广为百姓称赞的根源所在。

据潘氏针灸术第八代传承人潘英超介绍，潘氏针灸术可以追溯到顺治元年（1644年），当时隶属于八旗汉军正蓝旗的潘氏先祖潘应策，奉命携眷属"从龙入关"后，居住在永平府抚宁祖地潘官营，以针灸为主，负责为汉军旗人治病。其曾孙潘康德，自幼酷爱中医，雍正年间，山东省瘟疫流行，潘康德奉诏携儿子潘亮赴山东省诸城，日照、东武、济宁、济南等地，为患病的民众诊治除疾，得到当地民众的高度赞誉，潘氏后人尊称潘康德为潘氏针灸术开创人，潘亮为一世传承人，至潘英超已是八代传承。潘英超在祖传"潘氏针灸"的基础上，采用"九宫八卦古谱针法"，配合五行、五音、五色，应用天干、地支、二十四节气，结合人的情致、起居、饮食、运动等行为，人与自然相结合，人体与物候相对应的自然规律来调节人体正气，以对抗病邪，创办独特的"潘氏针灸"

文化。"青龙文焕堂针灸馆"于 2019 年被中国老字号文化研究中心列入文化遗产《燕赵老字号》名录，第八代传人潘英超为纪念先祖潘文焕的功德，将"乐善堂"更名为"文焕堂"。

一、两代皇帝的垂青　家族百年的传承

　　走进古香古色的老字号"青龙文焕堂针灸馆"二楼，一个慈祥的铜塑雕像映入眼帘，底座写着："祖师潘文焕。"头顶的红底黄金字体"重益乐善堂"格外引人注目；在匾额的两侧，"一颗心仁义道德兼备，十指间疑难杂症尽除"的对联苍劲有力。这里就是潘氏针灸术第八代传承人潘英超的针灸馆，该馆 2019 年被列为燕赵老字号保护名录。

　　潘英超，字弘益，男，满族，1972 年 3 月出生，河北省秦皇岛市青龙满族自治县人，潘氏针灸术第八代传承人。潘英超天资聪颖，自幼酷爱医术，且博览群书，不仅继承了家族的高超医术，而且不断进修，寻求创新，2016—2019 年在华北理工大学临床医学专业修完三年制专科教学计划的成人高等教育，并取得公共营养师职业资格证书等。同时，他善于汲取诸家之长处，借鉴贤圣之经验，通过对经典名著的注释、挖掘、引申、组合逐渐形成自己的医学特色，在祖传"潘氏针灸"的基础上，采用"九宫八卦古谱针法"，科学地解读中医的五运六气，创办了独特的"潘氏针灸"文化。

　　据了解，潘氏针灸术开创人是潘康德，在康熙元年（1662 年）的时候，

参加国子监殿试，被录为永平府祭酒司。虽然潘康德官至从四品，但仍然对行医感兴趣，且医术高超。雍正年间，山东省瘟疫流行，潘康德奉皇帝旨意，带着儿子潘亮赶赴山东诸城一带，救治患病的百姓，受到老百姓的热烈歌颂和敬仰。山东瘟疫结束后，潘康德带着家人返回，在返回途中因年事已高再加上过度劳累而去世。朝廷念及潘康德父子治瘟疫有功，在迁安冷口外后牛山赏赐旗地。

清乾隆八年，潘亮挑担行医，至冷口外牛心山沟（今青龙满族自治县娄丈子镇后牛山村），后人尊潘亮为关外潘氏始祖。潘亮采用独门医术——潘氏针灸术治病救人，德泽乡里。其次子潘自贵自幼聪颖，沿袭家学，熟读易经八卦，九宫绝学，将潘氏针灸术发扬光大。后来，潘自贵次子潘玉，继承其父高超医术。据潘氏家谱记载，潘玉曾凭一身针灸绝技，陪乾隆皇帝下过江南，针到之处，疾患尽除，一时名噪京城内外，乾隆帝赐号“重佁”，以示医术精湛之意，并将自己亲书“乐善堂”名号赐予潘玉。

潘玉第五子潘文焕自幼习医，青年时随父遍访名医，中年返乡，择地扩建“乐善堂”，因门前矗立一对汉白玉石狮，以此地得名“狮子坪”（今娄丈子镇狮子坪村）。“乐善堂”建筑为仿云南大理的木质二层结构，因木质结构通风、防潮，便于药材长久储存。后因建“乐善堂”之木材名贵，战乱年间被毁。虽医馆被毁，但针灸之术传承未断。

潘文焕之三子潘溥，号“红三爷”，善用“黄帝九针”，其中包括“骡马针”，善治疯疾杂症，名噪长城内外，各地均有门徒。潘溥之子潘毓琴，饱读四书五经，自家针术运用自如。十六岁时，邻村关家夫人（三品诰命夫人）目疾，眼流异物、视物重影且泪流不止，遍请名医不愈，潘毓琴施与“九宫针法”之“离针”，目疾针下痊愈。潘毓琴长子潘钟奎延续家学，医术精湛。

潘英超为潘钟奎第四子，号弘益，他秉承祖业，创办“潘氏针灸”文化。这一针灸术以修补五脏六腑为特色，尤其善于治疗疑难杂症，比如面部神经麻痹导致的面瘫、脑梗、脑血栓导致的肢体及语言障碍，糖尿病并发症的康复治疗等。因布针巧妙、取穴精准，疗效甚佳，曾有美、意、德、俄、日、韩、朝鲜、马来西亚等国际友人慕名寻医。目前，潘英超之女潘良缘，自幼随父学习祖传针法，与同门师兄弟十三人，同为"潘氏针灸"第九代传人。

二、杂糅百家重自然　惠及百姓赢口碑

"医之道最微，微则不能不深究；医之方最广，广则不能不小心。"怀着对优秀中医文化的敬畏之心，潘英超以"老黄牛"精神，孜孜不倦地吸取百家诸长。《脉诀规正》《逐日人神歌》《增补绘图针灸大成》《一壶天》《牛马驼经》《中西汇通医书五种》《伤寒论浅注补正》《金匮要略浅注补正》《血证论》等康熙、光绪、民国经典医药著作，都珍藏在潘英超的诊所中。

谈起这些经典医药著作，潘英超如数家珍。"初一十一二十一，大梅鼻柱手小指；初二十二二十二，外踝鬓际外踝位；初三十三二十三，股内牙齿足股肝；初四十四二十四，腰间胃脘阳明手；初五十五二十五，口舌遍身杨明足……"《逐日人神歌》的内容他倒背如流。他说："万事讲究自然，针灸也要遵循自然规律，治病救人也是如此，所谓'地法天天法道道法自然，一生二二生三三生万物'，只有结合患者病情五运六气的辨证论治，才是药到病除的奇方。"

浅尝辄止，那是生活体验，精益求精，才是完美人生。为了能够有更好的疗效，潘英超细心实验一味味药，认真推敲一剂剂量，日复一日地打磨，终于在祖传"潘氏针灸"的基础上，采用"九宫八卦古谱针法"，配合五行、五音、五色，应用天干、地支、二十四节气，结合人的情致、起居、饮食、运动等行为，人与自然相结合，人体与物候相对应的自然规律来调节人体正气，以对抗病邪，创办独特的"潘氏针灸"文化。

中医的门派其实类似于西医的专科，各门派都凝练了几代人积累下来

的具有特长的医疗技术的精华，逐渐形成了各门派的诊疗特色。潘氏针灸术最主要的特色就是灸复，也就是说用针灸去修复人体内的五脏六腑，通过修复，使得这些器官重新焕发出生机。因此，对于一些疑难杂症，颇有疗效。从诊所墙上挂满的锦旗，我们可以看出患者对于潘氏针灸术的认可。

说起治好的患者，真的是不计其数。一位患有严重哮喘的患者，经众多医院诊断，需要终生服药，后来经人介绍来到潘氏诊所，通过针灸治疗，其哮喘彻底痊愈。另一位患者为意大利足球教练，有非常严重的失眠症，广泛求医无显著疗效，觉得失眠症无药可医，经过潘氏针灸术的针灸，早已康复，患者不禁赞叹"神奇的中医"。治疗的痊愈度、病人的满意度高，因而小小的诊室前来就诊的病人络绎不绝，这也促使潘英超更加努力钻研。

三、中医文化育子弟　　大医精诚传精髓

"弘扬中华文化传统，传承民族历史经典"，是潘英超的追求，在弘扬中医传承方面，潘英超持之以恒。在他的诊所，到处可见中国优秀的中医文化和传统文化。

潘英超很少说自己医术精湛，更多的是从黄帝内经的五行六气，讲到张仲景的辨证论治；从孙思邈的《千金方》，谈到儒释道；从摆在桌子上的五湖四海，讲到悬壶济世"海水不可斗量"；从挂在墙上的算盘、称、度量衡，讲到医生的医德医术……

潘英超说，中医蕴含着深邃的中国传统文化，譬如挂在墙上的度量衡，表面上看是计量单位，是古代用来称药抓药的工具，但细细推敲，其中有着丰富的文化内涵。度量衡，其实也就是做人的标准。度量衡中的"秤砣"，是羊的造型，在满语中是吉祥、问候、问安的意思，象征着治病救人。度量衡中的"度"，就是尺度，意味着人在行为处事中要拿捏适度。而度量衡中的"量"，是用大斗、小斗来量的。"人不可貌相，海水不可斗量"，就是说海水不能用斗量，寓意着做人不能太计较，要胸怀开阔，有如五湖

四海。而度量衡中的"衡"，则是权利的象征。我们常常说"权衡利弊"，其实也就是说做人要善于协调，保持平衡，只有保持平衡，双方对称、相等，才能 "称心如意"；如果双方不对称，就要进行调整协调。权衡定江山，秤砣压千金，也就是说秤砣要公平，不能超过这个范围，不能有贪心，否则就要受到惩罚。看似平淡无奇的度量衡工具，在潘英超这里，都是有灵魂有智慧的，是优秀的中华传统文化。

医者，讲的是传承的精髓。"医之道最微，微则不能不深究；医之方最广，广则不能不小心。"在针灸馆二楼的墙上，书写着"潘氏家训"：早立志、严治学、常修身、慎处世、兴家业、廉为政、举孝贤、爱国家、谨择婚、重养生。即：少须立志，无志不刚；高屋建瓴，奋发图强；学贵于勤，习之有方；力学笃行，学有所长；温良恭俭，敦厚谦让；戒堕节欲，循纲守常；仁义礼智，诚信善良；讷言敏行，心怀坦荡；清廉自律，造福一方；明德慎罚，扶弱抑强；勤俭持家，重本兴商；生财有道，家富业旺；孝悌敬老，知恩莫忘；逢时祭祀，厚养薄葬；遵纪守法，拥政爱党；无私奉献，为国争光；以人为本，德体至上；自重自爱，漠视财妆；心态平和，择膳颐养；科学锻炼，延寿益康。潘英超坚持以文化引领，传承匠心的中国精神，沿袭着"潘氏家训"，带领弟子脚踏实地地传承中医文化。

岁月不居，时光如流。秉持着对社会负责的态度，潘英超用他的激情和纯粹浇筑梦想。他遵循着"长幼有序一脉相承，循序渐进代代相传"的自然规律，按照"景然有序"来收弟子，招徒条件是对中医感兴趣、有一定的中医基础、喜欢传统文化，以及具备良好的人品。收徒按祖先留下来的规矩，择定吉日举行拜师仪式，徒儿呈拜师帖，师傅回徒帖等，每一次拜师仪式都会被拍摄记录下来。目前计划是"景"字辈招徒 6 人、"然"字辈 12 人、"有"字辈 24 人、"序"字辈 48 人。潘英超从 2016 年开始招收第一批徒弟，"景"字辈的徒弟 6 人已经出徒，都能够独当一面，有自己的诊所；"然"字辈也有 1 人出徒，其余弟子正在学习推拿按摩等基础知识；"有"字辈，目前有 3 个弟子，前来临床实践，以黑龙江、四川、吉林地区为主；"序"字辈，以八九岁孩子为主，主要教授他们一些基础知识，要求背诵中医药经典，譬如脉经要略、内经理论、中医基础等。

"路漫漫其修远兮，吾将上下而求索。"不以广告来宣传，注重疗效赢口碑，潘英超的事业现在已渐入佳境，弟子有几十人，第二家分店也在河北省秦皇岛市先锋路开业。

谈到未来，潘英超说，希望国家能够继续给予政策方面的支持，让中医真正的发扬光大；同时他也希望通过踏踏实实的服务，通过临床实践，通过疗效，让中医文化走进普通人的生活；如果有时间，他希望自己静下心来，用文字把自己的经验、把中医的精髓写下来，从而更好地传承中医药文化，扩大中医药文化的影响。

心中有向往，行走有力量，传承有希望。在潘英超背后的木桌上，一只古老的瓦罐压着一本发黄的药书，一阵清风吹过，哗哗作响。清风不识字，何故乱翻书？潘英超的人生，无疑体现了医者、仁者、智者的三者合一。潘英超怀着对优秀中医文化的敬畏之心，坚守在传承和发扬优秀中医药文化的道路上，躬耕不辍。正是因为有千千万万这样的耕耘者、坚守者，优秀的中医文化才能源远流长、生生不息。

【知识链接】潘氏针灸

潘氏针灸术，源于顺治元年（1644年），至今已有380年，当时隶属于八旗汉军正蓝旗的潘氏先祖潘应策，以针灸为主要治疗方法，为汉军旗人治病。其曾孙潘康德，精通中医，参加国子监殿试，被录为永平府祭酒司，主理郎中业，被后世尊称为潘氏针灸术开创人，其子潘亮，为潘氏针灸术一代传承人。后乾隆皇帝御赐鎏金牌匾"重益乐善堂"匾额，赠题有"五芝挺秀八桂森荣，日月增辉山河焕绮"的对联并赐御画"老子出关图"。"青龙文焕堂针灸馆"于2019年被中国老字号文化研究中心列入文化遗产《燕赵老字号》名录，潘氏针灸术第八代传人潘英超为纪念先祖潘文焕的功德，将"乐善堂"更名为"文焕堂"。潘英超在祖传"潘氏针灸"的基础上，采用"九宫八卦古谱针法"，配合五行、五音、五色，应用天干、地支、二十四节气，结合人的情致、起居、饮食、运动等行为，人与自然相结合，人体与物候相对应的自然规律来调节人体正气，以对抗病邪，创办独特的"潘氏针灸"文化。"潘氏针灸术"属于传统医学范畴，尤善于疑难杂症，风湿骨病坐骨神经痛，腰间盘突出滑脱诸症，诸如面部神经麻痹所致的面瘫、口眼歪斜的治疗；脑梗、脑血栓所致肢体及语言障碍的治疗；糖尿病并发症的康复治疗诸等方面，有着很好的临床疗效。

"潘氏针灸术"传承一览表

姓名	性别	民族	生卒时间（年）	字号	开创与传承人顺序
潘康德	男	满			开创人
潘　亮（潘康德长子）	男	满	1711—1796	宽和	一世
潘自贵（潘　亮次子）	男	满	1748—1823	仲真	二世
潘　玉（潘自贵次子）	男	满	1789—1888	重伯	三世
潘文焕（潘　玉五子）	男	满	1849—1949	从周	四世
潘　溥（潘文焕三子）	男	满	1889—1979	雅先	五世
潘毓琴（潘　溥长子）	男	满	1909—1998	一木	六世
潘钟奎（潘毓琴长子）	男	满	1930—2004		七世
潘英超（潘钟奎四子）	男	满	1972—	弘益	八世

世代德馨做良医　百年正骨革至臻

——冯氏正骨传承人冯永生访谈

200多年前，在今天的肃宁县白村里有个叫冯绍祖的后生，自幼心地善良。一天，他下田干活时救下了一只落难的小狐狸，小狐狸幻化成白胡子老人，送给他一个小铜人，并连续100天来到梦里传授他"捏胳膊腿儿"的技艺。后来一个村民从榆树上摔了下来，路过的冯绍祖用手一摸，受伤的村民就立刻骨复原位，病去痛消。此后，冯绍祖便开始医治当地和周边有需要的村民，分文不取，当地的人们都把他叫作"活神仙"。

上文是关于河北省沧州市肃宁县"冯氏正骨"第一代传承人冯绍祖的美丽传说。如今这项传统中医技艺已经传承发展到了第七代，并于2008年入选沧州市第二批市级非物质文化遗产名录，2019年入选河北省第七批省级非物质文化遗产名录。百年来，冯氏家族一直坚守在肃宁县的土地上，潜心钻研正骨这门中医手法。本着记录、保护传统非遗文化的初心，团队联系到了河北省沧州市肃宁县冯氏正骨的第六代传承人冯永生，详细了解了这门传统中医技艺，以及冯氏家族代代传承的风雨岁月。现将访谈整理撰写，以期助力优秀非遗文化走得更好越远。

一、学之于正骨，德逾于四方

冯永生，男，汉族，中共党员，1964年出生于河北省沧州市肃宁县梁家村镇白家村，省级非物质文化遗产项目冯氏正骨第六代传承人。曾发表

论文 30 余篇，参编医学著作书籍 6 部；曾担任第八届河北省政协委员、沧州市第八届政协委员、市工商联执委、肃宁县政协常委；并先后获得"2022 年度沧州好人""市管专业技术拔尖人才""市十佳医护人员""市十佳青年""全国中医特色疗法十强精英""沧州市最美志愿者"等荣誉称号。现任肃宁县中医骨伤医院院长、肃宁县援老志愿者协会会长。

冯永生出生于一个中医世家，他和大姐从小就在医院看父亲给人正骨治疗。每天放学后，冯永生便帮着大人抓药、为病人按摩。父亲给人看病，他站在旁边仔细聆听；父亲问诊查房，他在一旁跟随。即使在家里，他也常常会听父亲零散地讲述一些正骨的手法和医理知识，冯永生从小便受到了良好的熏陶。冯氏正骨靠着冯家的高超疗法和医者仁心，知名度大大提高，全国各地很多患者都慕名前来进行治疗。当时又正值医院的建立与调整，父亲冯庆森的工作日渐繁忙，他急需帮手来为他分担一些工作。冯永生的大姐便开始留在父亲身边，一边学习正骨，一边照顾父亲。但 1976 年，大姐被调入了河北省的杂技团担任保健医生，后跟随杂技团出国，这下父亲身边没了体己人。于是在 1978 年的 9 月，刚开始读初二的冯永生选择辍学，他开始全天都跟随父亲学习正骨手法并协助父亲进行诊治。自此，14 岁的冯永生接过了冯氏正骨的第六代接力棒。最初，他跟随父亲学习认识人体 206 块骨头的准确位置。后来，他利用一切时间投入正骨术的学习实践中，白天他跟着父

亲学习正骨的各种手法，准确地掌握在哪用力、怎样用力的问题；晚上，
他躺在床上听父亲讲各种病例及解决办法。令冯永生至今都记忆犹新的便
是他学习"治疗下颌关节脱位"的经历。当时，父亲为了帮助小永生精准
地判断准确位置从而掌握正确手法，便把手撑在冯永生的嘴里进行讲解。
一段日子下来，小永生的嘴火辣辣地疼，甚至感觉嘴巴被撑裂了。就这样，
忍着巨大的疼痛，他学会了每一个重点部位的正骨手法，并不断学习积累
基本的医学理论，反复练习"小夹板固定、舒筋摸骨"等冯氏正骨的独特
手法。最终，在父亲的言传身教下，加上冯永生从小的医学基础以及刻苦
勤奋的学习和实践，半年时间他就正式出徒了。不到 15 岁的冯永生穿起
了白大褂开始在门诊值班。在他诊疗期间，他始终牢记着父亲对他的教导，
对于前来看病甚至是敲门求诊的患者，他都会克服自己的困难，竭尽全力
地精心救治，不管时间多晚，他都从无怨言，病患什么时候找，他就什么
时候去。当时一些周边村子里的病人因为动不了无法来门诊看病，冯永生
就坐马车或骑上一辆自行车赶路到患者的家里，悉心照料。冯永生凭借着
自己的仁德和技艺在周边村子渐渐有了些名气，但从外地来的一些患者到
门诊看病，认为冯永生只是个乳臭未干的毛头小子，并不完全信任他。冯
永生面对这样的质疑也从不生气，他只耐心地给病人摸骨正骨，默默坚守
在自己的医疗岗位上。

　　为了更好地精进自己的治疗手法，在父亲的鼓励下，冯永生于 1984
年进入了当地的卫校学习，先后在中医针灸班和医士班学习进修，并在沧
州地区医院全科实践，3 年后他取得了中专文凭。毕业返回工作岗位半年后，
他发现临床上一些疑难杂症逐渐增多，运用祖传的正骨手法并不能完全应
对这样的特殊病例。于是，他决定再次进修学习，尝试通过中西结合的路
径提高骨科的治病率。1987 年底，他再次前往沧州二院学习骨外科相关知
识和技术。他在全面继承祖传"冯氏正骨舒筋"的基础上，广采博收、刻
苦钻研，融会贯通中西医理论，借鉴了西医手术、缝合等技术。此后接诊
开放性骨折等病患时，冯氏所在的医院便可以为其进行手术，之后再配合

祖传正骨手法，帮助患者更快更好地康复。冯永生的开拓助力中西医综合治疗骨伤病取得了突破，为传统冯氏正骨增添了新的内容。

同年，24 周岁的冯永生被县委组织部任命为肃宁县骨伤科医院院长。他一边坐诊看病、治疗患者，一边管理医院大小事宜。除此之外，他还一直保持着谦虚的态度，勤奋钻研、任劳任怨，不断提高着自己的专业技术。他采用独特的祖传正骨手法配合点穴、针灸、中药应用，甚至攻破了一些大医院不能解决的疑难杂症和久治不愈的骨伤病症。医院的发展日益向好，冯氏正骨的名气也日渐增强。但冯永生从不敢忘记"良心办医院、全心治病人"的初心与原则。"不收取高额费用，不暴利谋取钱财，正骨只收几十块钱"，是他给自己划下的警戒线。由于冯氏正骨的疗效显著，医院病人也日益增多。这一发展状况得到了上级的重视，省长等领导前来视察指导时建议乔迁县城，以改善医院患者的住院条件。

但资金的匮乏让他们犯了难，父亲冯庆森边工作边去上级求援，最终卫生部、省卫生厅、财政厅、计经委，市财政局等对他们进行了拨款赞助。在多方的共同努力下，于 1990 年建成了崭新的医院大楼、购置了完备的医疗设施，原卫生部部长崔月梨还亲笔为医院题写了院名并写了贺信。省长、卫生厅厅长、中医药管理局局长、市委专员、市卫生局局长、县委县政府书记、县长及主管部门领导参加了医院的乔迁典礼，省、市、县三级领导为医院乔迁剪彩。至今医院迁至县城已经有了 30 多年的历史，冯永生也已从医治病 40 年。多年来，他谨记"行医治病，以德为先"的祖训，秉承善美家风、承传祖业、敬业进取，把救死扶伤当作自己的本职工作，积累了极佳的社会口碑。他治愈骨伤患者上百万人次，常常被患者亲切地称为"妙手神医"和"神一针"。

二、启程于仁心，授之于新生

从民国到 21 世纪的今天，从"功德碑"对冯氏正骨的记载到肃宁县中医骨伤医院的成立，这些历史的印记彰显着冯氏祖辈走过的百年风雨历程。他们一代代坚守着救死扶伤的人道精神，一代代传承着手到病除的精湛医术，并不断革新，共同将这门传统中医治疗方法保存至今并发扬光大。

关于冯氏正骨的第一代传承人冯绍祖的创始经历，一直是以神话传说的方式留存的。到了第二代的冯椿龄，历史上有了确切的记载。据冯永生介绍，高祖父冯椿龄生活于民国，他医术高超，在世期间为肃宁县周边很多县城和村子的民众都看过病。冯椿龄一直谨记"行善济民"的祖训，看病从不收取村民们的一分一文，还会让受伤严重、行动不便的村民住在自己家里。村里的人都特别感激他，稍微富裕点的村民便会留下几枚大洋、几块点心或是送些粮食；家里不富裕的人家便会留在冯家帮忙种地作为报答。民国二十年（1931 年），冯椿龄老先生去世，肃宁周边 37 个县的群众都赶来悼念，乌泱泱的人从家围到了坟地上，形成了一层层"人墙"。不仅如此，他们还自发捐款为冯椿龄老先生树起了一个功德碑。"建石志美，好几辈正骨舒筋，固不止千家奏效；树碑扬名，许多人报恩酬德，宜有此百代流芳"，这是万人碑的楹联，也是冯氏家族医德仁心的见证。到了第三代传承人冯卜年这一辈，冯氏正骨的传承方式也一直遵循着老一辈"传男不传女"的单传习俗，将技艺传给了"正根"，也就是第四代传承人：冯永生的爷爷冯月池。为了保密，曾祖父冯卜年都选择在房上给冯月池教授正骨技术。但冯永生的四爷爷也常常躲在房下偷听，日子一久，冯卜年看自己的四儿子如此谦虚好学，也就同意了让他上房顶一起学习。在第四代这里，冯氏正骨的传承禁忌从"传男不传女"变成了"传媳不传女"。后来冯月池在儿子冯庆森 9 岁的时候就早早去世了，临终前，他嘱托四弟要将冯氏正骨发扬光大，并将其传给自己的儿子冯庆森。

冯永生的父亲冯庆森 12 岁就开始学起了冯氏正骨，并在四叔的悉心教导下成为第五代传人。当时看病治疗并没有固定的场所，冯庆森便在附近的县城、各大村子的集市里摆摊治病。他凭借着精湛的医术和仁德之心获得了当地人的敬佩与称赞。1952 年，冯庆森配合国家和当地的安排，加入了梁村联合诊所和村里的其他医生一起配合着为当地的居民看病治疗。1969 年成立了梁村地段医院（当时也叫"公社人民医院"），冯庆森正式加入医院担任了正骨科科室的医师。冯庆森长期坚持学习进修与研究，正骨技术不断提高，疗效也非常显著。在他就诊期间，一个在外地煤矿厂打工的本地人因为干活时不幸摔断了腿，被定为"一级残废"后只得无奈回到老家看病。冯庆森采用折骨手法重新矫正成角错位并用小夹板进行外固定，结合祖传接骨药物、配合舒筋等治疗方法，使已留残疾的患者重新痊愈，恢复了原来的劳动力。在此机缘下，冯氏正骨声名大振，许多在山西大同、阳泉、平定，石家庄、邯郸煤矿务工的伤者都前来寻医治病。冯永生回忆称，他小时候经常看到三四个甚至七八个病人半夜被大车送到家里来找父亲看病，最终都能痊愈。随着找冯庆森就医的患者与日俱增，于是乡医院由初期的 20 余张床增加到了 120 张。但这仍然不能满足住院患者的需求，不少患者就只能住在农村民房或是大车店。由于地段医院的空间有限，1980 年根据上级主管部门指示，正骨科从医院分离了出来，单独成立了"梁村正骨医院"，当时医院里的病床已增至到 200 张，医护人员共56 人。1978 年，冯庆森积极响应上级号召，开始在附近县城和村子里召集赤脚医生，并对其进行治疗跌打损伤的相关培训，后来冯庆森出于"救治更多患者"的目的开始在全国各地收徒，共培养了 100 多名医师，他们去往全国各地为广大骨伤患者服务。1984 年，"梁村正骨医院"经地区卫生局批准升格为"肃宁县中医正骨医院"。冯庆森治愈的骨伤患者有 280万余人，20 世纪 80 年代曾给中央委员、省领导治好了腰疼的旧疾，给跳水冠军治好了胫腓骨陈旧性迟缓愈合骨折等骨伤疑难杂症。冯庆森一直工作到 70 多岁后才退休离开了工作岗位。1987 年，冯庆森被卫生部授予"全国卫生文明建设先进工作者"称号；1993 年起享受国务院政府特殊津贴；1998 年被确定为河北省中医药界专家，河北省劳动模范，省五、六、七届政协委员，沧州市名老中医，省、市、县优秀共产党员。现在耄耋之年的冯庆森仍然精神抖擞，激励着后辈不断进步，也是冯氏家族永远的榜样。

冯永生的长子冯庚玺、次子冯庚茂自幼随爷爷冯庆森、父亲冯永生学习"冯氏祖传正骨舒筋术";并进修学习了西医中的"手术",将传统手法和现代手术相结合,提高了治疗骨折的效果。现已成为第七代传承人,并担任相关学科的带头人。除了嫡系传承人外,冯永生的大妹、小妹、妹夫和弟弟也都继承了冯氏正骨的疗法,并开门诊救治患者。在冯氏家族的代代传承下,冯氏正骨这棵参天大树长得越来越繁茂,不仅如此,这棵大树的新枝嫩芽也在生机地萌发着。冯永生表示,自己的孙子孙女们在家人的熏陶下,现在也已经简单掌握了一些正骨的手法。

"想病人之所想,急病人之所需,救死扶伤,实行革命的仁道主义",是第七代传承人冯庚玺的座右铭,也是冯氏家族每一代人的目标与使命。他们始终将"学医先学德"的要求谨记心间,怀着医者的仁心和非遗传承人的匠心,不断精进革新着冯氏正骨,并将其发扬光大!

"冯氏正骨"传承谱系

冯绍祖 → 冯椿龄 → 冯卜年 → 冯又池
　　　　　　　　　　　　　　　　↓
冯庚玺 ← 冯永生 ← 冯庆森

三、苦心于病理,求索于创新

(一)代代相革新

冯氏正骨今天的发展成果离不开冯氏祖辈的坚守与传承,也离不开一代代人的改革与创新。

要想骨科患者早日康复,冯氏正骨必须与西医之长相结合,才能进一步提高疗效。这是冯永生的远见与卓识。在他的带领下,冯家将上百年的祖传秘方"消肿汤""接骨汤"施于临床应用,收到了良好的效果。并根据医院的需求又兴建了面积7 500平方米的综合大楼,新增了现代化的医疗辅助设备；开设了慢性病理疗康复科，结合运用手法配合纯中药熏洗治疗椎间盘突症、关节炎、颈椎病、肩周炎、风湿病、软组织疼等慢性疾病。

除此之外，中医针灸、按摩和点穴疗法也得到了借鉴与引用。冯氏正骨的传统手法是用手摸骨，但手的力度并不能比得上一些特定的工具。所以，冯永生引入了针灸等疗法并将其与冯氏正骨相结合来治疗颈椎病、关节炎等病症，取得了"三秒起效"的成果。冯永生表示，中医是我国优秀的传统文化，也是更适合中国人的治疗方式。为此，他一直在不断进行中药外贴内服的相关研制，期望让更多的患者得到救助。

（二）志愿践初心

对于"冯氏正骨如何宣传"的问题，冯永生坚定地表示，冯氏正骨从来不花钱打广告。这是他们的担当，也是他们的原则。作为一名医生，患者的健康是他们最大的幸福，所以他不选择通过商业化的广告来大力宣传。此外，他也坚信，只要把人做好，把冯氏正骨做好，全心全意为患者服务，就能在患者有需要时，永远成为第一位的选择。

冯永生说的话从来不是只停留在口头上。几十年来，不管是行医，还是做人，他都严格要求着自己并脚踏实地得践行着。行医四十余载，他坚持每天 8 点前到达医院，把所有的病人都看完才去吃饭。白天在医院里忙碌，回到家也有人上门找他看病，甚至深更半夜也有人敲门问诊。但不论多累，冯永生都有求必应。多年来，他不忘深造研修，坚持学习中西医理论，医术日益精进。除了祖传的正骨技术外，对于那些慢性的骨科疑难杂症，他也都有所突破。他治愈了来自全国各地的骨伤病人近

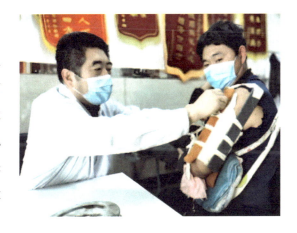

百万人，对待条件困难的患者也会减免他们的费用。

此外，他还参加各项公益活动，组织成立了"肃宁县援老志愿者协会"并担任会长，他积极带领协会成员进行援老爱心救助奉献活动，给患病的孤寡老人提供按摩针灸、贴膏药等服务，组织协会成员定期看望孤寡老人……成了冯永生的习惯和牵挂。十多年来，上百名老人得到了协会的援助。"最美志愿者""肃宁骄傲""肃宁好人""肃宁专业技术拔尖人才"……相比起获得的荣誉，冯永生更在意肩上的责任。工作之余，冯永生成立了大墨堂书画院，2022 年他带领书画院的老师在大街小巷、乡镇村庄义务绘制了近 4 000 平方米的文化墙，用一幅幅栩栩如生的作品向市民传递文明理念，助力文明城市的创建。在新冠疫情期间，他积极捐款捐物，加入了防疫队伍当中。

四、不忘来时路，方能行致远

杏林春意明，时雨润新枝。相传 200 多年的冯氏正骨传承了祖国的医学遗产，广纳中西医术精华，可谓硕果累累，誉满天下。当下，肃宁县中医骨伤医院也在冯永生的带领下一直向好发展，其中人员问题一直是冯永生管理医院的重中之重。医院曾在 2000 年进行了改制，但冯家并没有抛弃那批老员工，他们以事业编的身份一直留在了医院。对于新职工，医院以企业模式对其进行管理。所以，冯永生所在的医院不仅要按时交税，也要全权承担起老员工的医疗保险等费用。不能让新职工失去干劲，不能让老员工寒心，是冯永生决策与管理的原则。

无论经济形势如何，冯永生都一心带着后辈刻苦钻研、努力工作，为医院的全体成员树起了主心骨。冯永生呼吁，包括冯氏正骨在内的中医诊疗是我国珍贵而独特的技术，需要国家相关部门和医疗界的重视和助力。冯氏家族也将竭忠尽智，坚守传承，勇于创新，将这一民族瑰宝进一步发扬光大，让这朵杏林奇葩绽放得更艳、更美。

【知识链接】冯氏正骨

"捏胳膊腿儿"的正骨绝活是我国古代医学"十三科"之一，指的是中医中用推、拽、按、捺等手法治疗骨折、脱臼等疾病。在河北省沧州市肃宁县的大地上，这套珍贵的中医治疗方法一直被冯氏家族代代传承着。

冯氏正骨起源于肃宁县白家村，开创于 17 世纪末。现已经历冯绍祖、冯椿龄、冯卜年、冯月池、冯庆森、冯永生、冯庚玺 7 代传承，治疗技术也在每一代的手中不断得到精进与革新，现在主要依托肃宁县中医骨伤医院对外进行诊断救治。据资料搜集整理，冯氏正骨具有"快速复位、三期用药、不留后遗症"等特点。冯氏正骨不需要手术打钢板，也不打石膏。医师遵循着"欲合先离，离而复合"的原则为患者正骨复位，并采用独特自制各种类型的小夹板外固定，随时检查调整骨折对位情况。同时采用独特的舒筋手法，帮助患者早日恢复身体功能，以内外兼治，动静相结合的心法要旨，使骨折和功能恢复齐头并进。并结合三期用药，一般 3～8 周患者便可愈合康复。

骤然人未觉　妙手合伤骨

——陈氏正骨术传承人陈海鹏访谈

"今之正骨科，即古跌打损伤之证也。"正骨为古代医学"十三科"之一，根据史料记载，元代便设有"正骨兼金镞科"。正骨术是中国传统医药中的一门专门治疗骨关节、软组织损伤的医学技术。陈氏正骨术是中医正骨术在河北省承德地区的一个分支，据考证，陈氏正骨术传承谱系已有七代，从清代中后期开始，历经民国，发展至今，已有近200年的历史。陈氏正骨术诊疗特色、特色方剂、祖传手法等独具一格，在2017年入选河北省第六批省级非物质文化遗产名录，陈海鹏是第六代传承人。

为了解传承人的个人经历，探究陈氏正骨术入选省级非物质文化遗产名录的原因，笔者带着钦佩之情同陈海鹏进行了沟通和交谈。本文依托其所提供的资料，对陈氏正骨的历史和现状进行了梳理，让人们更加深入地了解这项包含民族特色和医药精华的非遗项目，同时也表达了笔者对这门传统医药的期待与展望。

一、幼相随，存医心

陈海鹏，男，满族，民革党员，1973年出生于河北承德市，自幼跟随祖父陈辉学习祖传骨伤医技，于1993年去安徽中医学院针灸骨伤系求学，之后在天津实习，在实习之后又专门在天津医科大学总医院郑永发主任门下进修两年，现为副主任医师职称，是陈氏正骨术的代表性传承人，承德

市双桥区陈海鹏（陈氏）中医骨伤科诊所法定负责人，负责日常临床诊疗工作和指导培养新毕业医学院学生。

陈氏正骨术采取家族传承的方式世代相袭传承，陈海鹏出生于中医正骨世家，从小耳濡目染。根据现有资料记载，19世纪80年代，第一代传承人陈喜，继承先人的骨伤医技，在战争中曾作为军医专门从事红伤、骨伤的治疗。之后，陈喜之子陈凤岐成为第二代传承人，陈凤岐第三子陈悦则为第三代传承人，陈悦长子陈新德、第三子陈俊德（陈辉）是第四代传承人，陈俊德长子陈晓明是第五代传承人，陈晓明次子陈海鹏为第六代主要传承人，第四代传承人陈新德曾孙陈震是第七代主要传承人。从第一代到第七代，父传子，子传孙，父父子子构成了陈氏正骨术以家族为中心的传承谱系。

由于陈海鹏从小跟在祖父身边，常年看着祖父治疗患者的骨伤，滋养了陈海鹏的"医者之心"，长大后自然而然地走上了中医之路，他的兄长则受祖父影响较小，走上了另一条从政之路。据陈海鹏介绍，祖父对他的从医之路产生了巨大的影响。不仅从小亲眼见证祖父医治病患的过程，而且在十岁的时候，祖父就已经开始教授中医的理论知识和技巧手法。一开始，陈海鹏首先接触的就是解剖，在十几岁的时候就已经熟记人体206块骨骼，研读解剖书，分析诊断X光片。在祖父身边打下了坚实的中医基础之后，便开始独自在外求学，在安徽中医学院学习了现代医疗技术。因此，陈海鹏不仅继承了陈氏祖传医学诊疗技术，而且他又将祖传医学与现代医学理论相结合，不断创新，发展出骨牵引结合小夹板固定治疗骨折重叠移位、清创术结合中医药治疗大面积感染皮肤缺失等一些临床疑难病症的新治疗手段，发展创新了陈氏正骨术。

陈海鹏从小就生活在医药世家之中，在祖父的言传身教下，很快掌握了陈氏正骨术的技法精髓。陈海鹏由于从小接触陈氏正骨术的诊疗过程，1998 年就能够进行骨伤诊断，独立行医，他应用传统医学与现代医疗技术治疗患者各个部位各种类型的骨折脱位、复合创伤，赢得了良好的口碑。可以说，没有祖父的谆谆教诲，陈海鹏就不会那么坚决地树立成为一名正骨医者的决心。

二、家相承，薪火传

中医已有几千年的历史，是中国人民在长期伤病医治中逐渐形成的医学体系，具有独特的理论和实践特色，是我国优秀的民族文化遗产。中医于明清发展到鼎盛，之后便逐渐分化，出现了一些医学专科，正骨术就是其中之一。正骨术在不同地区有不同的分支，就河北省境内而言，在沧州盐山县有丁氏正骨术、石家庄市新乐市有孙氏正骨术、廊坊市有李氏正骨术、邢台市新河县有邱氏正骨疗法、沧州市肃宁县有冯氏正骨术，在承德则有陈氏正骨术。陈氏正骨术作为正骨术在承德地区的分支，因其诊疗特

色、特色方剂、祖传手法等独具一格，并在 2017 年被评为省级非物质文化遗产。

陈氏正骨术产生于塞外满族祖传七代的名医世家，现已成为承德地区的一大中医特色专科，不少患者闻名而来。陈氏正骨术的产生有其历史缘由，因满族历来以骑射见长，且战争年代，跌打损伤多见，陈氏正骨术的先辈在诊疗实践中逐渐积累了治疗红伤、骨伤的独特手法，衍生出陈氏正骨术这一传统医药遗产。陈氏正骨术采取家族传承的方式进行传承，目前可考证的先辈陈喜曾是清朝随军治疗骨伤、红伤的军医，也就是治疗伤病的随军医生。其后，第二代传承人陈凤岐继承其父陈喜的衣钵成为第二代陈氏正骨术传承人。第三代传承人陈悦从陈凤岐继承过来陈氏正骨术，成为滦平县名医。陈海鹏的祖父陈俊德作为陈悦第三子为第四代传承人，曾在北京、石家庄等地从事骨伤科医疗工作，之后定居承德，成为当地有名的骨伤科医师，医术精湛、有口皆碑，被广大患者赠名为"陈辉"，并于 1984 年在承德市创办了当地第一家中医骨伤诊所"陈氏正骨术"。第五代传承人陈晓明毕业于河北中医学院，曾荣获"国际跨世纪医坛科研金奖"，他的关于 18 项骨科系列疗法的论文被多家专业报刊登载，其中《股骨头缺血性坏死系列疗法》曾获河北省中医药管理局优秀论文一等奖，并被载入《世界医药成果经典》。陈氏正骨术第六代传承人陈海鹏多次在《中国骨伤》《中华骨科杂志》上发表论作，对治疗月骨脱位及月骨周围脱位、胸腰椎压缩性骨折、骨化性肌炎等疾病有独到的见解，在骨科诊疗方面颇有建树。陈震为第四代传承人陈新德曾孙，从医学院毕业成为陈氏正骨术医药技术的下一代传承人。现在，据陈海鹏介绍，他的儿子现在也在医学院就读，之后必定会继承陈氏正骨术的衣钵，发扬创新陈氏正骨术这一非物质文化遗产。

通过陈氏正骨术的传承谱系，其家族传承的方式保证了技艺的流传，从小受传统医学的耳濡目染，到少年时期于医学院学习，再到青年临床实践，中年传承下一辈，一个轮回保证一个医学技艺的源远流传。

三、人未觉，骨已合

"法使骤然人未觉，伤者知痛骨已合。"民国以前，正因为正骨医师在不知不觉间医治好患者骨伤，因此被民间称为"法师"或"水师"。西医主静，中医则要求动静结合，正骨医师面对痛苦呻吟的骨伤病人，不像西医那样，只需要采用拉、推、按、提、压等手法，对伤患骨、关节和软组织损伤部位进行复位和按摩。"盖正骨者，须心明手巧，既知其病情，复善用夫手法，然后治自多效。"正骨手法是陈氏正骨的精髓和绝技，"手法"敏捷、准确到位、轻重适当是复位成败、愈合快慢、功能恢复好坏的关键，也是普通百姓感到神秘之所在。

陈氏正骨术主要诊断的是身体各个部位的各类型的骨折或脱位，创伤或术后大面积感染，肌肉韧带撕裂损伤，骨髓炎，骨不连，骨化性肌炎，颈腰椎疾患，各部位骨关节炎，各种组织炎症，创伤或术后关节功能障碍等骨伤疾患。陈氏正骨术的诊疗特色就是对中华传统医学及祖传满族正骨手法的继承，正骨手法讲究机触于内，巧生于外，手随心转，法从手出。通过摸、接、端、提、按、摩、推、拿，拔伸牵引，折顶回旋，离而复合，使骨折脱位准确复位，再采用自行特制固定器具固定。采用祖传的针灸、牵引、手法治疗颈腰椎、各骨关节病等骨伤疾患。在正骨手法治疗之后，陈氏正骨术还根据患者的情况制定牵引固定器具，小夹板、跟骨牵引固定器、高分子塑形夹板和抱膝圈等都是常用的器具。

手法是外医，陈氏正骨术还有内服的中药，内外结合，更有助于患者康复。陈氏正骨术的特色方剂主要

有五种：第一种叫回生丹，主要功效为止血温经和回阳救逆；第二种为接骨丹药，主要用于舒筋活血、接骨散结；第三种是活血散膏，用于外敷，可消肿止痛、化瘀生新；第四种为万灵丹，功效为祛风通络、强筋健骨；第五种叫骨髓炎散，可偎脓生肉、去腐生肌。陈氏正骨术医师秉承祖训，先通过望闻问切，望触动量等方法检查患者，从看开始，然后手摸，缓慢活动骨伤部位，之后再问诊，问诊之后借助辅助检查手段，例如验血、拍片等，用祖传医疗技艺与现代医学理论相结合做出明确诊断，再应用独特的手法祖传中药方剂配合治疗。

另外关注患者心理健康状态、进行精神心理疏导也是陈氏正骨术诊疗一大特色。骨伤患者有一部分是儿童，考虑到儿童患者的心理健康，对儿童少年骨折脱位的治疗不仅最大限度地减轻孩子的痛苦，而且也不会留下手术的瘢痕，保护了孩子的爱美之心。陈氏正骨术在治疗过程中以患者为先，注重患者的精神心理调摄，在治疗过程中积极与患者沟通，排除他们的顾虑和心理负担，建立信心，激发患者的中枢神经系统兴奋和抑制，协同调配的应急刺激机能（自我潜能），可大大地缩短治愈的时间，达到事半功倍的治疗效果。为身处疼痛的患者传递心理调摄和健康信息是一般正骨术医师所忽视的，因而逐渐成为陈氏正骨术的诊疗特色。

陈氏正骨术是具有传统优势和诊疗特色的中医专科，经过自身不断的努力传承和创新，现已传至第七代，其诊疗技术分布发展主要在承德地区，并辐射至京津冀、内蒙古等地。在治疗骨伤疾患时讲究整体治疗，内服外敷，配合祖传手法，使药物直达病所，达到事半功倍的治疗效果，极大地缩短患者治疗时间。陈氏正骨术还依据病患的个人特点，因病施治，不墨守成规，每个病例都单独分析诊断制定治疗方案。对于颈腰椎、骨关节、肌肉筋膜韧带等炎症更是做到仔细观察认真鉴别，应用独有的诊疗技术、祖传手法、秘方等综合治疗方案，并且在施治过程中关注患者心理健康状态，让每个患者在拥有乐观心态的同时收获满意的治疗效果。陈氏正骨术在医治病患的过程中诊断准确，手法精准，用药从简，具有人文关怀，赢得了广泛好评。

四、诊所立，未来展

陈氏正骨术在国家改革开放以来虽然已经取得了很好的社会效益和经济效益,但是在整体发展过程中,因技术传承培养学习时间长、人才储备少、相应的政策支持力度小,造成诊疗规模发展缓慢,无法向全社会大范围推广。由此,保护、传承和发展陈氏正骨术这一传统中医技法任重道远。

近年来为了保护陈氏正骨术这一传统医药遗产,承德市双桥区陈海鹏(陈氏)中医骨伤诊所申请成为陈氏正骨术的保护单位,诊所每年至少投入十万余元支持传承传播活动,在接诊患者的同时进行陈氏正骨术的传承传播,成为继承发扬传统中医和满族特色医学所建立的骨伤专科医疗机构。

承德市双桥区陈海鹏(陈氏)中医骨伤诊所成立于1983年,是正规的医疗机构,由承德市双桥区卫生局颁发医疗机构执业许可证,拥有民办非企业单位登记证书,组织机构代码证,是城镇企业职工城镇居民定点医疗保险指定单位。该诊所共有医疗服务人员7人,第六代主要传承人陈海鹏为法定负责人,负责日常临床诊疗工作并负责指导培养新毕业医学院校生。第五代主要传承人陈晓明副主任中医师职称,主要负责日常监督指导临床诊疗及陈氏正骨术的传承工作。

该诊所对陈氏正骨术采取了多种保护措施和实施方案:

1.发掘和保护陈氏正骨术的特色技术,总结整理其医学理论和诊疗经验。

2.在秉承中国传统正骨术的基础上,学习先进的诊疗理念、设施设备及现代化技术,确保陈氏正骨术发展的可持续性。

3. 加强协调，优化陈氏正骨术的技术、人才、设备等资源的重组。

4. 重视学术经验的传承和推广，开展师承带教工作。

5. 加大陈氏正骨术技术品牌的宣传，进一步扩大陈氏正骨术的影响。

6. 扶持特色专科建设，将陈氏正骨术培育成为成中医重点品牌。

陈氏正骨术最终是在承德定居后发展起来的，所以在承德地区广为人知，为广大患者尤其是农村患者解决了实际问题，为贫苦家庭减免医药费，为灾区捐款，获得广泛好评。近年来随着网络的发展传播，外省市众多患者也慕名而来。充分发挥了中医治疗骨伤的优势，影响面逐步扩大。

陈氏正骨术是在传统民族医学中发展起来的，随着几代医师的努力，仍在不断地学习、发展、充实和提高。陈海鹏相信经过现代网络平台的传播，能更好地为广大基层医务工作者提供便捷、实用、有效的医疗技术培训，为广大患者服务。尤其是陈氏正骨术具有传统性、实用性，不需要特殊的设备，不用大幅投资，即能为广阔的农村及边远地区百姓服务，是惠民、利民、便民的好医疗项目。这几年陈氏正骨术已经开始培养一些医学院校专业毕业生，笔者坚信在诊所、政府、社会的共同努力，陈氏正骨术必定将蓬勃发展。

【知识链接】陈氏正骨术

陈氏正骨术属于传统医药项目，是医生治疗骨伤、红伤的传统医疗技术。

陈氏正骨术源于中华民族传统医学，随着第一代传承人在清代做军医时，医治大量的骨伤、红伤病患的基础上逐渐形成的独特骨伤诊疗技术。据考证，陈氏正骨术传承谱系已有 7 代，从清代中后期开始，历经民国，发展至今，已有近 200 年的历史。核心内容由五大部分组成。第一，中华传统的祖传正骨手法针对不同的骨折脱位灵活采用不同的手法使之准确复位。采用祖传的针灸、牵引、按摩手法治疗颈腰椎、各骨关节病等骨伤疾患。第二，采用祖传的特制牵引、固定器具治疗各个部位，提倡早期功能锻炼缩短患肢制动固定时间，达到骨折肢体制动与运动的辩证统一。第三，应用祖传秘方内外用药大大缩短患者的治疗愈合时间，减轻患者痛苦，保证患者早日康复。第四，通过手法来帮助骨伤患者后期的肢体关节功能康复练习，杜绝关节粘连、骨化等残疾的发生。第五，注重患者的精神心理调摄。

陈氏正骨术在国家改革开放以来虽然已经取得了很好的社会效益和经济效益，但是在整体发展过程中，因技术传承培养学习时间长、人才储备少、相应的政策支持力度小，诊疗规模发展缓慢，无法向全社会大范围推广。由此，保护、传承和发展陈氏正骨术这一传统中医技法仍然任重道远。

第十章 民俗传承人口述史

丰祖辈和顺之期冀 昌圣会传承之华章
——和顺圣会传承人尹金良访谈

"和顺圣会"是河北省承德市滦平县长山峪村的一种民间花会组织。该项花会组织起于清康熙年间，在每年的农历正月初二到正月十五期间都会举办花会，包括舞龙、狮子、大高跷、二高跷、寸子、大班秧歌、小班秧歌、秧歌柳子、旱船、小车、八大怪、跑驴、官轿、大头和尚逗柳翠、猪八戒背媳妇、霸王鞭、二贵摔跤、龙灯、少林会、十番乐等20余档节目内容。取名"和顺圣会"，意为各省人民相处和谐，同时又有祈求来年风调雨顺之意。

2012年，和顺圣会入选河北省第四批省级非物质文化遗产名录，尹金良是其第十二代传承人。为了解传承人个人经历，研究和顺圣会被选入非物质文化遗产的原因，笔者怀着崇敬之情与尹金良先生进行访谈。本文依照尹金良先生所提供的材料，对和顺圣会的发展轨迹进行梳理，希望读者能够深入了解这项文化，增强文化自信。

一、牢记祖辈殷切嘱托，坚守传统文化根基

尹金良，男，中共党员，河北省承德市滦平县人，1969年5月6日出生于长山峪镇长山峪村尹家沟，毕业于滦平县农业中学，中专学历。承德

利盛建筑有限公司总经理、承德市滦平县第十七届人大代表。现任滦平县和顺圣会会长、承德市人民检察院监督员、滦平县人民法院监督员、滦平县农村商业银行廉政监督员、滦平县诗词楹联协会

顾问。2009 年组建和顺圣会，被评为河北省民俗非物质文化遗产传承人；2017 年被河北省委宣传部授予"燕赵文化之星"称号；多次被长山峪镇党委评为优秀共产党员；多次捐资助教、资助大学生上学，被誉为社会爱心人士。

尹金良自幼生活在长山峪村尹家沟，受生长环境的影响，从小便喜爱跟随家人观看和顺圣会这项民间花会节目，年纪还小的尹金良也会学着大人们的样子装扮成演员一起去表演。耳濡目染下，小小的尹金良也从心底里爱上了和顺圣会这项文化，利用闲暇时间请教技艺高超的长辈，与其他演员们一同学习研究"花会"技能，持之以恒地坚持传承这项文化。因为热爱和熟练的技能，他成了和顺圣会的第十二代传承人。

尹金良从小就受长辈熏陶，听长辈介绍和顺圣会的传承过程，他更加明白了自己重任在肩，传承好和顺圣会成了他的使命。根据尹金良介绍，和顺圣会组建于清朝康熙五十九年（1720 年），那时康熙皇帝在长山峪建行宫。当时有河南、河北、山西、山东等地大批移民来此经商、定居或在宫内供职。由于远离家乡，每到逢年过节不免思乡心切，于是在正月各自采取家乡欢庆春节的方式进行庆祝。当时守卫行宫的尹氏世祖尹智耕、王氏世祖王连昆、崔氏世祖崔凤山等 20 多人筹备组织，将各省花会内容与当地群众文化活动进行融合，取长补短。他们共同取名为和顺圣会，"和"即为和气，"顺"即为来年风调雨顺，"圣"即指皇帝。从命名中也可以

体现出中国传统文化的缩影——和睦团结、穰穰满家。正是在始祖一辈人的开创下，才有了后来在清朝年年辈辈的传承。后来由于战争的缘故，和顺圣会无法在固定的地点和时间面向群众进行表演。但那时老一辈的文化传承者们没有放弃个人技能的训练，这便给了尹金良很大的精神鼓舞。他始终认为，老一辈的东西无论如何也不能丢掉。

二、花会表演别具匠心，矢志不渝坚守文化自信

和顺圣会积极响应国家政策，发展人民群众喜闻乐见的文化形式。新中国成立后，在"双百方针"指引下，文化部门对和顺圣会进行了发掘和整理，至此和顺圣会得到恢复。1958年，为庆祝党的九大胜利召开，滦平县举办花会调演活动，和顺圣会应邀参加表演；1982年，包括和顺圣会在内的全县各乡镇花会20多档千余人被调集进县城表演，观众达数万人；1996年，和顺圣会应邀参加县花会调演活动，得到县城观众的喜爱。

尹金良在传承这项非物质文化遗产的过程中，坚持推陈出新、革故鼎新。他坚持学习并传承了先辈的表演技法，克服重重困难，将技法传授给弟子，并将和顺圣会表演技巧和现代广场舞相结合，极大地扩大了受众群体，使得这项"花会"文化更加为群众喜闻乐见。据传承人尹金良介绍，2004年，滦平县宣传部组织全县花会在县城文化广场进行表演。在全县参与的花会组织中，和顺圣会参与人数达200，参与演员年龄在8～80岁，

由于参演人员人数多，则分成两场进行表演。由此可见，和顺圣会的发展规模大、涵盖人员广。2015年，在滦平县举办的第一个杏花节活动中，尹金良带领和顺圣会参演人员在

金山岭长城进行表演。在表演过程中，新奇的表演形式和浓厚的中国文化特色使许多外国游客驻足。这不仅可以增强国人的文化自信，又能推动中华文化走向世界。这也使尹金良相信，保护、传承好和顺圣会这项非物质文化遗产对于发展好中国特色社会主义文化具有重要作用。

2023 年的元宵节，滦平县长山峪村的和顺圣会在广场进行表演，多彩的文化民俗不只是一场简单的视觉盛会，更是加深了"中国年"的味道，也让离家的人多了一份牵挂。尹金良相信和顺圣会会有更好的发展前景。

三、秉传承之力再出发，让多元之路更生辉

1979 年 10 月 30 日，中国文学艺术工作者第四次代表大会在北京召开，大会提出"继往开来，繁荣社会主义新时期的文艺"的口号。和顺圣会开始恢复，和顺圣会第十代传承人敏锐地抓住了这个机遇，多次往返省城申报材料，2012 年最终申遗成功。随着中国特色社会主义进入新时代，习近平总书记也对广大人民提出了"坚定文化自信"的要求，第十二代传承人尹金良再次敏锐地察觉到了和顺圣会的发展契机，他决定采取更加多样化多元化的方式再次出发。

（一）更专业的场地，更全面的训练

200 余人，一招一式尽显专业与灵巧。为更好地训练和排演，传承人尹金良积极寻求多方协作，最终在滦平县长山峪村有了自己的专业训练场地，主要分为室内操练厅和室外活动广场两部分。但无论是室内操练厅还是室外活动广场，无论是寒冬还是酷暑，尹金良的身影总是出现在人们的视线中，对于这项技艺总是那么的热忱和积极，对于训练的要求总是那么的专业、全面。

（二）从娃娃抓起，未来发展更昌盛

和顺圣会的传承和发展，非朝夕之功，要从娃娃抓起。下至 8 岁，上

至 80 岁，极具年龄差的一幕在传承非遗项目中并不稀奇。孩子还小，离不开老师傅们的悉心传授。穿衣、化妆、手势、脚步……尹金良都向孩子们倾囊相授，他切实地推进从娃娃抓起传承和顺圣会，看着苦练基本功的孩子们，尹金良满是欣慰："老祖宗留下的东西，没丢，传下来了。"越来越多的新生力量站在时代的舞台上，大放光彩，和顺圣会的未来发展也将会更加昌盛。

（三）探索新形式，发展新局面

非遗的发展需要更新颖的表达和更加现代的呈现。"和顺圣会"除了独具特色的民间花会集舞龙、狮子、大高跷、二高跷、旱船、小车、八大怪等 20 余档内容外，还有尹金良根据传统曲调改编的"广场舞"。广场舞将传统舞蹈给人们带来的审美感觉与体育运动带来的健身功效结合在一起，具有健身性、娱乐性、艺术性、易操作性等特点，在提高人民群众的生活质量、传承非遗文化、为和顺圣会开创新局面等方面发挥重要的作用。

（四）助力和顺圣会走出去，坚定新时期文化自信

对内传承、对外传播，尹金良致力于将和顺圣会介绍给国内外的传统花会表演爱好者。在 2015 年的花会表演中，有很多来自美国、意大利、泰国等国家的外国友人都对此产生了浓厚的兴趣，一直随着表演队伍前进互动，这让和顺圣会不但走向了全国更走向了世界。展望未来，尹金良打算多做类似的表演，将配上英文字幕的花会节目上传至国外平台，助力和顺圣会走出去，把中国的文化瑰宝打向国际舞台。

四、不畏前程之旅多歧路，勇怀赤子之心奔未来

作为和顺圣会传承人，尹金良深知传承和顺圣会重任在肩，在 40 多年的探索中，尹金良对和顺圣会充满信心，却对其传播发展犯了难。首先是传承人难觅。在尹金良看来，传统花会技艺可能不如现代"科技花活"

精彩，对于小孩子的吸引力不够，而且学习技艺是一个非常慢的过程，可能一年都没办法摸清一个技艺，对于有长时间学业压力的学徒来说比较困难，能坚持的人就更少了。尹金良认为，如何把年轻人吸引到和顺圣会也是个值得思考的问题。此外，传承一项技艺，必不可少的是有言传身授的老师傅，而和顺圣会发展中的缺口就是老师傅的数量严重不足，这就使尹金良不得不呼吁更多的人才加入和顺圣会，为和顺圣会的前途添砖加瓦。

展望未来的发展，尹金良不断呼吁政府的重视。单靠传承人的努力是不够的，只有上下一心、共同努力，开创多种比赛活动，让更多的人参与到和顺圣会艺术中来，才能让和顺圣会这项传统技艺更加深入人心。时至今日，尹金良仍在求索更好的传播途径。总结过去的不足，直面传播瓶颈，学习新时代新技术，跟上时代潮流，不断精进自己的能力，广泛拓展思路，尽心竭力宣传和传承和顺圣会。

尹金良在与笔者的交谈中，反复提到"这是老祖宗留下来的东西，不能丢，我们得传下来"，就这样不畏困难，永远怀着一颗赤子之心，奔向和顺圣会光明的前途！

【知识链接】和顺圣会

"和顺圣会"是滦平县长山峪村的一种民间花会组织。据史料记载，清康熙五十九年（1720年），在长山峪建行宫一座。当时有河南、河北、山西、山东等地大批移民来此经商、定居或在宫内供职。由于远离家乡，每到逢年过节不免思乡心切，于是各自采取家乡欢庆春节的方式进行庆祝。

当时守卫行宫的尹氏世祖尹智耕、王氏世祖王连昆、崔氏世祖崔凤山等20多人筹备组织，将各省花会内容与当地群众文化活动进行融合，取长补短，于是形成了集舞龙、狮子、大高跷、二高跷、寸子、大班秧歌、小班秧歌、秧歌柳子、旱船、小车、八大怪、跑驴、官轿、大头和尚逗柳翠、猪八戒背媳妇、霸王鞭、二贵摔跤、龙灯、少林会、十番乐等20余档的花会组织，取名"和顺圣会"，意为各省人民相处和谐，同时祈求来年风调雨顺之意。"和顺圣会"在清代经历了发展的高潮期，在清末、民国年间逐渐暗淡。新中国成立后，在"双百方针"指引下，文化部门对"和顺圣会"进行了发掘和整理，至此"和顺圣会"得到恢复。1958年，为庆祝党的九大胜利召开，滦平县城举办花会调演活动，"和顺圣会"应邀参加表演；1982年，包括"和顺圣会"在内的全县各乡镇花会20多档千余人被调集进县城表演，观众达数万人；1996年，"和顺圣会"应邀参加县花会调演活动，得到县城观众的喜爱。

随着社会经济的发展，电视、电脑等新型娱乐形式对"和顺圣会"这一传统文化的发展产生了一定的冲击和影响，参与人数较以往已明显不足，花会档数也逐年减少，有的已近乎失传。"和顺圣会"处于濒危的边缘，抢救和保护"和顺圣会"这一民间文化遗产已经迫在眉睫。

背杆绝活上下舞 非遗传人守匠心

——忍字口背杆传承人李国军访谈

忍字口背杆起源于清朝，发展至今已有 200 多年的历史，流布于迁西、滦县（今滦州市）、丰南等地。作为一种独特的民间花会舞蹈技艺，它由背杆人和蹬杆人上下共同表演，风格独特，精彩纷呈。2017 年，忍字口背杆入选河北省第六批省级非物质文化遗产名录。2018 年，作为第四代传承人的李国军被认定为第五批省级非物质文化遗产代表性项目忍字口背杆的代表性传承人。李国军时刻铭记恩师谆谆教诲，积极带领背杆表演团队贡献精彩演出，并深刻思考如何让全世界感受到这项传统艺术的魅力。可以说，李国军为此倾注了很多心血与时间。

为了解传承人的个人经历，探究忍字口背杆入选省级非物质文化遗产代表性名录的原因，笔者带着钦佩之情，同李国军先生进行了沟通和交谈。本文依托其提供的资料，对该技艺的历史和现状进行了梳理，同时也表达了笔者对这门传统技艺的期待与展望。

一、从唢呐爱好者到背杆传人

李国军，男，出生于 1972 年 5 月 28 日，河北省迁西县尹庄乡忍字口村人，是一位勤劳朴实、热情好客的农民。受其父辈影响，李国军从小就喜欢吹唢呐。1988 年，他初中毕业后就跟从师傅李广先生系统地学习演奏唢呐，所学习的唢呐曲牌有《杨柳春》《香姑姑》《臭姑姑》《蜜蜂扑》《满

堂红》《打新春》《满江红》《拜新年》
等。唢呐是背杆的主要伴奏乐器，另有
大鼓、大铙、小钹等，上述这些乐曲也
是背杆常用的伴奏曲。20 多年来，李国
军早已将这些乐曲谙熟于心，并将其运
用到背杆伴奏之中，同时不忘传道授业，
将所学技艺倾囊传授给年青一代，先后
培养出周自华、李佳乐、李胜军、李光、
李佳杰等 10 多位对唢呐有着同样热爱的
年轻人，而他们现已成为忍字口背杆伴
奏的中流砥柱。

　　2000 年，李国军看背杆表演队伍年龄偏大，于是产生了学习背杆表演
的念头，他希望做背杆会上的"全活儿"人，于是便拜王海祺先生为师，
全面学习背杆表演技艺。如今的李国军可以凭借一人之力承担起三人架背
杆的重任，由他表演的《杀庙》也成了老百姓最喜爱的剧目，表演时架下
的韩琪（李国军扮演）要背负起架上的秦香莲及一双儿女，架上架下动作
配合，协调统一，配合默契，重心没有丝毫偏离。所谓"台上一分钟，台
下十年功"，观众的叫好与喝彩铸就了"忍字口背杆"表演艺术的辉煌，
但背后却是李国军多年来寒来暑往的勤学苦练。

　　作为忍字口背杆的代表性传人，李国军从前辈那里学来了精湛的传统
艺术，并在多年的研习、展示和磨炼中不断提升，使自己成为一名远近驰
名的民间艺人和大家公认的优秀的民俗传承者。

二、从古至今：古老技艺源远流长

　　"背杆"在清光绪年间便已在丰南、滦县一代广为流传，背杆会又是
在清末民初传至迁安、迁西、玉田一代，其前身是高跷会。李国军的师傅

王海祺的祖上曾去建昌做生意，看到那边的背杆会非常好看，于是将其引入并加以改良创新，就这样一代一代传承下来，距今已经有 200 多年的历史了。建昌县，现隶属于辽宁省葫芦岛市，位于葫芦岛市西北部，东邻连山区、兴城市，南连绥中县，西南与河北省的青龙满族自治县接壤。

背杆技艺世代相传，老艺人刘老七作为第一代传承人将纯熟的表演技艺传授给王宝义，王宝义又将其传授给侄子王海祺，作为第三代传人的王海祺将技艺传授给李国军，经李国军之手，该门技艺进一步发展，无论是表演技能还是表演队伍都有扩展，李国军又将其传授给其儿子李浩宇，该门表演艺术流传至今已长达 200 年。

忍字口背杆道具制作精细，上下角色绑缚以及化妆、相关道具都极为考究。比如：《算粮登殿》中算盘的制作，算盘极其精密和结实，能够撑起一人的重量；《火洞天》中哪吒双脚所踏的风火轮，还有《麻瑞献寿》所用的鲜桃，都能够制作得惟妙惟肖、巧夺天工、难辨真伪，也曾经吸引无数匠人们前来学习观摩。再比如背杆的制作，一般的背杆重量在 26.5～27 公斤，由铁架组成，好的背手能够背负 3 名儿童，这也对背杆提出了很高的制作要求，不仅能够绑缚在背杆人身上，而且还要能够承担起足够重的重

量，更重要的是在表演过程中要避免摩擦、积压，要保证上下角儿都能够灵活自如、安全可靠。

可以说，忍字口背杆的制作匠人们让古老的技艺代代传承，他们十年如一日的辛劳与努力，在背后为背杆表演者们提供了坚实可靠且活灵活现的道具，保证了背杆艺术的表演成功。

三、从"技艺"到"艺术"：背杆表演的精髓

忍字口村位于迁西县东部，背靠燕山、偎依滦河岸边，世世代代依滦河水而居。这里民风淳朴、民众热情好客，具有独特的庙会传统和生活习俗，忍字口背杆更是民俗的典型。

"背杆"这一传统活动举办的时间一般是春节、灯节（正月十五）和新集凤凰山庙会（二月十九）以及其他节庆日子，这一独特表演形式为节日增添了喜庆的氛围，早已成了人民群众在节日里不可或缺的一道艺术盛宴。

背杆并非简单的将人撑起进行表演的技艺，而是融叙事、舞蹈、音乐为一体的综合艺术形式，表演由架下的体壮男子与架上的儿童共同完成。表演时，男子将一副上下可以嵌合的铁架子缚于腰间，架上缚 1～3 个扮戏剧人物的儿童。负责背杆的男子叫下角儿，缚在上面的小孩叫上角儿，上角儿需要化妆并穿上彩衣，下边的大人也要扮上装，上、下角儿配合，随着音乐鼓点踏着碎步进行表演。表演内容多为传统剧目，节目有《萧恩打鱼》《白蛇传》《秦香莲》《二度梅》《武松打店》《孟良搬兵》《拾玉镯》《芭蕉扇》《王老道捉妖》《顶灯》等。上下两人表演一出戏，如背杆人扮演萧恩，蹬杆的小孩就扮演萧桂英，上下演绎《萧恩打鱼》；背杆人扮演韩琪，蹬杆人就扮演秦香莲及其儿女，上下合成《杀庙》。伴着音乐，上下互相配合，扮相逼真，表情丰富，构成了上下浑然一体、精彩纷呈的艺术盛宴。

背杆的行头只是其中一部分，背杆的配乐也和其他会种有所不同。打击乐分两面鼓，一面为皮鼓，一面为底鼓，还有唢呐、锣、钹等其他乐器。另外，表演时后面还要有挑凳者、后勤保障人员等紧跟其后，各个人员各司其职，责任分明。

可以说，背杆艺术是一门具有很强的表演性和观赏性色彩的综合艺术，将音乐、舞蹈、表化妆、故事等融为一体，精妙绝伦。

四、由乡村到世界：背杆的传承与保护

今年来，随着社会节奏的加快、外来文化冲击以及多种娱乐方式的丰富，民俗文化也呈现出衰落的迹象，背杆这一民俗在部分县的乡镇已经失传。传统背杆表演要求表演架次三天里不重样，而且队伍庞大，人员众多，背杆的扮相、装饰、技艺、人力等资源也费时费力，这些都为背杆技艺的传承造成了困难。另外，农民需要在农忙之余才有机会揣摩练习技艺，也为其传承增加了难度。因此这项技艺亟待保护和传承，为此李国军先生做

了很多扎实而有效的推进工作。

首先，组建并扩充表演队伍。背杆表演艺术离不开人，李国军先生先后组建起60多人的背杆表演队伍，这也是有史以来规模最大的背杆队伍。同时他还悉心培养对背杆艺术充满热爱的年轻人，数十年来他先后带出了20多名背杆演奏者和表演者。2004年，忍字口背杆会壮大队伍，由8组扩充为15组。

其次，参与各类活动。背杆需要进行表演，多年来背杆艺人们常被邀请走出去表演。到了20世纪80年代，忍字口背杆参加的各类民间活动更多了，还开始在各类大型文化活动中获得佳绩。比如2006年，李国军带领忍字口背杆队伍在唐山市农民艺术节中凭借作品《人民背杆栗乡情》荣获一等奖；2010年，忍字口背杆队应邀参加了"唐山市老年运动会"开幕式；2011年，忍字口背杆队应邀参加了秦皇岛市背杆花会调研，深受观众好评；2013年，赴丰润区沙流河镇进行演出，大获成功；2014年参加唐山市农民春节联欢晚会演出，深受好评。背杆也是历年迁西县正月十五元宵晚会的好评节目。

再次，创新技艺。李国军不仅传承技艺还注重创新，这种与时俱进的精神也体现在第五代传人李浩宇身上，他们都希望在保留传统特色的基础上，将背杆表演融入一些现代元素。此外，他不断更新曲目，探索更多的表演方式，既保证了背杆艺术内容的创新，同时也是对这项技艺的一种保护。

最后，拓展途径。随着互联网的发展与演变，21世纪的我们也将更加依赖网络，它已成为我们生活的一部分。近年来5G、AI成像技术也快速发展，如何让背杆这门传统艺术乘着这股科技的新风进一步发展和创新也成为摆在背杆传承人面前的任务。传承人也可利用网络将背杆视频传到互联网或者其他平台，让更多人接触到这门艺术。

浩浩荡荡滦水滨，丝丝密密栗乡情，迁西县因盛产板栗而著名，在这燕山南麓、长城脚下，忍字口村村民们世代饮滦河水，形成了独特的民俗传统和背杆文化，这既是祖辈流传下来的全村割舍不下的精神财富，亦是全人类共同的精神遗产，正如李国军先生本人所期待的："希望通过我们的努力，未来把忍字口背杆带出国门，让全世界感受这项传统技艺的魅力。"让我们一起努力吧！

【知识链接】忍字口背杆

背杆，俗称"背歌"，是一种上下演员合作表演的传统民间舞蹈，起源于清朝中期，兴盛于民国。背杆分为单架、双架和三架，表演时一名成年男子顶着数名儿童，整架背杆高达 3～4 米，重量约 27 公斤。背杆表演者分为上角儿、下角儿。负责背杆的男子叫下角儿，缚在上面的小孩叫上角儿。上角儿需要化妆并穿上彩衣，下边的大人也要扮上装，上、下角儿配合，随着音乐鼓点踏着碎步进行表演。背杆人扮演韩琪，蹬杆人就扮演秦香莲及其儿女，上下合成《杀庙》。表演内容多为传统剧目，节目有《萧恩打鱼》《白蛇传》《秦香莲》等。

抢花满天星璀璨　百年技艺代代传

——抢花非遗传承人梁志福访谈

抢花是河北省承德市滦平县火斗山乡长海沟大店子村的传统技艺，属于民间花会表演的一种。抢花表演历史久远，最早可追溯到清代康熙年间。当时，本村的梁氏世祖从山东迁移此地，为了免于火灾并预祝来年风调雨顺、五谷丰登，便创立了这样一项祭祀"火神"的仪式，流传至今已有300多年。如今，元宵节夜晚的滦平县仍上演着精彩的抢花表演：民间艺人将木炭和碎铁片一起放到挂在花架上的几个花筒中燃烧，并合力抢起花架，使花筒内升温并向四周甩溅铁花，形成一圈圈交织的光环，从远处看，就像一个倒扣的金钵，景象壮观，美轮美奂。

2014年，抢花入选河北省第四批国家级非物质文化遗产代表性项目名录。怀着新奇与敬佩之情，笔者与滦平县抢花项目的第十代传承人梁志福先生进行了访谈交流，详细了解了梁志福先生与抢花表演的故事。本文对梁志福的学艺表演经历、抢花民俗项目的传承路径与发展现状进行梳理和记录，以期在弘扬中华优秀传统文化的同时，助力非遗在当下和未来走得更好、更长远。

一、少年意气，心念抢花

梁志福，男，汉族，1971年出生于河北省承德市滦平县。1984年，梁志福开始学习"抢花"制作和技艺表演；2009年，被评为第二批市级非物质文化遗产代表性项目传承人；2012 年，被评为第三批省级非物质文化遗产代表性项目传承人；2017 年，入选滦平县政协委员；现任第五批国家级非物质文化遗产代表性项目代表性传承人和滦平县大店子村花会会长。

滦平县是个藏龙卧虎的风水宝地，舞中幡、棉花鬼、和顺圣会等民俗表演都根植于这片土地。在滦平县生活着许多民间艺人，他们大多都在学生时代跟着老一辈人学习技艺表演，并渐渐把这些技艺当作了自己生活中不可分割的一部分。儿童时期的梁志福天性活泼，贪玩好动，经常和村里的玩伴一起上街玩耍，热闹的花会自然也逃不开他敏锐的眼睛。每年元宵节到来前，梁志福总是看到大爷和其他村民一起在自家院子里烧炭、砸铁，鼓弄着什么。到了正月十五的晚上，这些铁片和黑黑的木炭就化作了漫天播撒的"金花"，引来村民们一声声的呐喊和叫好。

小小的梁志福幻想着有一天自己也能像大爷和其他手艺人一样神气和威风，便向大爷梁树为提出学习抢花的请求，但大爷以学习更重要为由拒绝了梁志福，并把年仅 13 岁的他狠狠地批评了一顿。梁志福的屁股上多了几块紫青色，但他渴望学习抢花的心火并没有就此熄灭。于是，他开始了"地下工作者"的特殊时期。当时家里很穷，家里的男丁都要挤在一张炕上睡觉，这便给梁志福提供了绝佳的学习机会，他开始每天晚上早早地躺在炕上装睡，偷听大爷和其他村民商量抢花表演；白天又躲在窗户边偷看大爷编花筒、砸铁片。久而久之，13 岁的梁志福对抢花表演已经耳熟能详了，但从来没有亲身参与过的他始终是个一知半解的门外汉。于是，梁志福又鼓起勇气，冒着被挨打的风险再次向大爷梁树为提出了学习抢花的请求。这次，大爷梁树为竟很快松了口，这也让梁志福燃起了干劲儿，光明正大地学起了抢花。刚上初一的他渐渐地不再去学校读书，也很少再上街玩耍，而是一头扎进了抢花的制作和表演中。

踏进了抢花表演的门槛，梁志福才发现这绚丽与神气的背后是日复一日的练习和琢磨。他开始每天跟在大爷梁树为身后，一边给大爷卷烟、倒水，一边看大爷制作的手法和步骤。最初，大爷梁树为只让他练习敲铁锅，梁志福便乖乖地坐在院子里重复地敲打和筛铁片。但日子一久，刚刚入门的梁志福便耐不住好动的性子了，他开始趁大爷不注意，扔下敲铁片的摊子偷偷跑出去上街玩耍，回家后等待他的则是大爷的一顿痛骂或痛打，十来岁的梁志福只得硬着头皮坚持下去。慢慢地，大爷开始教梁志福用牛箍子做花筒。一开始，牛箍子根本不听梁志福的掌控，不仅花筒子做得一团糟，梁志福的手指头也遭了殃，牛箍子把他的手扎得满是鲜血，这让十来岁的梁志福彻底打起了退堂鼓。但令人惊讶的是，梁志福并没有像上次一样当起"甩手掌柜"来，他饭也不吃、水也不喝，在村里的山上想了好几天，最终他咬咬牙下定决心：一定要跟着大爷学会抢花。等他手上的伤好了一些，他又拿起牛箍子开始做。学做花筒子的时候，他也承担起了制作木炭的任务。他把大爷砍来的木头烧成木炭，然后帮着大爷把铁片和木炭分层、定量地装进花筒子里。

1986 年的元宵节傍晚，梁志福兴奋地在家里等待着大爷，准备一起去做抢花表演。然而，左等右等大爷梁树为也没回来，梁志福心里开始慌了。他一溜儿烟跑到邻居家打听后才知道，大爷梁树为喝了酒，醉得不省人事。梁志福脑子一热，决定带着其他表演者一起，独自上场表演抢花。就这样，15 岁的梁志福正式走上了抢花表演的道路。

二、志燃意坚，追日争新

（一）在困境中坚守

15 岁的梁志福就已经能独当一面了，但他后来的抢花表演道路并没有如想象中一样走得一帆风顺。刚接手时吃过的苦、走过的弯路，梁志福现在都记忆犹新。

抢花的材料准备是梁志福遇到的第一个难关。抢花表演需要用桦木或柏木焖制的木炭作为燃料，但因为当时村里不允许私人烧制，所以他只能去丰宁满族自治县的上王营子、下王营子去购买。当时村子里的交通并不方便，大家都很少出远门，即使出门也都是走路或骑自行车。那怎么把这些材料运回来呢？这可让梁志福犯了难。最后，他决定骑自行车只身前往丰宁满族自治县把炭挑回来。梁志福的这趟路程一走就是三天，他先骑车到滦平县安屯沟门乡大黑沟的表叔家住下，第二天再带着干粮翻过好几道山梁赶往下王营子。山上没路，得用镰刀现开路，不下雪路都不好走，下了雪路更是难走得不行。为了减少负担多挑炭，他从来不带水，在山上渴了就吃冰、吃雪。到了下王营子或上王营子，挑上一百三四十斤的炭再赶回表叔家住下，第三天再用自行车驮着往家走。这趟路，梁志福一骑就是三十年。

为了准备表演效果好的碎铁片，梁志福也没少下功夫。他走遍了滦平县所有的废铁站，只要有空他就去转悠，碰到合适的就买回来，就这样一点儿一点儿地攒，他愣是备下了两吨多的锅铁。

在梁志福的不懈努力下，抢花的材料制作和表演手法日益精良。梁志福成了新一代的"梁树为"，成了村子里那个神气的手艺人。但现实的窘境与经济的拮据又让梁志福发起了愁。平日里，梁志福靠种地和打工维持生计，日子过得一直都是紧紧巴巴的，但生活并不富裕的他对于抢花却十分大方：他花钱买炭买铁、雇人雇车、给团队成员购买意外伤害保险等等。

只要与抢花有关，梁志福就倾其所有，毫不吝啬。一场一场的演出下来，梁志福的积蓄也所剩无几，他不想让这珍贵的技艺葬送在自己手里。于是，他又开始去找亲戚朋友借钱来维持抢花表演，甚至在 2015 年到拉海沟农村信用社借下了 2.5 万元的贷款。因为欠款，梁志福也常常与妻子发生争吵。2015 年，妻子忍受不了家里的窘境选择了离他而去，家里只留下了他和一个不到 4 岁的小儿子，尚未还清的钱款与妻子的不辞而别让梁志福焦头烂额。妻子的离开使梁志福遭受了巨大的打击，提到这段经历，他表示，那时候每天都在熬日子，他只有靠做花筒子、烧炭转移自己的注意力，让自己不想这些事，心里才能好受点。

饮冰十年，难凉热血。凭着对抢花表演的热爱和坚守，梁志福熬过了那段苦难的日子。之后，梁志福重新摆正心态，抖擞精神，再次全身心地投入到了抢花表演中，为抢花忙碌着、钻研着。

终于，梁志福夜以继日的坚守迎来了抢花的春天。2009 年，滦平县文化部门启动了抢花技艺的挖掘整理工作，并成功申报了承德市非物质文化遗产项目；2012 年，抢花入选河北省第四批省级非物质文化遗产名录；2014 年，抢花入选河北省第四批国家级非物质文化遗产代表性项目名录；2018 年，梁志福被认定为国家级非物质文化遗产代表性项目抢花的代表性传承人。

除此之外，梁志福的抢花表演在经济上也得到了很大程度的帮助。以前的表演没有固定的演出场所，梁志福团队每一次都只能在大片的庄稼地里表演，演出结束后从头到脚甚至裤兜里都是土。2015 年，滦平县政府出资，在大店子村修建了抢花广场；2016 年，滦平县文旅广电局开始对梁志福的每场演出进行资金补贴；2017 年，县乡两级政府出资在广场边的山坡上修建了木栈道和观看平台。

场地的固定、资金的补贴、知名度的提高以及抢花技艺代表性传承人身份的确立，让梁志福团队的抢花表演更加卖力，也吸引了更多游客前来观看。同时，这一切的改变也让梁志福愈发明白肩膀上担子的重量。梁志

福说："现在，抢花成了国家
级非物质文化遗产代表性项
目，我作为传承人更得守好了，
说什么也不能让这个国宝葬送
在我手里。"

（二）在传承中创新

材料的制作工艺极大程度
上影响着抢花的演出效果。为
此，在每场演出前，梁志福都会带领徒弟们一遍遍地检查道具是否制作完
好、材料是否准备齐全。

梁志福表示，老一辈的道具是他们当时用现成的材料一次次试出来的，
是他们智慧的结晶，但现在材料的种类越来越丰富，抢花的工具也需要不
断精进。于是，梁志福决定对演出道具进行改进。他最先将目光锁定在了
花筒上。老一辈表演时的花筒子多是用牛箍子或暖壶皮子做成的，但梁志
福发现，牛箍子和暖壶皮子虽然容易获取，制作起来也简单，但很多时候
会因为耐不住炭和铁片燃烧时的高温而裂开，这就很容易导致花筒子里的
铁水飞溅出来，伤害到表演人员和观众。于是，梁志福凭借着自己做活的
经验，尝试把牛箍子、暖壶皮子换成了铁筒子。这一改造在后来的抢花表
演中取得了很大成效，在提高了抢花表演安全性的同时，也大大改善了出
花的效果。

但在 2016 年的一次表演中，花筒子出现了问题，花筒铁丝的间距变
大导致铁水漏完、抢不出花来。梁志福称，当天的表演使用的花筒子是由
徒弟编的，那天因为自己大意并没有仔细检查，结果造成了表演的失败。
经过此次教训，梁志福带着他的徒弟们进行了反复实验，最终决定采用 11
号铁丝编成 40 厘米高的花筒，并将其直径严格控制在 15 ～ 20 厘米。

40 多年来，梁志福在每场表演后都会细细总结经验，并带着徒弟们不断改进抢花工具的构造，调整抢花燃料的配比，他对抢花的牵挂和用心从未减少半分。梁志福表示，他为抢花做的一切都不后悔，他只希望抢花能更好地走下去。

三、新生求索，群承技艺

（一）技艺代代传

梁志福明白，想要抢花这条路走得更好更长远，只凭自己关上门单干是不可行的，只有把自己的手艺传给下一代，抢花才能迎来更光明的春天。

于是，梁志福开始有意无意地让村子里的孩子观看自己制作花筒子，并给他们讲如何抢花。梁志福表示，现在跟着他学抢花的有自己的外孙安九才、外甥李顺，还有正在上高中的侄子和上初中的儿子。梁志福在准备抢花演出前，就会叫来他们并手把手地带着他们砸锅铁、烧炭。抢花多年的梁志福，很多时候只凭眼睛就可以大致判断出两个花筒的重量是否能达到平衡，敲到什么程度的铁片才可以装进花筒，装花筒时木炭和铁片的比例是多少……这些经验和技巧，梁志福每次都会给徒弟们强调一遍。他经常对他的徒弟们说："技艺这东西，你们就得经常练，练多了，培养出感情了，就熟练了。"

近几年，抢花演出的场次逐渐增多，梁志福每次都会带着他的4个徒弟去表演。梁志福表示，这4个徒弟都还算踏实，尤其是30多岁的安九才和李顺，肯吃苦、有干劲儿，而且表演经验丰富。虽然现在还是自己在带头表演，但他们已经完全能够"出师"了。

（二）非遗进校园

让祖国的花朵接受技艺的熏陶与灌溉，是梁志福认为宣传抢花技艺的一种方式。近几年，在县委、县政府的牵头带领下，梁志福为多所学校的学生展示了抢花的制作过程，讲述非遗传承的重要性并进行抢花表演。

2018 年 4 月 16 日，拉海沟中心校五年级全体学生来到了滦平县火斗山乡大店子村，对抢花表演与制作的过程进行了现场观摩，孩子们被抢花道具所吸引，在梁志福的带领下亲手参与了抢花材料准备的全过程，体验结束后，孩子们先后踊跃地向梁志福提出了自己的问题，梁志福耐心地对孩子们的疑问做出解答，并向他们讲述了自己的学艺经历和抢花的传承意义。在这次的体验与交流中，孩子们对抢花表现出了极高的学习兴趣。梁志福相信，这场抢花之旅不仅让孩子们对滦平县的民俗文化有了更全面的认识和了解，也激发了孩子们对其深入探索和研究的兴趣，培养了孩子们传承、保护和弘扬中华民族非物质文化遗产的责任感和使命感。十年树木，百年树人，只有走好教育和传承的道路，非遗文化才能在新时代焕发出蓬勃的生命力！

四、承古今艺，传华夏魂

近几年，在县委、县政府相关部门的大力支持和运作下，火斗山乡国家级非遗项目抢花保护工作领导小组正式成立，对抢花活动进行的宣传渠道也在进一步扩大。抢花这一国家级非物质文化遗产正在以越来越多样化的方式被人们所熟知，但抢花的传承仍面临着许多现实的问题。

摆在梁志福面前的第一个现实难题便是活动资金，从 2015 年开始，梁志福每年都会进行 50 多场抢花演出。每次表演梁志福都需要购买并加工原材料、雇用表演人员，去外地演出还会增加车费的额外支出。滦平县对抢花表演的支持资金并不能及时到位，这样下来，梁志福团队常常面临入不敷出的窘境。久而久之，便影响到了演出的顺利进行和抢花的传承。因此，梁志福呼吁财政、人事部门能及时拨付一定的活动经费，在人力、物力和财力上给予抢花表演一定的支持。

此外，传承人数少、传承地域受限和传承人保障问题也是他的一块心病。梁志福称，由于抢花制作过程烦琐，需要和黑炭、硬铁打交道，一场表演下来，常常整个胳膊酸痛无力，人也被熏得又黑又脏。因为这个，很多年轻人跟着他学抡花最后都没能坚持下来。梁志福希望相关部门能在滦平县当地建立非遗传习所，并在政策上给予一定优待，让更多滦平县的青年乃至全国的年轻人加入抡花表演的传承队伍中。2015 年，梁志福跟随团队在第十届全国少数民族传统体育运动会表演"舞中幡"并获得二等奖，梁志福希望通过此方法借鉴其他非遗文化的发展模式，从而走好抡花表演未来的道路。

2023 年 4 月份的杏花节即将到来，梁志福的抡花团队也开始了忙碌的筹备。梁志福表示，不论未来有多少困难，他会一直担好肩上的责任，演好抡花，教好抡花，把中华优秀传统文化发扬光大！

【知识链接】抡花

抡花是河北省承德市滦平县火斗山乡大店子村民间花会中的特有项目。抡花表演由来已久，早在康熙年间，本村梁氏世祖从山东迁移到今天的大店子村，为了免于火灾并预祝来年风调雨顺、五谷丰登，先人们开始抡花以祭祀"火神"，抡花活动流传至今已有 300 余年。2014 年 11 月，抡花入选河北省第四批国家级非物质文化遗产代表性项目名录。

如今，在每年的正月十五或者杏花节晚上，滦平县大店子村的广场上仍会有抡花演出。抡花的制作材料相对简单，但对制作工艺要求极高。首先，需要准备抡花的燃料：木炭和铁片。木炭必须是由桦木或柏木焖制而成；铁片需要将铸铁制成的锅用石碾子轧成小碎片并用筛子进行筛选。其次，需要准备 4～5 个用 12 号铁丝编织成直径 15～20 厘米、高 40 厘米的圆筒子。并把制好的锅铁和木炭分层装进花筒。此外，木炭和锅铁的比例也非常有讲究，搭配不匀或装多装少都会影响表演时的出花效果。抡花表演还需要在空地上安装花架。花架是用两根直径为 15～20 厘米的木桩立在左右两边做桩子，用直径 10 厘米、长 2.5 米的木料做横梁，用宽 10 厘米、长 2.5 米，两边带有挂钩的扁担挂住花筒。

每次演出会招募 20 多个演员，分成四五组，一组 5 人，演出共分为两场，每场由两组演员轮流替换进行，一场演出大概进行 40 分钟。表演时，演员们先把花筒挂在花架的铁钩上并点燃木炭，之后，表演者会缓缓转动摇臂，让花筒在空中呈圆环状甩动，此时呈现出闪闪亮光。大约 20 分钟后，木炭和铁片完全融合，花筒便加速转动，燃烧的铁水被一层层甩出来，如流星一般，火花四溅。花架顶端变成了由无数"流星"组成的"伞"，"伞"的直径最大时能达到 30 多米。"抡花"表演时整个场地流光溢彩，深得观众喜爱。

"抡花"表演体现了劳动人民的聪明智慧和对生活的热爱，展现了华夏族独特的民俗活动，是我国珍贵的非物质文化遗产和民族瑰宝。

附　　录

附录一：

河北省国家级非物质文化遗产代表性项目名录（共五批）①

河北省第一批国家级非物质文化遗产名录（2006年公布，共39项）②

序号	类别	项目名称	申报地区或单位
1	民间文学	耿村民间故事	石家庄市藁城市
2		河间歌诗	沧州市河间市
3	传统音乐	河北鼓吹乐	秦皇岛市抚宁县
4		河北鼓吹乐	邯郸市永年县
5		冀中笙管乐（屈家营音乐会）	廊坊市固安县
6		冀中笙管乐（高洛音乐会）	保定市涞水县
7		冀中笙管乐（高桥音乐会）	廊坊市霸州市
8		冀中笙管乐（胜芳音乐会）	廊坊市霸州市
9	传统舞蹈	秧歌（昌黎地秧歌）	秦皇岛市昌黎县
10		井陉拉花	石家庄市井陉县
11		狮舞（徐水舞狮）	保定市徐水县
12	传统戏剧	河北梆子	省直
13		石家庄丝弦	石家庄市丝弦剧团
14		评剧	唐山市滦南县
15		武安平调落子	邯郸市武安市
16		秧歌戏（隆尧秧歌戏）	邢台市隆尧县
17		秧歌戏（定州秧歌戏）	保定市定州市
18		哈哈腔	保定市清苑县
19		哈哈腔	沧州市青县
20		二人台	张家口市康保县
21		傩戏（武安傩戏）	邯郸市武安市
22		皮影戏（唐山皮影戏）	唐山市
23		皮影戏（冀南皮影戏）	邯郸市

① 附录一部分内容由王一凡搜集整理。
② 国家级非物质文化遗产代表性项目名录将非物质文化遗产分为十大门类，其中五个门类的名称在2008年有所调整，并沿用于今。此处整理的数据资料为中国非物质文化遗产官网调整更新后的最新版本。

（续表）

序号	类别	项目名称	申报地区或单位
24	曲艺	西河大鼓	沧州市河间市
25		木板大鼓	沧州市沧县
26		乐亭大鼓	唐山市乐亭县
27	传统体育、游艺与杂技	吴桥杂技	沧州市吴桥县
28		沧州武术	沧州市
29		太极拳（杨式太极拳）	邯郸市永年县
30		邢台梅花拳	邢台市平乡县、广宗县
31		沙河藤牌阵	邢台市沙河市
32	传统美术	武强木版年画	衡水市武强县
33		衡水内画	衡水市
34		剪纸（蔚县剪纸）	张家口市蔚县
35		剪纸（丰宁满族剪纸）	承德市丰宁满族自治县
36		曲阳石雕	保定市曲阳县
37	传统技艺	磁州窑烧制技艺	邯郸市峰峰矿区
38	民俗	女娲祭典	邯郸市涉县
39		安国药市	保定市安国市

河北省第二批国家级非物质文化遗产名录（2008 年公布，共 78 项）

序号	类别	项目名称	申报地区或单位
1	民间文学	孟姜女传说	秦皇岛市
2	传统音乐	冀中笙管乐（雄县古乐）	雄县
3		冀中笙管乐（小冯村音乐会）	廊坊市固安县
4		冀中笙管乐（张庄音乐会）	廊坊市霸州市
5		冀中笙管乐（军卢村音乐会）	廊坊市安次区
6		冀中笙管乐（东张务音乐会）	廊坊市安次区
7		冀中笙管乐（南响口梵呗音乐会）	廊坊市安次区
8		冀中笙管乐（里东庄音乐老会）	廊坊市文安县
9		冀中笙管乐（辛安庄民间音乐会）	沧州市任丘市

（续表）

序号	类别	项目名称	申报地区或单位
10	传统音乐	冀中笙管乐（安新县圈头村音乐会）	安新县
11		冀中笙管乐（易县东韩村拾幡古乐）	保定市易县
12		冀中笙管乐（子位吹歌）	保定市定州市
13		唢呐艺术（唐山花吹）	唐山市唐海县
14		唢呐艺术（丰宁满族吵子会）	承德市丰宁满族自治县
15		昌黎民歌	秦皇岛市昌黎县
16		道教音乐（广宗太平道乐）	邢台市广宗县
17		锣鼓艺术（常山战鼓）	石家庄市正定县
18	传统舞蹈	沧州落子	沧州市南皮县
19		鼓舞（隆尧招子鼓）	邢台市隆尧县
20		龙舞（易县摆字龙灯）	保定市易县
21		龙舞（曲周龙灯）	邯郸市曲周县
22		麒麟舞	沧州市黄骅市
23		狮舞（沧县狮舞）	沧州市沧县
24	传统戏剧	老调（保定老调）	保定市
25		豫剧（桑派）	邯郸市
26		晋剧	张家口市
27		四股弦（冀南四股弦）	邢台市巨鹿县
28		四股弦（冀南四股弦）	邯郸市馆陶县
29		四股弦（冀南四股弦）	邯郸市魏县
30		四股弦（冀南四股弦）	邯郸市肥乡县
31		赛戏	邯郸市
32		赛戏	邯郸市武安市
33		赛戏	邯郸市涉县
34		永年西调	邯郸市永年县
35		坠子戏	石家庄市深泽县
36		乱弹（威县乱弹）	邢台市威县
37		秧歌戏（蔚县秧歌）	张家口市蔚县
38		皮影戏（河间皮影戏）	沧州市河间市

（续表）

序号	类别	项目名称	申报地区或单位
39	曲艺	京东大鼓	廊坊市
40		山东大鼓（梨花大鼓）	邯郸市鸡泽县
41		山东大鼓（梨花大鼓）	邢台市威县
42		西河大鼓	廊坊市
43	传统体育、游艺与杂技	太极拳（武氏太极拳）	邯郸市永年县
44		八卦掌	廊坊市
45		形意拳	衡水市深州市
46		鹰爪翻子拳	雄县
47		沧州武术（孟村八极拳）	沧州市孟村回族自治县
48		沧州武术（劈挂拳）	沧州市
49		沧州武术（燕青拳）	沧州市
50		中幡（安头屯中幡）	廊坊市香河县
51		左各庄杆会	廊坊市文安县
52		苏桥飞叉会	廊坊市文安县
53		中幡（正定高照）	石家庄市正定县
54		满族二贵摔跤	承德市隆化县
55	传统美术	草编（大名草编）	邯郸市大名县
56		柳编（广宗柳编）	邢台市广宗县
57		彩扎（秸秆扎刻）	廊坊市永清县
58		彩扎（彩布拧台）	邯郸市
59		泥塑（玉田泥塑）	唐山市玉田县
60	传统技艺	定瓷烧制技艺	保定市曲阳县
61		传统棉纺织技艺	邯郸市魏县
62		传统棉纺织技艺	邯郸市肥乡县
63		花丝镶嵌制作技艺	廊坊市大厂回族自治县
64		蒸馏酒传统酿制技艺（衡水老白干传统酿造技艺）	衡水市
65		蒸馏酒传统酿制技艺（山庄老酒传统酿造技艺）	承德市平泉县

（续表）

序号	类别	项目名称	申报地区或单位
66	传统技艺	蒸馏酒传统酿制技艺（板城烧锅酒传统五甑酿造技艺）	承德市承德县
67		砚台制作技艺（易水砚制作技艺）	保定市易县
68		生铁冶铸技艺（干模铸造技艺）	沧州市泊头市
69		烟火爆竹制作技艺（南张井老虎火）	石家庄市井陉县
70	民俗	民间社火（桃林坪花脸社火）	石家庄市井陉县
71		民间社火（永年抬花桌）	邯郸市永年县
72		灯会（苇子灯阵）	邯郸市
73		灯会（胜芳灯会）	廊坊市霸州市
74		元宵节（蔚县拜灯山习俗）	张家口市蔚县
75		民间信仰（千童信子节）	沧州市盐山县
76		抬阁（芯子、铁枝、飘色）（葛渔城重阁会）	廊坊市
77		抬阁（芯子、铁枝、飘色）（宽城背杆）	承德市宽城满族自治县
78		抬阁（芯子、铁枝、飘色）（隆尧县泽畔抬阁）	邢台市隆尧县

河北省第三批国家级非物质文化遗产名录（2011 年公布，共 15 项）

序号	类别	项目名称	申报地区或单位
1	民间文学	契丹始祖传说	承德市平泉县
2	传统舞蹈	秧歌（乐亭地秧歌）	唐山市乐亭县
3	曲艺	河南坠子	邯郸市临漳县
4	传统体育、游艺与杂技	沧州武术（六合拳）	沧州市泊头市
5		梅花拳	邢台市威县
6		八卦掌	邢台市固安县
7	传统技艺	衡水法帖雕版拓印技艺	衡水市桃城区
8		直隶官府菜烹饪技艺	保定市
9		柳编（固安柳编）	廊坊市固安县

（续表）

序号	类别	项目名称	申报地区或单位
10		西路梆子	沧州市海兴县
11		晋剧	石家庄市井陉县
12	传统戏剧	评剧	石家庄市
13		皮影戏（昌黎皮影戏）	秦皇岛市昌黎县
14		老调（安国老调）	保定市安国市
15	民俗	太昊伏羲祭典（新乐伏羲祭典）	石家庄市新乐市

河北省第四批国家级非物质文化遗产代表性项目名录（2014 年公布，共 16 项）

序号	类别	项目名称	申报地区或单位
1	民间文学	鬼谷子传说	邯郸市临漳县
2	传统音乐	道教音乐（花张蒙道教音乐）	定州市
3	传统戏剧	乱弹（南岩乱弹）	石家庄市高邑县
4		皮影戏（乐亭皮影戏）	唐山市乐亭县
5	传统体育、	戳脚	衡水市桃城区
6	游艺与杂技	太极拳（王其和太极拳）	邢台市任县
7		京绣	保定市定兴县
8		布糊画	承德市丰宁满族自治县
9		水陆画	邯郸市广平县
10	传统技艺	邢窑陶瓷烧制技艺	邢台市
11		景泰蓝制作技艺	廊坊市大厂回族自治县
12		传统棉纺织技艺（威县土布纺织技艺）	邢台市威县
13		中医诊疗法（中医络病诊疗方法）	石家庄市
14	传统医药	中医诊疗法（脏腑推拿疗法）	保定市
15		中医传统制剂方法（金牛眼药制作技艺）	保定市定州市
16	民俗	元宵节（抡花）	承德市滦平县

河北省第五批国家级非物质文化遗产代表性项目名录（2021 年公布，共 14 项）

序号	类别	项目名称	申报地区或单位
1	传统舞蹈	秧歌（滦州地秧歌）	唐山市滦州市
2	传统戏剧	皮影戏（沙河皮影戏）	邢台市沙河市
3		南路丝弦	邢台市
4	曲艺	乐亭大鼓	唐山市滦南县
5	传统体育、游艺与杂技	太极拳（孙氏太极拳）	保定市
6		青萍剑（贾氏青萍剑）	沧州市黄烨市
7	传统美术	刻铜（饶阳刻铜）	衡水市饶阳县
8	传统技艺	酿造酒传统酿造技艺（刘伶醉酒酿造技艺）	保定市徐水区
9		传统香制作技艺（清苑传统制香制作技艺）	保定市清苑区
10		中医传统制剂方法（腰痛宁组方及其药物炮制工艺）	承德市
11		缂丝织造技艺（定州缂丝织造技艺）	定州市
12		书画毡制作技艺（定兴书画毡制作技艺）	保定市定兴县
13		小磨香油制作技艺	邯郸市大名县
14	民俗	打铁花（蔚县打树花）	张家口市蔚县

注：以上资料来源于中国非物质文化遗产网

【知识扩展】

国务院先后于 2006 年、2008 年、2011 年、2014 年和 2021 公布了五批国家级项目名录，前三批名录名称为"国家级非物质文化遗产名录"，《中华人民共和国非物质文化遗产法》实施后，第四批名录名称改为"国家级非物质文化遗产代表性项目名录"。从第二批国家级项目名录开始，设立了扩展项目名录。扩展项目与此前已列入国家级非物质文化遗产名录的同名项目共用一个项目编号，但项目特征、传承状况存在差异，保护单位也不同。

关于非物质文化遗产的分类，目前主要有以下三种方式：

一、《中华人民共和国非物质文化遗产法》中的分类。该法第一章总则第二条对非物质文化遗产作出如下定义：

本法所称非物质文化遗产，是指各族人民世代相传并视为其文化遗产组成部分的各种传统文化表现形式，以及与传统文化表现形式相关的实物和场所。包括：

（一）传统口头文学以及作为其载体的语言；

（二）传统美术、书法、音乐、舞蹈、戏剧、曲艺和杂技；

（三）传统技艺、医药和历法；

（四）传统礼仪、节庆等民俗；

（五）传统体育和游艺；

（六）其他非物质文化遗产。

二、联合国教科文组织《保护非物质文化遗产公约》中的分类。《保护非物质文化遗产公约》第一章总则第二条，对非物质文化遗产作出如下定义：

在本公约中：

（一）"非物质文化遗产"，指被各社区、群体，有时是个人，视为其文化遗产组成部分的各种社会实践、观念表述、表现形式、知识、技能以及相关的工具、实物、手工艺品和文化场所。这种非物质文化遗产世代相传，在各社区和群体适应周围环境以及与自然和历史的互动中，被不断地再创造，为这些社区和群体提供认同感和持续感，从而增强对文化多样性和人类创造力的尊重。在本公约中，只考虑符合现有的国际人权文件，各社区、群体和个人之间相互尊重的需要和顺应可持续发展的非物质文化遗产。

（二）按上述第（一）项的定义，"非物质文化遗产"包括以下方面：

1.口头传统和表现形式，包括作为非物质文化遗产媒介的语言；

2.表演艺术；

3. 社会实践、仪式、节庆活动；

4. 有关自然界和宇宙的知识和实践；

5. 传统手工艺。

三、国家级非物质文化遗产代表性项目名录中的分类。国家级非物质文化遗产代表性项目名录将非物质文化遗产分为十大门类，其中五个门类的名称在 2008 年有所调整，并沿用至今。十大门类分别为：

（一）民间文学；

（二）传统音乐；

（三）传统舞蹈；

（四）传统戏剧；

（五）曲艺；

（六）传统体育、游艺与杂技；

（七）传统美术；

（八）传统技艺；

（九）传统医药；

（十）民俗。

附录二：

河北省省级非物质文化遗产代表性项目名录（共七批）①

河北省第一批省级非物质文化遗产名录（2006 年公布，共 130 项）②

序号	类别	项目名称	申报地区或单位
1	民间文学	耿村民间故事	石家庄市藁城市
2		河间歌诗	沧州市河间市
3		孟姜女故事传说	秦皇岛市山海关区
4		邯郸成语典故文化	邯郸市
5		牛郎织女传说	邢台市内丘县
6	民间美术	武强木版年画	衡水市武强县
7		衡水内画	衡水市
8		蔚县剪纸	张家口市蔚县
9		丰宁满族剪纸	承德市丰宁满族自治县
10		曲阳石雕	保定市曲阳县
11		内丘神码	邢台市内丘县
12		玉田泥塑	唐山市玉田县
13		辛集农民画	石家庄市辛集市
14		无极剪纸	石家庄市无极县
15		白沟泥塑	保定市高碑店市
16	民间音乐	冀中笙管乐（高洛音乐会）	保定市涞水县
17		霸州笙管乐（高桥音乐会、胜芳音乐会、张庄音乐会）	廊坊市霸州市
18		河北鼓吹乐（永年）	邯郸市永年县

---

① 附录二部分内容由王一凡搜集整理。
② 2006 年 6 月 6 日，2007 年 6 月 29 日，河北省人民政府分别公布了河北省第一、第二批省级非物质文化遗产名录，此时非物质文化遗产门类尚未统一。此处整理的数据资料为河北省人民政府发布的官方通知。

（续表）

序号	类别	项目名称	申报地区或单位
19	民间音乐	河北鼓吹乐（抚宁）	秦皇岛市抚宁县
20		固安笙管乐（屈家营音乐会、小冯村音乐会）	廊坊市固安县
21		承德清音会	承德市
22		广宗太平道乐	邢台市广宗县
23		常山战鼓	石家庄市正定县
24		藁城战鼓	石家庄市藁城市
25		子位吹歌	保定市定州市
26		安次区笙管乐（军卢村音乐会、南响口梵呗音乐会、后屯音乐会）	廊坊市安次区
27		雄县古乐	保定市雄县
28		竹林寺寺庙音乐	张家口市阳原县
29		辛安庄民间音乐会	沧州市任丘市
30		涉县寺庙音乐	邯郸市涉县
31		里东庄音乐老会	廊坊市文安县
32		任丘大鼓	沧州市任丘市
33		河间大鼓	沧州市河间市
34		磁县迓鼓	邯郸市磁县
35		唐山花吹	唐山市唐海县
36	民间舞蹈	昌黎地秧歌	秦皇岛市昌黎县
37		井陉拉花	石家庄市井陉县
38		徐水狮舞	保定市徐水县
39		沧州落子	沧州市南皮县
40		易县摆字龙灯	保定市易县
41		隆尧招子鼓	邢台市隆尧县
42		抬花杠	石家庄市栾城县

（续表）

序号	类别	项目名称	申报地区或单位
43	民间舞蹈	篓子灯	唐山市丰南区
44		青龙猴打棒	秦皇岛市青龙满族自治县
45		葛渔城重阁会	廊坊市安次区
46		晋州官伞	石家庄市晋州市
47		赞皇铁龙灯	石家庄市赞皇县
48		黄骅麒麟舞	沧州市黄骅市
49		丰宁蝴蝶舞	承德市丰宁满族自治县
50		曲周龙灯	邯郸市曲周县
51		抚宁太平鼓	秦皇岛市抚宁县
52		二贵摔跤	承德市隆化县
53		东储双龙会	廊坊市安次区
54		沧县狮舞	沧州市沧县
55		撵花	邯郸市临漳县
56	戏曲	河北梆子	河北省文化厅
57		评剧	唐山市滦南县
58		唐山皮影戏	唐山市
59		石家庄丝弦	石家庄市
60		哈哈腔（清苑）	保定市
61		哈哈腔（青县）	沧州市青县
62		武安平调落子	邯郸市武安市
63		定州秧歌戏	保定市定州市
64		冀南皮影戏	邯郸市
65		武安傩戏	邯郸市武安市
66		隆尧秧歌戏	邢台市隆尧县
67		二人台	张家口市康保县
68		保定老调	保定市

（续表）

序号	类别	项目名称	申报地区或单位
69	戏曲	威县乱弹	邢台市威县
70		邯郸东填池赛戏	邯郸市
71		四股弦	邢台市巨鹿县
72		蔚县秧歌	张家口市蔚县
73		软秧歌	张家口市怀安县
74		官庄诗赋弦	廊坊市固安县
75		横岐调	保定市涿州市
76		永年西调	邯郸市永年县
77		磁县怀调	邯郸市磁县
78		贤寓调	保定市定兴县
79		肃宁武术戏	沧州市肃宁县
80		河间皮影戏	沧州市河间市
81		口梆子	张家口市
82	曲艺	木板大鼓	沧州市沧县
83		乐亭大鼓	唐山市乐亭县
84		西河大鼓	沧州市河间市
85		京东大鼓	廊坊市
86		戳古董	张家口市张北县
87		黄骅渔鼓	沧州市黄骅市
88		盐山竹板书	沧州市盐山县
89		涿州十不闲	保定市涿州市
90	民间杂技	吴桥杂技	沧州市吴桥县
91	民间手工技艺	磁州窑烧制技艺	邯郸市峰峰矿区
92		魏县上纺土织技艺	邯郸市魏县
93		邢窑烧制技艺	邢台市
94		定瓷传统烧制技艺	保定市曲阳县

（续表）

序号	类别	项目名称	申报地区或单位
95	民间手工技艺	高阳民间染织技艺	保定市高阳县
96		花丝镶嵌制作技艺	廊坊市大厂回族自治县
97		秸秆扎刻技艺	廊坊市永清县
98		衡水法帖拓印技艺	衡水市桃城区
99		泊头传统铸造技艺	沧州市泊头市
100		大名草编传统手工技艺	邯郸市大名县
101		易县绞胎陶瓷制作技艺	保定市易县
102		沙河豆面印花技艺	邢台市沙河市
103		高桥尚家笙制作技艺	廊坊市霸州市
104		龙凤贡面手工制作技艺	衡水市故城县
105		易水砚制作技艺	保定市易县
106		蔚县古民居建筑技艺	张家口市蔚县
107		馆陶黑陶制作技艺	邯郸市馆陶县
108	生产商贸习俗	安国药市	保定市
109		直隶官府菜系烹饪技艺	保定市
110	岁时节令	盐山千童信子节	沧州市盐山县
111	民间信仰	女娲祭典	邯郸市涉县
112		三祖文化	张家口市涿鹿县
113		赵县范庄龙牌会	石家庄市赵县
114		内丘扁鹊祭祀	邢台市内丘县
115	游艺、传统体育与竞技	沙河藤牌阵	邢台市沙河市
116		邢台梅花拳	邢台市平乡县、广宗县
117		杨氏太极拳	邯郸市永年县
118		沧州武术	沧州市
119		深州形意拳	衡水市深州市
120		涞水踢球	保定市涞水县

（续表）

序号	类别	项目名称	申报地区或单位
121	游艺、传统体育与竞技	泊头六合拳	沧州市泊头市
122		武氏太极拳	邯郸市永年县
123		文安八卦掌	廊坊市文安县
124	文化空间	青县盘古文化	沧州市青县
125		胜芳花灯及元宵灯会	廊坊市霸州市
126		蔚县拜灯山	张家口市蔚县
127		滏阳河灯（马头镇、张庄桥村）	邯郸市邯山区
128		苇子灯阵	邯郸市峰峰矿区
129		彩布拧台	邯郸市邯山区
130		黄粱梦文化	邯郸市

河北省第二批省级非物质文化遗产名录（2007 年公布，共 97 项）

序号	类别	项目名称	申报地区或单位
1	民间文学	伯夷、叔齐的历史传说	秦皇岛市卢龙县
2		契丹始祖传说	承德市平泉县
3		内丘县郭巨孝文化	邢台市内丘县
4		清河县武松与武大郎的传说	邢台市清河县
5	民间音乐	安次区义和团音乐（东张务音乐会）	廊坊市安次区
6		永年正里小曲	邯郸市永年县
7		东尖塔音乐会	廊坊市广阳区
8		丰宁满族吵子会	承德市丰宁满族自治县
9		昌黎民歌	秦皇岛市昌黎县
10		昌黎吹歌	秦皇岛市昌黎县
11		燕子古乐	保定市易县
12		易县东韩村拾幡古乐	保定市易县
13		安新县圈头村音乐会	保定市安新县

（续表）

序号	类别	项目名称	申报地区或单位
14	民间音乐	邢台县长信排鼓	邢台市邢台县
15	民间舞蹈	临漳李家庄高跷皇杠	邯郸市临漳县
16		永清瑚琏店同乐圣会	廊坊市永清县
17		扇鼓（赵州扇鼓、冀南扇鼓）	石家庄市赵县、邯郸市丛台区
18		宽城背杆	承德市宽城满族自治县
19		香河大河各庄竹马会	廊坊市香河县
20		盐山武术扇	沧州市盐山县
21		曲周傩舞聚英叉会	邯郸市曲周县
22		竹板落子	承德市丰宁满族自治县
23		隆尧县泽畔抬阁	邢台市隆尧县
24		跑竹马（正定县、灵寿县）	石家庄市正定县、石家庄市灵寿县
25		灵寿武凡同高跷马	石家庄市灵寿县
26		抬花杠	石家庄市元氏县
27		永年抬花桌	邯郸市永年县
28	传统戏剧	豫剧桑派艺术	邯郸市
29		冀南四股弦（馆陶县、魏县、肥乡县）	邯郸市馆陶县、邯郸市魏县北坡头、邯郸市肥乡县旧店乡南营村
30		邯郸赛戏（武安市、涉县）	邯郸市武安市、邯郸市涉县
31		海兴南锣剧	沧州市海兴县
32		鸡泽弦子腔戏	邯郸市鸡泽县
33		馆陶木偶戏	邯郸市馆陶县
34		临漳西狄邱落子	邯郸市临漳县
35		炊庄高腔戏	廊坊市广阳区

（续表）

序号	类别	项目名称	申报地区或单位
36	传统戏剧	西路梆子	沧州市海兴县
37		藁城北周卦乱弹	石家庄市藁城市
38		深泽坠子戏	石家庄市深泽县
39		元氏乐乐腔	石家庄市元氏县
40		高阳河西村昆曲	保定市高阳县
41		临城南调	邢台市临城县
42		霸州王庄子昆曲	廊坊市霸州市
43	曲艺	广平拉洋片	邯郸市广平县
44		冀南梨花大鼓（鸡泽县、威县）	邯郸市鸡泽县、邢台市威县
45		西河大鼓	廊坊市文安县
46		燕山大板（三河市、平泉县）	廊坊市三河市、承德市平泉县
47	杂技与竞技	雄县鹰爪翻子拳	保定市雄县
48		孟村八极拳	沧州市孟村回族自治县
49		劈挂拳	沧州市
50		燕青拳	沧州市
51		查滑拳	沧州市
52		珍珠球	承德市围场满族蒙古族自治县
53		香河安头屯中幡	廊坊市香河县
54		长洪拳	邯郸市成安县
55		上刀山	邯郸市涉县
56		左各庄杆会	廊坊市文安县
57		苏桥飞叉会	廊坊市文安县
58		南托雷氏武术	石家庄市灵寿县
59		正定高照（中幡）	石家庄市正定县

（续表）

序号	类别	项目名称	申报地区或单位
60	杂技与竞技	大名县佛汉拳	邯郸市大名县
61	民间美术	伯延民间建筑艺术	邯郸市武安市
62		八沟石雕工艺	承德市平泉县
63	传统手工技艺	金凤扒鸡手工制作技艺	石家庄市
64		板城烧锅酒五甑酿造技艺	承德市承德县
65		衡水老白干传统酿造技艺	衡水市
66		刘伶醉酒酿造技艺	保定市徐水县
67		刘美烧鸡手工制作技艺	唐山市乐亭县
68		玉田老酒酿造技艺	唐山市玉田县
69		槐茂酱菜制作技艺	保定市
70		贞元增酒传统酿造工艺	邯郸市
71		山庄老酒酿造技艺	承德市平泉县
72		织字土布技艺（鸡泽县、肥乡县）	邯郸市鸡泽县、邯郸市肥乡县
73		魏县花布染织技艺	邯郸市魏县
74		蠡县二踢脚制作技艺	保定市蠡县
75		昌黎赵家馆饺子制作技艺	秦皇岛市昌黎县
76		平泉"五奎园"改刀肉制作技艺	承德市平泉县
77		正定宋记八大碗	石家庄市正定县
78		广宗手工木镟技艺	邢台市广宗县
79		真定府马家卤鸡	石家庄市正定县
80		藁城宫灯	石家庄市藁城市
81		迁安手工造纸	唐山市迁安市
82		广宗县柳编技艺	邢台市广宗县
83		一百家子拨御面	承德市隆化县
84		井陉矿区高粱秸秆工艺	石家庄市井陉矿区

（续表）

序号	类别	项目名称	申报地区或单位
85	传统手工技艺	沙河四匹缯布制作技艺	邢台市沙河市
86	民俗	鸿宴饭庄	唐山市
87		蔚县打树花	张家口市蔚县
88		井陉赵庄岭皇纲	石家庄市井陉县
89		后山文化	保定市易县
90		临漳郭小屯坠子村	邯郸市临漳县
91		井陉孤山感恩文化	石家庄市井陉县
92		尧山文化	邢台市隆尧县
93		北秀林马火会	石家庄市井陉县
94		桃林坪花脸社火	石家庄市井陉县
95		西宫大蜡会	石家庄市栾城县
96		南张井老虎火	石家庄市井陉县
97	传统医药	永年太和堂	邯郸市永年县

河北省第三批省级非物质文化遗产名录（2009 年公布，共 173 项）

序号	类别	项目名称	申报地区或单位
1	民间文学	平泉的传说	承德市平泉县
2		康熙与大庙的传说	承德市双滦区
3		康熙与大庙的传说	承德市围场满族蒙古族自治县
4		杨家将传说	廊坊市人城县
5		仁义胡同的传说	唐山市迁安市
6		老马识途的传说	唐山市迁安市
7		老马识途的传说	秦皇岛市卢龙县
8		碣石山传说与故事	秦皇岛市昌黎县
9		萧显写匾的故事	秦皇岛市山海关区

（续表）

序号	类别	项目名称	申报地区或单位
10	民间文学	玄鸟生商的历史传说	秦皇岛市卢龙县
11		李广射虎的历史传说	秦皇岛市卢龙县
12		柏乡汉牡丹传说	邢台市柏乡县
13		临城赵云故里传说	邢台市临城县
14		黄金台传说	保定市定兴县
15	传统音乐	滦平十番乐	承德市滦平县
16		漳卫南运河船工号子	衡水市故城县
17		三河大鼓	廊坊市三河市
18		冀中笙管乐（杨家口音乐会）	廊坊市大城县
19		冀中笙管乐（东臧庄音乐会）	廊坊市大城县
20		冀中笙管乐（琉璃庄音乐会）	廊坊市文安县
21		冀中笙管乐（蔡头村音乐会）	廊坊市文安县
22		冀中笙管乐（西滩里音乐会）	廊坊市文安县
23		冀中笙管乐（福新村音乐会）	廊坊市文安县
24		冀中笙管乐（南汉村音乐会）	廊坊市广阳区
25		冀中笙管乐（北燕家务音乐会）	廊坊市霸州市
26		冀中笙管乐（延福屯村音乐会）	保定市高阳县
27		冀中笙管乐（同口音乐会）	保定市安新县
28		石家庄休门吹歌	石家庄市
29		羲皇圣鼓	石家庄市新乐市
30		任家班唢呐	秦皇岛市北戴河区
31		东光吹歌	沧州市东光县
32		大义店村冰雹会音乐会	保定市高碑店市
33		跃进吹歌	保定市徐水县
34		内邱庆源排鼓	邢台市内丘县
35		广宗黄巾鼓	邢台市广宗县

序号	类别	项目名称	申报地区或单位
36	传统舞蹈	滦平棉花鬼	承德市滦平县
37		武强打花膀	衡水市武强县
38		桃城区安乐秧歌	衡水市桃城区
39		大城太平颤（甩会）	廊坊市大城县
40		大城西子牙高跷	廊坊市大城县
41		安次区西安庄登云会	廊坊市安次区
42		赵县南寺庄背灯挎鼓	石家庄市赵县
43		万全打棍	张家口市万全县
44		蹦鼓子舞	张家口市怀安县
45		王河湾挎鼓	张家口市宣化区
46		曲长城背阁	张家口市阳原县
47		地秧歌	唐山市乐亭县
48		青龙满族寸子秧歌	秦皇岛市青龙满族自治县
49		泊头小竹马	沧州市泊头市
50		清苑绣球龙灯	保定市清苑县
51		扇鼓	邢台市内丘县
52		招子鼓	邢台市柏乡县
53		博野花鼓落子	保定市博野县
54	传统戏剧	曲周柳子腔	邯郸市曲周县
55		哈哈腔	廊坊市文安县崔家坊
56		哈哈腔	沧州市沧县
57		石家庄丝弦	石家庄市赞皇县
58		石家庄丝弦	石家庄市井陉县
59		评剧	石家庄市评剧院一团
60		晋剧	石家庄市井陉县
61		二人台	张家口市尚义县

（续表）

序号	类别	项目名称	申报地区或单位
62	传统戏剧	二人台	张家口市张北县
63		赤城马栅子戏	张家口市赤城县
64	曲艺	皮影戏	唐山市乐亭县
65		皮影戏	唐山市滦南县
66		皮影戏	秦皇岛市昌黎县
67		皮影戏	邯郸市曲周县
68		青县青剧	沧州市青县
69		老调	保定市安国市
70		乱弹	邢台市临西县
71		乱弹	邢台市巨鹿县
72		曲长城木偶戏	张家口市阳原县
73		坠子戏	邯郸市成安县
74		西河大鼓	廊坊市大城县
75		赵县梅花调	石家庄市赵县
76		张北大鼓	张家口市张北县
77		干嗑	张家口市张北县
78		干嗑	张家口市尚义县
79		干嗑	张家口市康保县
80		拉洋片	沧州市吴桥县
81		乐亭大鼓	唐山市滦南县
82	传统体育、游艺与杂技	陈村查拳	邯郸市邱县
83		梅花拳	衡水市深州市
84		梅花拳	邢台市威县
85		通臂拳（心聚六和软手通臂拳）	廊坊市霸州市通臂拳研究会
86		通臂拳（五行通臂拳）	廊坊市香河县
87		通臂拳（太极通背拳）	廊坊市三河市

（续表）

序号	类别	项目名称	申报地区或单位
88	传统体育、游艺与杂技	通臂拳（沧州通臂拳）	沧州市通臂劈挂拳研究总会
89		通臂拳（南宫开河少林散手通背门）	邢台市南宫市
90		八卦掌	廊坊市固安县
91		固安戳脚	廊坊市固安县
92		安次区南关村少林武术	廊坊市安次区
93		安次区黄漕飞叉	廊坊市安次区
94		中幡	廊坊市安次区
95		太极拳（杨氏太极拳老架）	廊坊市大城县
96		太极拳（府内派传统杨氏太极拳）	保定市府内派传统杨氏太极拳文化研究会
97		井陉县南良都斗火龙	石家庄市井陉县
98		微水武术	石家庄市井陉县
99		抬阁	石家庄市灵寿县
100		弹（谭、潭）腿	沧州市沧县
101		弹（谭、潭）腿	邢台市临西县
102		沧县传统武术	沧州市沧县
103		河间左把大奇枪	沧州市河间市
104		贾氏青萍剑	沧州市黄骅市
105		黄骅五虎棍	沧州市黄骅市
106		青县麒麟拳	沧州市青县
107		苗刀	沧州市通臂劈挂拳研究总会
108		曲阳擎阁	保定市曲阳县
109		圈头村少林会	保定市安新县
110		八趟掩手	保定市安新县
111		清河曦阳掌太平拳	邢台市清河县
112	传统美术	安次区第什里风筝	廊坊市安次区

（续表）

序号	类别	项目名称	申报地区或单位
113	传统美术	柳编	廊坊市固安县
114		永清花灯	廊坊市永清县
115		高邑县后哨营猫头靴	石家庄市高邑县
116		新乐石雕	石家庄市新乐市
117		深泽泥模	石家庄市深泽县
118		铁画	唐山市遵化市
119		渤海渔村剪纸	沧州市黄骅市
120	传统技艺	平泉御膳糖饼手工制作技艺	承德市平泉县
121		磁县纸扎技艺	邯郸市磁县
122		侯店毛笔制作技艺	衡水桃城区
123		辛庄传统制陶技艺	廊坊市文安县
124		栾城杨氏家具制作技艺	石家庄市栾城县
125		藁城西辛庄吹糖技艺	石家庄市藁城市
126		井陉绵河水磨技艺	石家庄市井陉县
127		南张井干礤石墙技艺	石家庄市井陉县
128		七汲全羊宴技艺	石家庄市无极县
129		沙城老窖酒酿造技艺	张家口市长城酿造（集团）有限责任公司
130		柴沟堡镇熏肉制作技艺	张家口市怀安县
131		松纹剑锻造技艺	唐山市古冶区
132		蜂蜜麻糖制作技艺	唐山市新新麻糖厂
133		蜂蜜麻糖制作技艺	唐山市丰润区
134		卢龙粉条传统加工技艺	秦皇岛市卢龙县
135		宁晋泥坑酒酿造技艺	邢台市泥坑酒业有限责任公司
136		泊头火柴制作技艺	沧州市泊头市
137		黄骅人工制盐技艺	沧州市黄骅市

（续表）

序号	类别	项目名称	申报地区或单位
138	传统技艺	黄骅面花模子雕刻技艺	沧州市黄骅市
139		吊炉烧饼制作技艺	沧州市黄骅市
140		黄骅面花制作技艺	沧州市黄骅市
141		沧县镂空木雕雕刻技艺	沧州市沧县
142		手工挂面制作技艺	沧州市吴桥县
143		手工挂面制作技艺	邢台市临西县
144		传统纺织技艺	邢台市广宗县
145		威县土布纺织技艺	邢台市威县
146		传统造船技艺	保定市安新县
147		芦苇画	保定市安新县
148		白洋淀苇编	保定市安新县
149		面塑	保定市安新县
150	民俗	滦平二龙山龙文化	承德市滦平县
151		阜城打囤	衡水市阜城县
152		伏羲文化	石家庄市新乐市
153		婚俗	石家庄市井陉县
154		丧葬习俗	石家庄市井陉县
155		丧葬习俗	保定市安新县圈头村
156		栾庄海龙湾龙文化	石家庄市井陉县
157		长岗龙母文化	石家庄市井陉县
158		炮打五只船	石家庄市新乐市
159		正定腊会	石家庄市正定县
160		赞皇腊八船	石家庄市赞皇县
161		七夕节	石家庄灵寿县
162		九曲黄河灯	张家口市怀安县
163		九曲黄河灯	张家口市怀来县

（续表）

序号	类别	项目名称	申报地区或单位
164	民俗	九曲黄河灯	石家庄市井陉县
165		九曲黄河灯	保定市定兴县
166		抬皇（黄）杠	秦皇岛市抚宁县
167		抬皇（黄）杠	邢台市南和县
168		觉道庄老子祭奠	沧州市青县
169		鄚州庙会	沧州市任丘市
170		清河中华张氏传统祭祀	邢台市清河张氏宗亲联谊会
171		沙河九龙祭祀	邢台市沙河市
172		怀安县胡家屯社火	张家口市怀安县
173		峰峰王看烟火灯地	邯郸市峰峰矿区

河北省第四批省级非物质文化遗产名录（2012 年公布，共 123 项）

序号	类别	项目名称	申报地区或单位
1	民间文学	韩信背水一战的传说	石家庄市井陉县
2		许由与尧帝的传说	石家庄市行唐县
3		刘琨的传说	石家庄市无极县
4		张果老传说	石家庄市平山县
5		魏徵的传说	石家庄市晋州市
6		杂技口艺	沧州市吴桥县
7		玉堂春传说	邯郸市曲周县
8		杨家将传说	廊坊市霸州市
9		杨家将传说	廊坊市永清县
10		窦尔墩传说	承德市兴隆县
11	传统音乐	桃园同乐会吹歌	沧州市黄骅市
12		冀中笙管乐（东姜音乐会）	沧州市任丘市
13		冀中笙管乐（十里铺音乐会）	保定市雄县

（续表）

序号	类别	项目名称	申报地区或单位
14	传统音乐	冀中笙管乐（北宋村古乐）	保定市清苑县
15		花张蒙道教音乐	保定市定州市
16		冀东民歌	唐山市
17	传统舞蹈	南平望拉花	石家庄市井陉县
18		琅矿活帷子	邯郸市武安市
19		跑竹马	邯郸市肥乡县
20		南鱼龙灯	邢台市隆尧县
21		大头舞（御览转秋千）	廊坊市霸州市
22		跨鼓	廊坊市霸州市
23		十美图	廊坊市三河市
24		八大怪	承德市隆化县
25		蹦跶会	承德市兴隆县
26	传统戏剧	乱弹（南岩乱弹）	石家庄市高邑县
27		石家庄丝弦（郭家庄东路丝弦）	石家庄市晋州市
28		石家庄丝弦（获鹿丝弦）	石家庄市鹿泉市
29		石家庄丝弦（南路丝弦）	邢台市平乡县
30		秧歌戏（西调秧歌）	石家庄市平山县
31		秧歌戏（北纪城秧歌戏）	石家庄市灵寿县
32		落子	邯郸市成安县
33		老调（东姜老调）	沧州市任丘市
34		小车调	廊坊市
35		高跷戏	张家市口蔚县
36		评剧	唐山市丰润区
37		评剧	秦皇岛市昌黎县
38		皮影戏	秦皇岛市青龙满族自治县
39		独台戏	沧州市吴桥县

（续表）

序号	类别	项目名称	申报地区或单位
40	曲艺	道情	石家庄市赵县
41		南口大鼓	沧州市献县
42		热河二人转	承德市宽城县
43		铁板大鼓	承德市兴隆县
44	传统体育、游艺与杂技	南花园民间戏法	石家庄市桥西区
45		梁家鹦垴拳	石家庄市井陉县
46		何庄武狮	石家庄市赵县
47		梅花拳	邯郸市
48		太极拳（卢氏太极拳）	邯郸市广平县
49		太极拳（孙式太极拳）	邢台市沙河市
50		二郎拳	邯郸市大名县
51		通臂拳（白猿通臂拳）	沧州市黄骅市
52		迷踪拳（高氏迷踪拳）	沧州市黄骅市
53		八仙拳	沧州市河间市
54		阴阳八盘掌	沧州市任丘市
55		连环绵掌	沧州市青县
56		吴桥杂技·驯兽·驯鼠	沧州市吴桥县
57		吴桥杂技·硬气功	沧州市吴桥县
58		吴桥杂技·地摊魔术	沧州市吴桥县
59		吴桥杂技·杂技唢呐	沧州市吴桥县
60		戳脚	衡水市燕杰文化武术学校
61		冀州三皇炮锤	河北省三皇炮锤武术协会
62		鼎棋	保定市区
63		中幡	承德市隆化县
64		十字八方拳	邢台市威县青少年活动中心

（续表）

序号	类别	项目名称	申报地区或单位
65	传统美术	面塑	石家庄市井陉县
66		泥塑	邯郸市成安县
67		剪纸	邯郸市磁县
68		剪纸	承德市宽城满族自治县
69		"南宫碑体"书法艺术	邢台市南宫市文化馆
70		"南宫碑体"书法艺术	邯郸市大名县
71		相子（纸雕）	廊坊市固安县
72		晋州赵氏剪纸	石家庄市晋州市
73	传统技艺	于家石头建筑技艺	石家庄市井陉县
74		龙狮道具制作技艺	石家庄市正定县
75		孩模烧制技艺	邯郸市魏县
76		古顺酒酿造技艺	邢台市古顺酿酒股份有限公司
77		传统盒子灯制作技艺	沧州市海兴县
78		同聚祥酒酿造技艺	沧州市青县
79		冬菜制作工艺	沧州市青县
80		古建青砖制作技艺	沧州市任丘市
81		驴肉火烧制作技艺	沧州市河间市
82		三井十里香酒酿造技艺	沧州市泊头市
83		甘陵春酒酿造技艺	衡水市甘陵春酒业有限公司
84		戏曲脸谱制作技艺	廊坊市固安县
85		景泰蓝制作技艺	廊坊市大厂回族自治县
86		满汉全席传统制作技艺	承德市
87		八珍御酒酿造技艺	承德市平泉县
88		中山松醪酿造技艺	保定市定州市
89		贯头山酒酿造技艺	唐山市迁安市

序号	类别	项目名称	申报地区或单位
90	传统技艺	皮影制作技艺	秦皇岛市昌黎县
91		绣花鞋制作技艺	秦皇岛市抚宁县
92		老二位饺子制作技艺	秦皇岛市海港区
93		潘氏风干肠制作技艺	秦皇岛市抚宁县
94		莜面制作技艺	张家口市张北县
95		饸饹制作技艺	石家庄市无极县
96		饸饹制作技艺	邯郸市魏县
97	传统医药	脏腑推拿术	保定市
98		金牛眼药	保定市定州市
99		丁氏正骨	沧州市盐山县
100		青县点穴拨穴疗法	沧州市青县
101	民俗	五道古火会	石家庄市赵县
102		九曲黄河灯	石家庄市赞皇县
103		南冶脸子会	石家庄市平山县
104		联庄会	石家庄市井陉矿区
105		通天河花会	石家庄市鹿泉市
106		云盘山人祖祭典	石家庄市井陉县
107		台头邳彤祭典	石家庄市井陉县
108		南王庄转黄河	石家庄市井陉县
109		虎皮庄天下太平灯	石家庄市井陉县
110		土山诚会	邯郸市武安市
111		抬五龙	邯郸市成安县
112		崔府君出巡仪式及传说	邯郸市磁县
113		火神会	邢台市柏乡县
114		冰神祭祀	邢台市平乡县
115		三皇祭典	邢台市沙河市

（续表）

序号	类别	项目名称	申报地区或单位
116	民俗	火神信仰习俗	廊坊市霸州市
117		河灯习俗	廊坊市霸州市
118		河灯习俗	承德市宽城满族自治县
119		马桥	张家口市张北县
120		和顺圣会	承德市滦平县
121		黄旗武会	承德市丰宁满族自治县
122		抡花	承德市滦平县
123		逛楼	秦皇岛市抚宁县

河北省第五批省级非物质文化遗产名录（2013年公布，共152项）

序号	类别	项目名称	申报地区或单位
1	民间文学	赞皇六宰相的传说	石家庄市赞皇县
2		赵州桥的传说	石家庄市赵县
3		藁城刘海的传说	石家庄市藁城市
4		石家庄"王莽赶刘秀"的传说	石家庄市
5		行唐口头镇歌谣	石家庄市行唐县
6		毛遂的传说	邯郸市鸡泽县
7		鬼谷子的传说	邯郸市临漳县
8		邯郸古城传说与民俗	邯郸市丛台区
9		关汉卿的传说	保定市安国市
10		唐尧的传说	保定市唐县
11		鹰手营子的传说	承德市鹰手营子矿区
12	传统音乐	平山民歌（尤家庄小唱）	石家庄市平山县
13		赵奢战鼓	邯郸市邯郸县
14		道教音乐	邢台市巨鹿县

（续表）

序号	类别	项目名称	申报地区或单位
15	传统音乐	高家口古乐	沧州市黄骅市
16		冀中笙管乐（安新县端村音乐会）	保定市安新县
17		冀中笙管乐（徐水县高庄村音乐会）	保定市徐水县
18		冀中笙管乐（安新县关城村音乐会）	保定市安新县
19		冀中笙管乐（唐县灌城村西乐会）	保定市唐县
20		冀中笙管乐（曲阳吹歌）	保定市曲阳县
21		陶埙艺术	保定市
22		架鼓（安国架鼓）	保定市安国市
23		架鼓（定州架鼓）	定州市
24		丰宁南营子吹打乐	承德市丰宁满族自治县
25		铁厂飞镲	唐山市遵化市
26	传统舞蹈	北冶抬皇杠	石家庄市平山县
27		北白砂龙舞	石家庄市鹿泉市
28		邱县狮豹会	邯郸市邱县
29		曲周花车	邯郸市曲周县
30		南王力村高跷会	廊坊市广阳区
31		顺平地平跷	保定市顺平县
32		定州西四旺村龙灯戏	定州市
33		定州邢邑花会	定州市
34		霸王鞭	承德市隆化县
35		冀东地秧歌（滦州地秧歌）	唐山市滦县
36		冀东地秧歌（滦南秧歌）	唐山市滦南县
37		冀东地秧歌（伦派地秧歌）	秦皇岛市卢龙县
38	传统戏剧	微水丝弦	石家庄市井陉县
39		西王庄丝弦	石家庄市平山县

（续表）

序号	类别	项目名称	申报地区或单位
40	传统戏剧	平山坠子戏	石家庄市平山县
41		行唐杨村秧歌	石家庄市行唐县
42		平调落子	邯郸市涉县
43		平调落子	邯郸市
44		曲周四股弦	邯郸市曲周县
45		豫剧（北派）	邯郸市
46		大名大平调	邯郸市大名县
47		乱弹	邢台市平乡县
48		皮影戏（沙河市皮影戏）	邢台市沙河市
49		皮影戏（蔚州灯影戏）	张家口市蔚县
50		皮影戏（雾灵皮影戏）	承德市兴隆县
51		永清河北老调	廊坊市永清县
52		望都新颖调	保定市望都县
53		万全秧歌戏	张家口市万全县
54		阳原晋剧	张家口市阳原县
55	曲艺	磁县坠子	邯郸市磁县
56		冀东段派评书	唐山市
57	传统体育、游艺与杂技	正定三角村高跷	石家庄市正定县
58		王其和式太极拳	邢台市任县
59		洪拳	邢台市巨鹿县
60		二郎拳	沧州市南皮县
61		杨氏青萍剑	沧州市运河区
62		李氏迷踪拳	沧州市青县
63		吴桥杂技·大变活人	沧州市吴桥县
64		吴桥杂技·马戏	沧州市吴桥县

（续表）

序号	类别	项目名称	申报地区或单位
65	传统体育、游艺与杂技	李派太极拳	廊坊市广阳区
66		东王庄飞叉	廊坊市霸州市
67		孙式太极拳	保定市望都县
68		蠡县戳脚	保定市蠡县
69		阴阳八盘掌	保定市雄县
70	传统美术	郭氏铁板浮雕	石家庄市新华区
71		剪纸（邯郸剪纸）	邯郸市复兴区
72		剪纸（玉田剪纸）	唐山市玉田县
73		剪纸（乔杖子剪纸）	承德市承德县
74		民间手绘画	邯郸市复兴区
75	传统美术	"南宫碑体"书法艺术	邯郸市邯山区
76		广平水墨布画	邯郸市广平县
77		成安烙画	邯郸市成安县
78		泊头三痴斋泥塑	沧州市泊头市
79		石影雕	沧州市吴桥县
80		雕花陶球泥塑工艺	沧州市东光县
81		刻铜艺术	衡水市饶阳县
82		烙画	廊坊市
83		曲阳泥塑	保定市曲阳县
84		左卫墙围画	张家口市怀安县
85		丰宁滕氏布糊画	承德市丰宁满族自治县
86		洒河桥花灯	唐山市迁西县
87	传统技艺	刘氏酥饼五仁蛋黄皮月饼工艺	河北米莎贝尔农业科技有限公司
88		赞皇原村土布纺织技艺	石家庄市赞皇县
89		窦王醋酿造技艺	石家庄市井陉县
90		藁城宫面制作技艺	石家庄市藁城市

（续表）

序号	类别	项目名称	申报地区或单位
91	传统技艺	金丝彩釉工艺	石家庄市裕华区
92		井陉窑传统烧制技艺	石家庄市井陉县
93		灵寿青铜器制作工艺	石家庄市灵寿县
94		大名五百居香肠制作技艺	邯郸市大名县
95		大名郭八火烧制作技艺	邯郸市大名县
96		大名滴溜酒传统酿造技艺	邯郸市大名县
97		南小留木镟技艺	邯郸市广平县
98		二毛烧鸡制作技艺	邯郸市邯山区
99		二毛烧鸡制作技艺	邯郸市大名县
100		小磨香油传统制作技艺	邯郸市大名县
101		鹊王台酒酿造技艺	邢台市内丘县
102		西关饸饹面制作技艺	邢台市宁晋县
103		孔明锁制作技艺	邢台市沙河市
104		南皮小米面窝头制作技艺	沧州市南皮县
105		线装书工艺	沧州市吴桥县
106		传统杂技魔术道具制作技艺	沧州市吴桥县
107		肃宁捞纸技艺	沧州市肃宁县
108		朱记扣碗制作技艺	沧州市盐山县
109		万二烧鸡制作技艺	沧州市黄骅市
110		杨氏风船制作技艺	沧州市黄骅市
111		衡水地毯传统编织技艺	衡水市
112		硬木雕刻工艺	衡水市武邑县
113		饶阳仇氏金丝杂面制作技艺	衡水市饶阳县
114		铜胎珐琅技艺	衡水市景县
115		衡水传统玉器雕刻技艺	衡水市桃城区

（续表）

序号	类别	项目名称	申报地区或单位
116	传统技艺	大营裘皮传统制作技艺	衡水市枣强县
117		田园棉手织布技艺	衡水市冀州市
118		小辛庄戏靴制作技艺	廊坊市霸州市
119		燕南春酒传统酿造技艺	廊坊市永清县
120		清宫传统刺绣（易县清宫传统刺绣）	保定市易县
121		清宫传统刺绣（定兴县南大牛村刺绣）	保定市定兴县
122		定州缂丝	定州市
123		徐水漕河驴肉加工技艺	保定市徐水县
124		涞水古建砖瓦制作技艺	保定市涞水县
125		清苑传统制香技艺	保定市清苑县
126		定兴书画毡制作技艺	保定市定兴县
127		定州新宗熏肉制作技艺	定州市
128		曲阳黑闺女饺子馅制作技艺	保定市曲阳县
129		安国药膳	保定市安国市
130		青砂器制作技艺	张家口市蔚县
131		孟各庄蒙鼓技艺	唐山市滦南县
132		吊桥缸炉烧饼传统制作技艺	唐山市乐亭县
133		孙氏银器制作技艺	唐山市丰南区
134		新寨猪胰子制作技艺	唐山市乐亭县
135		抚宁白腐乳制作技艺	秦皇岛市抚宁县
136		台营烧锅酒酿造技艺	秦皇岛市抚宁县
137	传统医药	中医络病诊疗方法	河北以岭医院
138		药囊防病法（苍香玉屏袋）	石家庄市井陉县
139		万宝堂中医药文化	保定市
140		安国中药材加工炮制技艺	保定市安国市

（续表）

序号	类别	项目名称	申报地区或单位
141	民俗	温塘桃花浴	石家庄市平山县
142		平山王母祭典	石家庄市平山县
143		水潼仙姑祭祀（高邑水潼仙姑庙会）	石家庄市高邑县
144		水潼仙姑祭祀（青龙山庙会）	石家庄市赞皇县
145		东岳祭典	石家庄市井陉县
146		罗庄打铁火	石家庄市井陉县
147		更乐镇元宵花会	邯郸市涉县
148		黄河灯阵（骈山）	邯郸市武安市
149		跳世平	邢台市内丘县
150		铁树银花	廊坊市永清县
151		涞水伶伦祭典	保定市涞水县
152		丰宁横河蒙丁演武	承德市丰宁满族自治县

河北省第六批省级非物质文化遗产名录（2017 年公布，共 142 项）

序号	类别	项目名称	申报地区或单位
1	民间文学	正定赵子龙传说	石家庄市正定县
2		寿王坟传说	承德市鹰手营子矿区
3		裘祖比干的传说	衡水市枣强县
4		秦始皇东渡求仙传说	秦皇岛市海港区
5		秦始皇与沙丘的传说	邢台市广宗县
6	传统音乐	无极店尚对鼓	石家庄市无极县
7		西戌道教音乐	邯郸市涉县
8		冀南鼓吹乐	邯郸市大名县
9		高碑店市南虎贲驿村乐会	保定市高碑店市
10		石辛庄村音乐会	保定市高碑店市

（续表）

序号	类别	项目名称	申报地区或单位
11	传统音乐	韩庄村古乐	保定市雄县
12		西黑山村南乐会	保定市徐水区
13		北贺寿营村音乐会	保定市徐水区
14		东关村细乐会	保定市望都县
15		热河清音	承德市
16		定州佛光寺佛教音乐	定州市
17		运河传统架鼓	衡水市故城县
18		任丘东良淀音乐会	沧州市任丘市
19		秦王破阵鼓	邢台市沙河市
20		北戴河渔歌号子	秦皇岛市北戴河区
21		卢龙唢呐	秦皇岛市卢龙县
22		香河西南街音乐会	廊坊市香河县
23		冀中笙管乐 （王圈村音乐会、南头村音乐会、崔庄子音乐会、艾各庄音乐会）	廊坊市
24			廊坊市霸州市
25			廊坊市霸州市
26			廊坊市广阳区
27	传统舞蹈	渔家乐	石家庄市平山县
28		活盘旱船	保定市定兴县
29		萨满舞	承德市围场满族蒙古族自治县
30		帽派落子	沧州市孟村回族自治县
31		霸王鞭	张家口市康保县
32		卢龙高跷秧歌	秦皇岛市卢龙县
33	传统戏剧	刘家坪丝弦	石家庄市平山县
34		砂子洞清秧剧	石家庄市灵寿县
35		上四调	保定市高碑店市

（续表）

序号	类别	项目名称	申报地区或单位
36	传统戏剧	京剧（奚派京剧）	保定市
37		大口落子（宽城大口落子、中兴大口落子）	承德市宽城满族自治县
38			承德市兴隆县
39		唐山皮影戏（迁西皮影戏）	唐山市迁西县
40		西丁村东路娃娃调	定州市
41		解咬村皮影戏	定州市
42		深州老丝弦	衡水市深州市
43		河西调	衡水市安平县
44		中所秧歌剧	张家口市赤城县
45		晋剧	张家口市蔚县
46		梆子腔	邢台市邢台县
47		四股弦	邢台市广宗县
48		南路丝弦（任县丝弦）	邢台市任县
49	曲艺	坠子	邯郸市大名县
50		西河大鼓（王派西河大鼓）	保定市雄县
51	传统体育、游艺与杂技	绵张拳（石家秘传绵张拳）	石家庄市新华区
52		高阳短拳	保定市高阳县
53		形意拳（孙式形意拳）	保定市
54		孙式太极拳	保定市孙禄堂武术院
55		岳氏散手	保定市雄县
56		孙氏太极老架	承德市
57		马氏中幡	定州市
58		蹬大缸	沧州市吴桥县
59		沙家门武术	沧州市东光县
60		画眉张口技	沧州市肃宁县
61		盘古王拳	沧州市青县

（续表）

序号	类别	项目名称	申报地区或单位
62	传统体育、游艺与杂技	海兴郭桥武术	沧州市海兴县
63		南皮八卦掌	沧州市南皮县
64		少北拳	秦皇岛市山海关区
65		梅花老架	邢台市内丘县
66		吴氏太极拳	邢台市隆尧县
67		查拳	邢台市桥东区
68		太极拳（杨氏中平架）	廊坊市
69		通臂（背）拳（少齐派）	廊坊市文安县
70	传统美术	水晶玛瑙雕刻制作技艺	衡水市
71		剪纸	衡水市阜城县
72			秦皇岛市抚宁区
73		料胎画珐琅（古月轩）	衡水市
74		传统木雕	邢台市南宫市
75		郑氏砂艺	承德市兴隆县
76		核雕	廊坊市永清县
77		錾刻	廊坊市三河市
78		百宝嵌	廊坊市广阳区
79		京绣	廊坊市固安县
80		面塑	廊坊市固安县
81	传统技艺	镉刻瓷技艺	石家庄市长安区
82		黄家庄制鼓技艺	石家庄市藁城区
83		井陉实打石酒酿造工艺	石家庄市井陉县
84		正定手工装裱技艺	石家庄市正定县
85		清真徽制作技艺	邯郸市大名县
86		戏剧盔头、道具、服装制作技艺	保定市定兴县
87		白运章包子加工技艺	保定市莲池区

（续表）

序号	类别	项目名称	申报地区或单位
88	传统技艺	白家牛肉罩饼加工技艺	保定市莲池区
89		扈氏唢呐、管子制作技艺	保定市
90		驴肉火烧制作技艺	保定市老驴头食品有限责任公司
91		保定铁球制作技艺	保定市
92		高阳田家烧鸡加工技艺	保定市高阳县
93		清宫传红木家具制作技艺	保定市涞水县
94		丰宁满族传统木作技艺	承德市丰宁满族自治县
95		平泉羊汤制作技艺	承德市平泉县
96		围场满族蒙古族自治县民间手工刺绣	承德市围场满族蒙古族自治县
97		满族刺绣	承德市围场满族蒙古族自治县
98		千鹤柏木香	承德市宽城满族自治县
99		山桃木雕刻技艺	承德市滦平县
100		乐亭泥人制作技艺	唐山市乐亭县
101		高氏牛皮鼓制作技艺	定州市
102		木活字印刷技艺	衡水市桃城区
103		景县传统布艺	衡水市景县
104		虎头鞋缝制手工技艺	衡水市饶阳县
105		义昌永冬菜制作技艺	沧州市运河区
106		传统书法·古字书艺	沧州市运河区
107		明式家具制作技艺	沧州市运河区
108		沧州或元堂传拓技艺	沧州市运河区
109		粗陶制作技艺	张家口市蔚县
110		丁记藤艺	秦皇岛市北戴河区
111		古法琉璃制作技艺	秦皇岛市海港区

（续表）

序号	类别	项目名称	申报地区或单位
112	传统技艺	线装书制作技艺	邢台市南宫市
113		留垒酱菜制作技艺	邢台市任县
114		牌匾与碑文传统雕刻	邢台市桥西区
115		小米煎饼传统制作技艺	邢台市南和县
116		把子道具制作技艺	廊坊市固安县
117		雕漆技艺	廊坊市固安县
118		家具制作技艺	廊坊市大城县
119		宫毯织造技艺	廊坊市文安县
120		景泰蓝制作技艺（老天利）	廊坊市大厂回族自治县
121		金漆镶嵌髹饰技艺	廊坊市大厂回族自治县
122		珐琅釉料烧造技艺	廊坊市大厂回族自治县
123		烧蓝技艺	廊坊市香河县
124		雕填漆器髹饰技艺	廊坊市广阳区
125		脱胎漆器髹饰技艺	廊坊市广阳区
126	传统医药	新乐孙氏正骨术	石家庄市新乐市
127		肥乡王氏正骨术	邯郸市肥乡区
128		腰痛宁胶囊组方及马钱子等药物的炮制工艺	承德市
129		陈氏正骨术	承德市
130		平乡元气针灸疗法	邢台市平乡县
131		《辅行诀五脏用药法要》传统医药文化	邢台市威县
132		中医李氏正骨术	廊坊市
133	民俗	核桃园打树花	石家庄市井陉县
134		城隍祭仪	石家庄市赞皇县
135		青横庄杠会	石家庄市井陉矿区
136		太阳山庙会	承德市滦平县

（续表）

序号	类别	项目名称	申报地区或单位
137	民俗	抬杆（承德县、迁安市）	承德市承德县
138			唐山市迁安市
139		海堡桄羽儿	沧州市黄骅市
140		忍字口背杆	唐山市迁西县
141		洗马林晾经节	张家口市万全区
142		绕花	张家口市涿鹿县

河北省第七批省级非物质文化遗产名录（2019 年公布，共 158 项）

序号	类别	项目名称	申报地区或单位
1	民间文学	凤凰岭和美文化的传说	邢台市临城县
2	传统音乐	冀南鼓乐（杨家鼓）	邯郸市峰峰矿区
3		观州锣鼓	沧州市东光县
4		大次良南乐会	保定市徐水区
5		五家角细乐会	保定市唐县
6		四块瓦演奏艺术	张家口市康保县
7		穹览寺音乐	承德市双滦区
8		铢铢镲	承德市平泉市
9	传统舞蹈	旱船	邯郸市涉县
10		疯秧歌	衡水市景县
11		高跷	廊坊市霸州市
12			保定市徐水区
13	传统戏剧	大平调	邯郸市魏县
14		魏县落腔	邯郸市魏县
15		横岐调	保定市徐水区
16		涿鹿秧歌角	张家口市涿鹿县
17		滦州皮影戏	唐山市滦州市

（续表）

序号	类别	项目名称	申报地区或单位
18	曲艺	西河大鼓	保定市博野县
19			雄安新区容城县
20		凌河大鼓	承德市平泉市
21	传统体育、游艺与杂技	杨式太极拳（南关老拳）	河北省兴民杨式太极拳社
22		随手拳	石家庄市赵县
23		平山东岗上武术会	石家庄市平山县
24		戳脚	石家庄市井陉矿区
25		红拳	邯郸市峰峰矿区
26		中幡	沧州市运河区
27		秘宗拳（周氏）	沧州市黄骅市
28		杂技·二龙吐珠	沧州市吴桥县
29		太师鞭	沧州市黄骅市
30		六合拳	沧州市运河区
31		铁头功铁臂功	张家口市蔚县
32		八卦掌（梁氏）	张家口市宣化区
33		铜臂螳螂拳	唐山市路北区
34		摔跤（怀德营）	定州市
35		孤庄头五虎会	雄安新区雄县
36		姚式太极拳	唐山市遵化市
37	传统美术	木雕	石家庄市井陉县
38			石家庄市
39		烙画	石家庄市
40			石家庄市晋州市
41		粮食画	邯郸市馆陶县
42		葫芦工艺	邢台市沙河市
43		内画	沧州市肃宁县

序号	类别	项目名称	申报地区或单位
44	传统美术	王厂錾铜浮雕	沧州市南皮县
45		剪纸	沧州市河间市
46			秦皇岛市昌黎县
47			辛集市
48			雄安新区安新县
49		错金银	衡水市桃城区
50			廊坊市大城县
51		宫绣	承德市隆化县
52		文彩绣	保定市定兴县
53		刺绣	石家庄市长安区
54			石家庄市裕华区
55			沧州市新华区
56		手织汉锦	邢台市巨鹿县
57		补花	沧州市献县
58		抽纱补花技艺	保定市定兴县
59		手工雕刻铜套印	张家口市桥东区
60		铜板浮雕画	承德市宽城满族自治县
61		滦河石雕	唐山市迁西县
62		面塑	承德市承德县
63		泥塑	承德市滦平县
64		辛集皮贴画	辛集市
65		京簧竹刻	雄安新区雄县
66		红木雕刻	廊坊市大城县
67		根雕	沧州市海兴县
68		骨雕	衡水市饶阳县
69		蛋雕	保定市涿州市

（续表）

序号	类别	项目名称	申报地区或单位
70	传统技艺	髹漆技艺	石家庄市
71		传统工艺剑锻制技艺	石家庄市行唐县
72		传统拓印技艺	石家庄市正定县
73			石家庄市无极县
74			保定市
75		木镟技艺	邯郸市肥乡区
76			邯郸市魏县
77		磁州酒酿造技艺	邯郸市磁县
78		豆瓣酱制作技艺	邯郸市成安县
79		驴肉制作技艺	邯郸市永年区
80		古建砖瓦烧制技艺	邯郸市永年区
81		桐泰祥糕点制作技艺	邢台市桥东区
82		盆景装饰件制作技艺	邢台市广宗县
83		卢氏酥鱼传统制作技艺	邢台市南和县
84		杨家烧饼制作技艺	沧州市泊头市
85		南皮阿杜土鸡制作技艺	沧州市南皮县
86		孟村"全羊李"清真酱牛羊肉制作技艺	沧州市孟村回族自治县
87		御河老酒酿造技艺	沧州市新华区
88		沧县枣木加工工艺	沧州市沧县
89		吹糖人	沧州市肃宁县
90		马尾罗织造传统手工艺	衡水市安平县
91		黑陶烧制技艺	衡水深州市
92			雄安新区雄县
93		枣强县传统制鼓技艺	衡水市枣强县
94		古陶瓷修复技艺	衡水市
95		文安熬鱼烹饪技艺	廊坊市文安县

（续表）

序号	类别	项目名称	申报地区或单位
96	传统技艺	迎春酒酿制技艺	廊坊市安次区
97		传统制香技艺	廊坊市安次区
98		传统古建筑营造技艺	廊坊市永清县
99		传统风车制作技艺	廊坊市固安县
100		古琴斫制技艺	廊坊市固安县
101			承德市双桥区
102		珐琅制作技艺（铸胎掐丝珐琅）	廊坊市大厂回族自治县
103		古籍修复技艺	廊坊市三河市
104		汉服传统制作技艺	廊坊市永清县
105		金漆彩绘髹饰技艺	廊坊市广阳区
106		苏钟制作技艺	廊坊市固安县
107		安国马蹄烧饼加工技艺	保定市安国市
108		景泰蓝火锅制作技艺	保定市涞水县
109		大慈阁香油磨制技艺	保定市国家高新技术产业开发区
110		桑叶茶制作技艺	保定市定兴县
111		高碑店豆腐丝制作技艺	保定市高碑店市
112		麻子石陶器烧制技艺	保定市莲池区
113		古建砖瓦制作技艺	保定市唐县
114		北宗黄酒传统酿造技艺	张家口市怀来县
115		酱制糟牛肉技艺	张家口市万全区
116		涿鹿白酒酿造技艺	张家口市涿鹿县
117		碎皮加工技艺	张家口市阳原县
118		陈家熏鸡制作技艺	承德市双桥区
119		皮影雕刻技艺	承德市承德县
120			唐山市玉田县

（续表）

序号	类别	项目名称	申报地区或单位
121	传统技艺	丰宁铁艺灯笼	承德市丰宁满族自治县
122		天木陈香制作技艺	承德市宽城满族自治县
123		开平手工制陶技艺	唐山市开平区
124		玉田清真熏鸡制作技艺	唐山市玉田县
125		满族粘饽饽制作技艺	秦皇岛市青龙满族自治县
126		"杨肠子"火腿肠制作技艺	秦皇岛市北戴河区
127		书画装裱修复技艺	辛集市
128		木杆秤制作技艺	辛集市
129		马肉加工技艺	定州市
130		二胡制作技艺	定州市
131		申家鸡煲	沧州市青县
132		丰宁九龙醉酒酿造技艺	承德市丰宁满族自治县
133		广平缯肘制作技艺	邯郸市广平县
134		散思台酥糖制作技艺	辛集市
135		红木家具制作技艺	廊坊市霸州市
136	传统医药	耳鼻喉皮络疗法	河北康灵中医耳鼻喉研究所
137		张氏传统整骨技法	石家庄市
138		薛氏火罐疗法	邯郸市武安市
139		韩氏中医骨伤科	邢台市南和县
140		邱氏正骨疗法	邢台市新河县
141		灵鹊正骨疗法	邢台市内丘县
142		师蜂堂中医诊疗	沧州市运河区
143		冯氏正骨	沧州市肃宁县
144		李桑园李氏正骨	廊坊市广阳区
145		时氏正骨术	保定市高碑店市
146			保定市白沟新城

（续表）

序号	类别	项目名称	申报地区或单位
147	传统医药	邸氏疮疡外科	保定市唐县
148		赵氏整骨疗法	张家口市崇礼区
149		何氏中医皮肤病诊疗技术	张家口市
150		故城殷氏五行捏骨	衡水市故城县
151		释迦宝山脱骨疽诊疗法	沧州市沧县
152		宋氏骨科诊疗技术	张家口市桥西区
153	民俗	正定祭孔大典	石家庄市正定县
154		平山田兴花灯会	石家庄市平山县
155		北岳祭典	保定市曲阳县
156		尚义赛羊会	张家口市尚义县
157		丰宁满族婚俗	承德市丰宁满族自治县
158		蚕沙口妈祖庙会	唐山市曹妃甸区

附录三：

基于文献计量和可视化视角的河北非物质文化遗产研究

周　俊　王一凡　王佳美

摘　要： 河北非物质文化遗产研究经历了长期的体系构建和理论积累。使用 CiteSpace 的数据分析功能，展现出关键词（keywords）、作者（author）、机构（institution）等结构谱图，挖掘河北省内非遗研究的热点、高被引文献、非遗领域研究领头人以及未来发展趋势等信息。研究表明，河北非遗的研究范围涉及旅游经济、美术、音乐等多个领域，经历缓慢起步、快速增长及稳态发展三个阶段。学者、机构间的联系较小，学术交流有待加强。非遗热点关键词概括为传承保护类、开发利用类和特色推广类。研究方向可归纳为维持发展与延续创新、民族非遗文化产业管理、可持续发展。通过 CiteSpace 软件的可视化分析，对河北非物质文化遗产的发展有了更直观的了解，为该领域的后续研究提供切实科学的参照。

关键词： 河北；非物质文化遗产；知识图谱；CiteSpace

基金项目： 2021 年度河北省社会科学基金项目"河北非物质文化遗产传承人口述史研究"（HB21YS003）

党的二十大报告提出，要推进文化自信自强，铸就社会主义文化新辉煌。2022 年 12 月，习近平总书记对非物质文化遗产保护工作作出重要指示，强调要扎实做好非物质文化遗产的系统性保护，更好满足人民日益增长的精神文化需求，同时推动中华优秀传统文化创造性转化、创新性发展[1]。河北省作为华夏文明的重要发源地之一，经过数千年的历史

---

[1]　参见新华社：《习近平对非物质文化遗产保护工作作出重要指示》，2022 年 12 月 12 日。

积淀，不仅拥有大量的物质文化遗产，也拥有众多丰富独特的非物质文化遗产，这是燕赵儿女宝贵的精神财富和智慧结晶，也是中华文明的瑰宝。在国务院公布的五批国家级非遗名录中，河北省共计 162 项[①]，占全国国家级非遗名录总量的 10.4%。此外，河北全省还共拥有省级代表性非物质文化遗产项目 975 个[②]，涉及面广、价值高、影响大。保护非物质文化遗产，对民族文化进行传承，增强民族情感纽带、增进民族团结和维护国家统一及社会稳定具有重要意义，也是构建"和谐河北"、建设社会主义先进文化、实现河北更快更好发展的必然要求。基于 CiteSpace 可视化软件，绘制知识图谱，关注河北非物质文化遗产的研究现状、热点、趋势等，整理和分析其动态发展规律，从而为后续研究者进行定性分析提供依据和方向。

一、研究方法与数据采集

（一）研究方法

将某一知识领域设为研究对象，以该领域的相关文献资料作为输入数据，绘制知识图谱进行可视化分析，从而直观地表征出该领域发展现状、研究主题、研究热点等情况的方法，属于文献计量学（Bibliometrics）范畴，近年来广泛应用于各行各业[③]。

CiteSpace 作为绘制知识图谱的常用软件，能够帮助学者通过可视化的方法对某一研究领域进行系统梳理和生动呈现，把握其知识演进，具有知识导航的作用。本文以中国知网中河北非物质文化遗产领域文献作为输入数据，选择"Refworks"格式导出文献，运用 CiteSpace 软件共现、

---

① 参见中国非物质遗产网（https://www.ihchina.cn/）。

② 参见河北省人民政府网（http://www.hebei.gov.cn）关于公布第一至七批省级非物质文化遗产名录项目的通知。

③ 刘则渊，陈悦，侯海燕：《科学知识图谱方法与应用》，北京：人民出版社，2008。

时区以及突显词探测等功能，绘制可视化知识图谱，同时对研究文献生成的高频节点、聚类知识群等进行分析解读，绘制相关 Excel 表格，以便清晰直观地展现河北非物质文化遗产研究的基本状况、热点主题、前沿领域与发展趋势，并以此为基础，进一步分析其研究路径与发展变化的规律。

（二）数据采集

本研究选取的文献数据源于中国知网数据库（CNKI），借助高级检索功能，将资源范围设置为"学术期刊"，检索主题分别包括"河北非遗"或者"河北非物质文化遗产"，"河北省非遗"或者"河北省非物质文化遗产"，"燕赵非遗"或者"燕赵非物质文化遗产"，以确保文献数据的准确性和完整度。进行人工筛选去重，手动剔除卷首语、会议通知、新闻报道等非学术性内容，不限定文献发表时间，共检索出 468 篇文献。检索过程中，笔者发现部分河北非物质遗产研究文献在"篇关摘"（篇名、关键词、摘要）中并未出现地域关键词，如《国家级非遗滕氏布糊画的创新转化实践研究》《国家级非物质文化遗产"常山战鼓"传承人张书社口述史》等文献并未提及河北省，因而无法通过上述检索方式得出，数据存在缺陷，故笔者进行了二次检索。以"非遗"或者"非物质文化遗产"作为检索主题，并精确到作者单位"河北"，此时的文献结果为河北省学者对于非物质文化遗产的相关研究，手动剔除如《非物质文化遗产舞蹈艺术教育对高校学生心理健康的影响》等没有提及河北非物质文化遗产的文献，得到 411 篇有效文献。将两次检索结果放入 Noteexpress 进行去重工作，最终纳入与河北非物质文化遗产直接相关的文献 664 篇，以其作为本次文献研究的最终样本。

二、河北非物质文化遗产发展特征

（一）河北非物质文化遗产发文情况分析

2003 年联合国教科文组织（UNESCO）通过了《保护非物质文化遗产公约》，并以章程的形式明确了非遗保护的具体要求，学者们对非遗研究的热情由此被激发。2005 年河北省出现了第一篇非遗领域相关论文——孙泓洁的《非物质文化遗产与文化情感——河北省非物质文化遗产的田野考察报告》[1]，通过对河北非物质文化遗产的考察探究，阐述了河北非物质文化遗产日渐衰落、消散的现状，并提出以电视、拍照和文字记录三个手段对这些文化遗产进行抢救和保护。该文章反映了当时河北非遗研究的实际情况，在一定程度上加深了学术研究者对于河北非遗项目的认识。

对知网收集的河北非遗研究有效文献进行整理，并以年为统计单位，得出河北非物质文化遗产的发文趋势（图 1）。不难看出河北非物质文化遗产的研究经历了缓慢起步、迅速增长、逐渐衰退三个阶段。2005 至 2008 年可以归为河北非遗研究的起步阶段，此时相关研究尚未全面展开，但在政府的指导下非遗保护已开始受到学者重视。2005 年国务院发布《关于加强我国非物质文化遗产保护工作的意见》，河北省成立非物质文化遗产保护工作领导小组；2006 年河北省人民政府发布河北省第一批省级非物质文化遗产名录；2007 年非物质文化遗产研究论文数量一跃而上。胡印斌（2006）、苏菲（2007）、戴魁（2008）等学者开始投入河北非物质文化遗产工作的研究中去。但此阶段研究视野具有一定的局限性，学者多关注理论发展，实践研究不充分。2009 年至 2016 年发文数量显著增加，这一时期，河北省实施了非遗名录体系建设、代表性传承人队伍建设、基础设施建设；同时，开通河北非遗保护网、河北非遗档案资料数据库，抢救、

---

[1]　孙泓洁：《非物质文化遗产与文化情感：河北省非物质文化遗产的田野考察报告》，社会科学论坛，2005（8）：124-126。

整理、保存了一大批珍贵资料，还创建了非遗传播基地、传统文化推广基地、保护传承示范企业，举办了一系列品牌文化活动。这一阶段，河北非遗研究呈现出专业化、多元化特点。2016 年至今，河北非遗的发文相较以前呈下降趋势，表明河北非遗研究或许遭遇了瓶颈期，需要融合其他领域，或其他新理论、新方法，探求新路径，为河北非遗研究提供新动力。

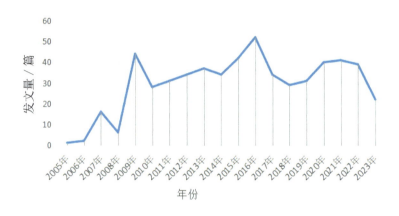

图 1   河北非物质文化遗产的年度发文趋势

（二）河北非物质文化遗产研究主题合作网络

将已筛选的数据导入软件，利用 CiteSpace 可视化分析功能，生成河北非物质文化遗产研究的作者合作共现图（图 2）和机构合作共现图（图 3）。图谱中，连线表示节点相互之间有合作，文字大小表示发文量，而距离和位置展现了其合作群组特征，节点与节点之间的线段粗细程度与合作紧密程度呈正比。

1. 作者分析

作者是研究领域的核心力量，通过对作者合作进行分析，能够深刻把握某一学科领域研究现状与动态。在 CiteSpace 中选择节点类型为作者，将阈值设置 Top N=50，得到作者合作网络图谱。通过作者合作共现图（图 2）可以看出该领域的核心作者及作者合作情况。在图 2 中，作者合作网络分析共形成了 423 个节点，182 条连线，网络密度 0.002，主要发文核心作者凸显，依据普赖斯定律中的核心作者计算公式可知，对公式结果进行取整，可得出发文量超过 3 篇的作者为河北非物质文化遗产研究的核心作者，包括辛儒（河北大学博物馆）、齐易（河北大学艺术学院教授、保定市非遗保护研究中心主任）、刘立军（河北科技大学纺织服装学院、河北省民间文艺家协会副主席）、乔南（河北科技大学织服装学院）、王晶（河北师范大学音乐学院）、冯海涛（河北科技大学体育部）、刘向红（承德石油高等专科学校图书馆馆长）等 19 人，涉及文物、音乐、美术、体育、图书情报等多个方面。其中，辛儒发文量多达 9 篇，他以河北省曲阳石雕技艺、吴桥杂技等为个例，在实地调查分析的基础上，提出将非物质文化遗产保护与旅游业实施联动开发，以非物质文化遗产的保护和开发作为推动旅游产业发展的手段，再通过旅游业实现对非遗的有效保护；齐易作为民族音乐的研究者，侧重于"音乐类"非物质文化遗产的考察、保护与传承，关注其与中国传统礼仪规范、民间信仰等之间的关系；王晶搭乘信息技术时代顺风车，以信息数字化角度为切入点，重新审视和探究非遗创作实践和发展趋势，分析了信息数字化的优势，提出信息数字化助力非遗传承策略，为创新发展注入新动力；冯海涛认为在新农村建设中，体育作为文化上层建筑具有不可或缺性，从民族归属感、认同感、力量感三个维度提出体育类非遗资源进高校对于大学生民族凝聚力影响的显著作用；刘向红从制定协同政策、加强非遗档案普查和考核工作、统一非遗数字档案建档标准、培养专业的非遗档案人才等方面提出了加强非物质文化遗产的档案建设策略和标准。

　　总体来看，虽然河北非物质文化遗产研究者众多，但是作者合作网络较为稀薄、分散，大多数处于独立研究状态，尚未形成高产稳定的研究团队，没有实力雄厚的多产作者群；此外，作者们的专注度也不够。

图 2　河北非物质文化遗产研究作者合作共现图

2. 机构分析

从研究机构分布来看，河北非物质文化遗产研究机构主要集中在河北民族师范学院、河北大学、河北科技大学、河北师范大学、衡水学院、燕山大学等高校。其中发文量最多的是河北民族师范学院（承德市）、河北大学（石家庄市）、河北科技大学（石家庄市）、河北省非物质文化遗产保护中心（石家庄市）以及河北师范大学（石家庄市）。从研究机构的分布地域可以看出，石家庄市对河北非物质文化遗产的研究比较重视，在地域分布上形成了聚集效应。从机构合作共现来看（见图 3），网络密度 Density 显示为 0.002 5，说明河北非物质文化遗产研究尚未形成明显的核心机构群，因此，在未来的研究中，与本研究领域相关的研究机构之间的合作交流需要进一步加强。

图 3　河北非物质文化遗产研究机构合作共现图

三、河北非物质文化遗产研究的主要范畴

关键词是某一文献核心内容的浓缩，对核心关键词的抓取能够对某一研究领域的热点论域与未来研究方向有较为深刻的把握。通过CiteSpace 软件生成关键词共现、聚类网络图和突现图，可以了解河北非物质文化遗产研究领域和关键词的变化与发展。关键词频次与中介中心性、关键词聚类、关键词突现性检测是分析河北非物质文化遗产研究热点的三个重要维度。其中，对关键词共现图谱的分析能够筛选出河北非物质文化遗产研究领域的核心关键词；对关键词聚类图谱进行分析能够归纳出河北非物质文化遗产研究的研究热点；对关键词突现性进行检测能够呈现出河北非物质文化遗产研究热点的演绎历程，预测未来本研究领域的学术发展前沿。

（一）关键词频次及其中介中心性分析

高频关键词代表该词在研究领域中受到高度关注，且具有较高关联主题的能力。本文运用 CiteSpace 软件剔除"非物质文化遗产"和"河北省"这两个与研究主题高度相关的关键词，生成河北非物质文化遗产研究关键词共现图谱（图4），对关键词词频和中介中心性进行了计算和统计，并将出现频次大于8的关键词及其中介中心性汇聚于表1。由表1可知，"传承、保护、非遗、河北、创新、发展、高校、传承人、产业化、秦皇岛、非物质文化遗产保护、体育非物质文化遗产、乡村振兴、京津冀、口述史、数字化"等是河北非物质文化遗产研究的高频关键词。这些关键词高频次的出现和高中心性的呈现，体现出"保护"和"传承"，是当前河北非物质文化遗产研究的核心问题。其他高频词均围绕其展开，如对其"产业化""数字化"的利用开发，如对某一项具体非遗项目（体育类）的概括论述，如对地域（秦皇岛、京津冀）历史文化价值的传承创新。河北省也在不断加大政策力度，鼓励新时代非遗发展新路径、新方法，高校积极探索建立非遗学科理论交流平台，提升非遗研究能力，开发河北非物质文化遗产传承人口述史研究成果。

本研究在绘制图谱时并未进行近义词合并工作，目的在于一方面想要展现学界在研究角度上略有差异的情况，另一方面也想说明当前学界关于一些基本概念和术语的使用尚未形成共识和统一标准，或者说，非物质文化遗产研究的学术话语体系尚待规范和建立。该点在前期检索工作中也有所体现。

图4　河北非物质文化遗产研究关键词共现图谱

表1　河北非物质文化遗产研究关键词及其中介中心性

序号	频次	中心性	年份	关键词	序号	频次	中心性	年份	关键词
1	60	0.09	2007	传承	11	12	0.01	2011	秦皇岛
2	47	0.04	2007	保护	12	11	0.03	2005	非物质文化
3	35	0.07	2016	非遗	13	11	0.03	2010	产业化
4	19	0.03	2008	河北	14	10	0.02	2020	乡村振兴
5	16	0.05	2007	创新	15	10	0.01	2018	雄安新区
6	16	0.05	2009	发展	16	10	0.06	2006	非物质文化遗产保护
7	16	0.01	2010	保护与传承	17	10	0.03	2014	体育非物质文化遗产
8	14	0.02	2011	传承人	18	9	0	2015	口述史
9	14	0.01	2010	高校	19	9	0	2013	数字化
10	12	0.01	2008	传承与保护	20	9	0.01	2010	传统文化

（二）研究聚类图谱主题词分析

为进一步挖掘河北非物质文化遗产研究的学术热点，本文在关键词知识图谱的基础上，采用LLR对数似然率算法，运用CiteSpace软件的聚类功能绘制了河北非物质文化遗产研究关键词聚类图谱（图5）。一般认为，Q=0.8728>0.3意味着聚类结构显著，S=0.986>0.5聚类则表明聚类结果具有说服力。在文献阅读的基础上，结合关键词聚类分析图谱，本文将河北非物质文化遗产研究的学术热点归纳总结为保护与传承、开发利用、特色及推广三个方面：

1. 河北非物质文化遗产的保护和传承

政府参与式保护和传承。政府作为非物质文化遗产保护和传承的推动者与实践者，理应将其作为文化建设的重要内容，制定相应的政策措施。刘飞宇、张鑫等[1] 提出应以政府引领为主导，通过项目普查、宣传渠道、财政投入、传承人保护制度、非遗独特品牌化发展等方面对雄安及周边地区非物质文化遗产保护进行宏观调控。马维彬等[2] 在分析《河北省非物质文化遗产保护条例（征求意见稿）》的基础上，基于政府层面对科学保护非遗提出框架性指导，并从地方立法的角度阐述了河北非物质文化遗产的发掘与保护，要求明确各自责任、加大资金投入、建立专家咨询制度，同时提出非遗传承人保护制度、档案资料管理制度、名录保护制度等河北非遗保护的有效方法。孙玲玲等[3] 在对河北省非物质文化遗产保护网信息检索与搜集的基础上，提出政府应合理利用数字赋能新技术创新非遗资源档案保护与利用机制，为河北非物质文化遗产探索档案资源整合与保护提供了新方法、新路径。

基于高校课程建设及实践的保护和传承。高校是国家重要的文化教育机构，也是非遗文化保护和传承理论研究及实践的重要场所。冯海涛（2015）、孔维强（2015）、单南（2017）、李振奇（2021）等探讨了非遗文化的内涵和价值，提出将河北非遗文化融入高校课程体系建设，培养更多非遗人才，或提出高校以教学和研究为契机，加强与传承人之间的合作，落实田野调查研究等工作。班丽丽在此基础上，将非遗传承人研培项

[1] 刘飞宇，张鑫，黄晓光：《雄安及周边地区非物质文化遗产保护研究》，大庆社会科学，2020（4）：126-130。

[2] 马维彬，张雪燕，魏静：《关于我省非物质文化遗产保护立法的几个问题》，大众文艺，2009（12）：161。

[3] 孙玲玲，关利革，张淑红：《数字赋能视域下河北省非物质文化遗产档案资源整合与保存研究》，兰台内外，2022，371（26）：19-21。

目和虚拟现实技术结合，提出通过 VR 技术构建相应资源库及教学管理平台，为高校非遗保护传承给出了符合信息现代化的创新策略。

非物质文化遗产代表性传承人培养。非遗传承人是保护非物质文化遗产这场战役中的中心角色，他们用丰富的经验技艺承载着非物质文化遗产的历史、文化和精神内涵。图 5 中 #7 传承人和 #12 翼中笙管乐两个聚类群表明，培养非遗代表性传承人是现阶段非遗保护和传承工作中的重要任务。口述史作为传承非遗、促进其认知和传播的有效路径之一，近年来备受学者关注。邹慧云（2020）、宋占新（2020）、魏俊玲（2021）等学者通过田野调查对摆字龙灯、秸秆扎刻、玉田泥塑等非遗传承人进行了口述史访谈，记录整理了传承人个人经历、非遗制作技艺及生存现状等情况。李秋生[①]根据保定市非遗传承人基本情况和口述现状，提出需要用现代化手段建立完备的口述数据库，同时分析了其利用价值及意义。

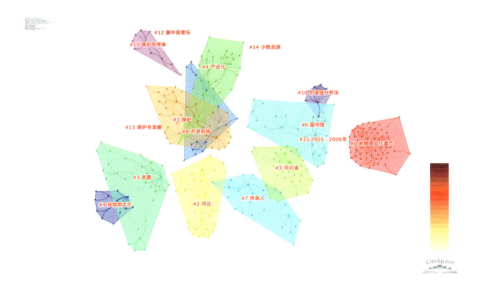

图 5　河北非物质文化遗产研究关键词聚类图谱

① 李秋生：《保定市非物质文化遗产传承人口述数据库研究》，合作经济与科技，2014，502（23）：52-54。

2. 河北非物质文化遗产的开发与利用

非物质文化遗产的研究涉及多个学科领域，如人类学、历史学、社会学、艺术史学等等，需要进行"非遗＋"跨学科研究，从不同的领域和角度综合分析河北非物质文化遗产的内涵和价值，推进非遗可持续发展。闫小荣（2017）、张晔（2021）、张义杰（2022）等致力于"非遗＋旅游"开发利用，通过将非遗文化融入旅游开发中，打造特色地域品牌的旅游路线和主题景区，实现游客沉浸式非遗体验。郭立超[1]等人从关联翻译理论出发，以承德地区满族非遗旅游外宣为例，对非遗翻译提出了要从读者的认知语境分析以及尽量保留文化线索这两项翻译原则。郝小梅等[2]学者通过对河北段大运河非遗文化资源与文创产业发展的梳理，提出"非遗＋乡村振兴""非遗＋文创"的策略，认为非遗文化传承下的文创产品设计开发是乡村经济振兴的有效选择，同时该学者指出沿线乡村应努力立足自己的地域优势特色，以有效发挥非遗文化资源在地方产业振兴发展中的作用。"非遗＋影视"研究致力于挖掘非遗的内涵和价值，影视作品为非遗文化提供传播与推广的平台，非遗为影视作品创造新颖的表现形式。河北省影视家协会主持创作的电视动画片《年画中的传奇》以国家级非物质文化遗产武强年画为原型，用生动有趣的人物造型和色彩和谐明丽的画面展现了中式美学独有的魅力，既有弘扬中华优秀传统文化的担当，又突现了审美价值与教育意义[3]。河北非物质文化遗产的开发与利用实现了文化资源向经济价值和社会价值的转变，旅游开发、文化产品设计与创新、跨学科交叉交流等方式积极发挥着非遗在河北省经济发展、文化传承以及构建和谐社会中的独特作用。

---

① 郭立超，武博，刘彦奎：《关联翻译理论视角下非遗旅游外宣研究：以承德地区满非遗英译为例》，中国民族博览，2019（1）：96-97。

② 郝小梅，王琦，张震：《河北段大运河非遗文创产业助力乡村振兴策略研究》，农村经济与科技，2022，33（6）：86-88。

③ 晓汪：《河北省首部"非遗"动画片将面世》，当代电视，2015（12）：96。

3. 河北非物质文化遗产的特色及推广

河北省作为少数民族聚居地，丰沛的少数民族非物质文化遗产资源使河北非物质文化遗产在整体上出现了多样性、本土性、活态性等特点，蕴涵着丰富的历史与地域文化价值。刘兴敏、郑一桐、孙正等人对满族刺绣纹样、满族灯舞"八大怪"等满族非遗特色进行研究。河北省拥有大量的体育非遗项目，在每四年举办一次河北省少数民族体育运动会中有大量的体育非遗参加比赛，吸引了大量的学者对河北体育非遗进行研究，例如刘萍等[1]以河北鹰爪翻子拳为例，分析了鹰爪翻子拳传承的现状以及存在困境，并提出借助政府管控、互联网传播、社会组织合作、校园教育传承等方面实现鹰爪翻子拳的社会性传承；成坤等以沧州孟村八极拳为例，提出需要加强传承主体的保护和意识水平，提高非遗社会组织的现代化意识，通过节庆、旅游等形式提高社会组织的地位，促进社会组织与学校教育协同发展等途径，完善非遗武术项目的社会组织在发展中存在的不足。

数字化时代，宣传推广方式的转变使学者们对河北非物质文化遗产的研究在传媒领域进行了扩展。彭聪、赵昆[2]认为借助新媒体对河北非物质文化遗产进行保护、传播和继承是传媒领域研究的新课题，在分析新媒体时代非物质文化遗产影像传播的优势及途径的基础上对安新芦苇画的短视频呈现形态以及传播特色进行了阐释。康莉霞等[3]围绕燕赵地区非遗宣传的主要方式和途径，在分析其宣传策略上存在的问题的基础上，认为现有的单纯依靠某一种媒体的宣传形式已经不能满足时代的需要，还应该通过网络直播等形式对非遗进行宣传，着力于构建一个全方位、多角度、极具

---

① 刘萍，宋亚洲，张永，等：《民族传统体育非遗社会化传承实践路径研究：以河北鹰爪翻子拳为例》，武术研究，2022，7（10）：28-30。
② 彭聪，赵昆：《非物质文化遗产文化活态的传播创新：以安新芦苇画短视频呈现为例》，出版广角，2019（1）：49-51。
③ 康莉霞，赵君玉，魏冬：《燕赵非遗宣传现状浅析》，石家庄铁路职业技术学院学报，2017（4）：118-121。

融合性和交互性的综合性宣传新平台; 盖海红等[①]从创建微信微博号、网站、开设精品资源共享课堂, 注册直播平台和开发非遗产品等方面阐述了搭建新媒体宣传平台, 构建网络互动直播平台, 拓宽燕赵非物质文化遗产的传播渠道, 重点探索了交互媒体下燕赵非遗文化宣传推广的有效策略。 借助数字化现代技术对其传播与推广, 不仅对于非物质文化遗产的保护与传承具有重要意义, 更重要的是, 其作为我国优秀传统文化, 对增强我国文化自信、构建中华民族共同体具有不可替代的作用。

四、河北非物质文化遗产研究展望

河北省作为华夏文化的重要发源地之一, 文化遗产数量庞大, 类别齐全。在国务院公布的五批国家级非遗名录中, 河北省总计 162 项国家级非遗名录, 占全国 1 557 项国家级非遗名录总量的 10.4%。基于国家对非物质文化遗产的重视以及河北非物质文化遗产的多样性与本土性, 保护与传承河北非遗应成为未来非遗研究中的重中之重。河北省提出了诸多具有地域特色的保护理念与模式, 让许多即将消散的非物质文化遗产被拯救、被认知、被喜爱、被利用、被推广, 学者及机构之间的学术研究氛围也日益浓厚, 但是河北省未来的非遗研究仍有诸多问题有待探索, 笔者将对其进行进一步研究与深化。

（一）河北非物质文化遗产时区图及突现图解析

利用 CiteSpace 软件对河北非物质文化遗产研究领域的数据样本进行分析。图 5 中有 "#" 符号的聚类知识群体, 这些群体反映了河北非物质文化遗产的研究方和领域。关键词突显分析代表着研究人员在一定时间内重点关注的前沿领域, 有助于辅助分析该研究领域阶段性热点问

---

① 盖海红, 赵君玉, 付玉霞:《交互媒体下燕赵非物质文化遗产宣传策略研究》, 石家庄职业技术学院学报, 2017（5）: 35-37。

题，预测研究趋势，从而为未来研究的目标和方向提供新思考。2005 年至 2023 年河北非物质文化遗产关键词见突显图谱（图 6）。结合图 5 可以分为三个探析方面，即维持发展与延续创新、民族非遗文化产业管理、可持续发展。

Top 25 Keywords with the Strongest Citation Bursts

Keywords	Year	Strength	Begin	End	2005 - 2023
非物质文化遗产保护	2005	3.28	**2006**	2012	
戏曲	2005	1.63	**2008**	2011	
旅游开发	2005	2.14	**2009**	2014	
开发	2005	1.82	**2009**	2010	
新思路	2005	1.82	**2009**	2010	
曲阳石雕	2005	1.78	**2009**	2014	
产业化	2005	2.33	**2010**	2014	
对策	2005	1.6	**2010**	2014	
秦皇岛	2005	3.24	**2011**	2015	
常山战鼓	2005	1.78	**2011**	2014	
保护	2005	3.57	**2013**	2014	
河北省	2005	1.86	**2014**	2015	
保护传承	2005	2.26	**2016**	2019	
京津冀	2005	1.93	**2016**	2021	
保护与传承	2005	1.74	**2016**	2020	
非遗项目	2005	2.15	**2017**	2020	
非遗	2005	6.55	**2018**	2023	
雄安新区	2005	4.97	**2018**	2020	
非遗文化	2005	2.82	**2018**	2021	
数字化	2005	2.43	**2018**	2019	
河北	2005	5.2	**2020**	2023	
口述史	2005	3.3	**2020**	2021	
高校	2005	3.13	**2020**	2021	
丰宁县	2005	1.56	**2020**	2021	
承德	2005	1.62	**2021**	2023	

图 6　河北非物质文化遗产关键词突显图谱

　　"保护"与"传承"贯穿整个河北非物质文化遗产研究，是所有项目的终极落脚点。为了维持其发展与传承，需要继承已有资源，并不断推进、创新。此时"新思路""对策""产业化""数字化"等成为学界的关注内容，旨在透过文化洞察力，制订有针对性、实施性的非遗保护计划。2020年，"口述史"作为非遗传承人研究中不可或缺的研究方法，开始被学者重视和使用，通过对传承人的口述史收集整理，非遗得以长期传承，并为其他非物质文化遗产的保护与传承提供指导。河北省作为多民族聚居地区，最独特之处便是其丰富的少数民族非物质文化遗产资源，因此，建立河北民族非遗文化产业管理机制，提升其产品和文化创意价值，就显得尤为重要。"秦皇岛""曲阳石雕""承德""丰宁县"等突现词的出现表明了河北非遗研究基于地域特色与民族融合，有利于打造具有民族传承创造和文化产业融合发展的独特亮点。此外，"高校""旅游开发""价值链分析法"通过建设机构、培育人才、开展文化旅游活动等一系列手段与方式，实现河北非遗的可持续发展。经济发展与非遗文化活态传承的结合也受到学界密切关注，此时的研究重点主要集中在继承的主体与对象、权利与保障及活态传承的制度与方式上。

　　河北非物质文化遗产的展望从以下几个方面进行。研究方法上，可以借鉴国内外先进经验，采用数字化技术、信息技术，通过重点问题记录、建档、数据库、分类方案、可视化等手段进行河北非物质文化遗产保护和传承。研究内容上，针对河北非物质文化遗产项目个体的不同，提出具有本土化的民族传统体育、传统舞蹈、传统戏曲等在保护、法律法规、教育教学等方面传承、记录、保存的可行方法，深入挖掘其在当代的价值并为后续的宣传推广提供依据。非物质文化遗产传承人也在近年来受到诸多重视，与高校合作打造非遗文化教育项目，鼓励不同专业进行跨学科研究，均有助于非遗更好地融入现代生活。同时，非物质文化遗产保护和传承研究不足，需要完善非物质文化遗产的档案及数字化保护工作。非遗旅游立法也存在理论挖掘不够、区域性研究少、实际指导意义不强等问题。

从时区图谱中不难看出，河北非物质文化遗产相关文献主要在社会科学、教科文艺方面，非物质文化保护和传承研究一定程度上遭遇瓶颈期，这也是前文发文量研究中提到的衰退期原因之一。只有加强河北非遗的经济学、管理学、地理学等学科交叉，拓展文献发表期刊来源，河北非物质文化遗产保护和传承研究才有创新。此外，针对河北非物质文化遗产保护和传承市场化也存在一定的争议，如果可以市场化，有必要采用经济学的理论研究文化领域的问题，为河北未来非物质文化遗产保护和传承研究提供新的视角，提供新的方向，也提供新的动力。

（二）河北非物质文化遗产研究趋势

河北非物质文化遗产研究既要注重历史和文献的研究，又要注重田野调查和社会调查的有机统一，形成多元化的研究层面。

首先，从本次搜集的664篇数据来看，河北非物质文化遗产研究的作者与机构合作程度较弱，且参与合作的作者大多来源于同一个学校或者研究机构，缺乏研究群体。非物质文化遗产虽大多在民间，但非物质文化遗产研究主力在高校。因此，高校应该积极响应国家号召，建立非遗学科理论交流平台，积极参与到非遗学科共同体的建设中，同时形成稳定的核心学者群和学术研究团队，从而提高科研成果影响力。

其次，在数字化作为新文科背景下的热点趋势下，河北非物质文化遗产研究中与其相关的文献占比不多，相对处于弱势地位。随着数字化技术在各学科领域的广泛运用，非遗数字化必定会成为未来研究的重点方向。文字、图片、音视频等基础数字技术目前仍属于技术主力军，3D扫描与重建、VR虚拟现实、增强现实、动作捕捉等新兴数字技术正投入探索运用，未来非物质文化遗产将会以一种人们可接触的现代化"新形象"进入大众视野。此外，非遗数据库的建立、保存也可以利用先进技术手段，加快非遗的传播和普及工作。

最后，河北非遗研究虽然已经取得了较好的效果，但在实际运作过程中仍然暴露出不少问题，如研究方法单一，研究成果缺乏创新，致使文化内涵的挖掘流于表象，难以深入挖掘非遗文化价值。此外，当前学者对河北非遗的关注多为某一区域的一次性研究，存在研究与保护不能协同的问题，也没有持续跟踪后续进展，没有实现二者的有机融合。而非遗保护与非遗传承、推广、开发密切交织，各种因素错综复杂，因此应该注重非遗保护长效机制建设，编制长远规划，与时代融合，不断探索实现创造性转化与创新性发展的途径。在笔者进行口述史田野调查时，还发现河北非遗目前缺乏人才支持的问题，传承人后继无人，研究者知识技能不完善，因此，政府应加大力度通过各方平台进行非遗高端人才培养。

五、结论

"抢救和保护非物质文化遗产的历史，世界上许多古老民族的神话和诗歌都来自民间，隐藏在民间，在民间世代相传。"[1] 口口相传是最原始的保护措施，神话传说记录着古老民族的生活。现代科技的发展、新媒体的出现，使得保护和传承非物质文化遗产有了新的方式和途径。人工智能技术发展为非物质文化遗产保护和传承提供了新的技术，全新聊天机器人ChatGPT 越来越受到世界关注，未来也将会应用到非物质文化遗产保护和传承中。数字技术、网络技术，助力电脑、手机、数字电视终端，将丰富非物质文化遗产保护与传承的途径和方法。

国内抖音、快手、淘宝、火山、西瓜等短视频平台，国外 YouTube、NetFlix、Yahoo!Screen、Vimeo 等视频平台，为保护和传承河北非物质文化遗产提供了新的途径和方法。另外，河北省许多非物质文化遗产藏于民间，在民间世代相传，民间包括城镇民间和乡村民间，我国乡村发生翻天

---

① 王文章：《非物质文化遗产概论》，北京：文化艺术出版社，2006：241。

覆地的变化，乡村城镇化，很多藏于乡村的非物质文化保藏亟待保护和传承，新时代的变化赋予非物质文化遗产保护和传承更大的重任，需要河北省方方面面关注并作出相应行动。